高等院校**通识教育**新形态系列教材

大学生体育
运动教程
（AR版）

谭海龙 杨金城 / 主编

林茂全 张颂林 李明 / 副主编

人民邮电出版社

北 京

图书在版编目（CIP）数据

大学生体育运动教程：AR版 / 谭海龙，杨金城主编
. -- 北京：人民邮电出版社，2021.9
高等院校通识教育新形态系列教材
ISBN 978-7-115-57220-2

Ⅰ. ①大… Ⅱ. ①谭… ②杨… Ⅲ. ①体育—高等学
校—教材 Ⅳ. ①G807.4

中国版本图书馆CIP数据核字(2021)第174066号

内 容 提 要

本书依据《全国普通高等学校体育课程教学指导纲要》和《高等学校体育工作基本标准》编写，紧密结合当前高校体育教学的需要和大学体育改革的现状，以学生为本，从实际出发介绍各种体育运动的相关知识。全书共 8 章，主要内容包括体育与健康入门、体育运动与健康促进、大学生体质健康标准及测定、田径运动、球类运动、武术、传统体育项目和拓展运动等。本书不仅配备了以二维码为载体的微课，而且采用 AR（增强现实）技术对基础运动的形式进行了模拟，能够极大地提升学生的学习兴趣。

本书可作为高等院校大学体育教材，也适合作为体育运动爱好者的参考书。

◆ 主　　编　谭海龙　杨金城
　　副 主 编　林茂全　张颂林　李　明
　　责任编辑　王　平
　　责任印制　王　郁　马振武
◆ 人民邮电出版社出版发行　　北京市丰台区成寿寺路 11 号
　　邮编　100164　电子邮件　315@ptpress.com.cn
　　网址　https://www.ptpress.com.cn
　　北京鑫丰华彩印有限公司印刷
◆ 开本：787×1092　1/16
　　印张：12.75　　　　　　　　　　　2021 年 9 月第 1 版
　　字数：356 千字　　　　　　　　　2024 年 8 月北京第 9 次印刷

定价：48.00 元

读者服务热线：(010)81055256　印装质量热线：(010)81055316
反盗版热线：(010)81055315
广告经营许可证：京东市监广登字 20170147 号

前言

Preface

　　大学生体质健康关系到千家万户的幸福，也关系到民族的未来和国家的综合竞争力。进行体育锻炼是增进大学生体质健康最有效的方式，也是改善大学生心理健康状况的重要手段。体育锻炼不仅是大学生日常学习和生活的主要内容之一，也是高校体育教学对大学生的基本要求，是培养大学生体育能力的重要渠道。做好大学生的体育教育工作，让大学生掌握体育锻炼的具体方法，是高等院校体育教育工作者的重要工作。

　　为了进一步促进大学生身心的全面健康发展，我们结合国家体育总局颁布的《国家学生体质健康标准》（2014版）以及教育部对高校体育工作提出的若干要求，在贯彻"健康第一"的体育教育指导思想下，精心编写了本书。本书主要具有以下特色。

　　（1）知识科学全面。书中体育项目的相关技术讲解以大量翔实的科学事实为依据，叙述严谨，紧跟国家对大学体育的最新要求，在适当提高体育运动难度的同时，以日常锻炼为主要目标，在全民健身的前提下，培养大学生的体育锻炼意识和体育精神。

　　（2）结构丰富实用。为了方便大学生更好地学习各项体育运动的技术，认识各项体育运动的文化和代表人物，本书设计了知识补充、拓展阅读等板块，对专业技术、体育文化、体育精神、体育名人等进行介绍，帮助大学生深入理解和认识各项体育运动。

　　（3）学习形式创新。本书不仅配备了以二维码为载体的微课，而且配备了增强现实App，帮助大学生在有趣的互动中提高对基础运动的感性认识，更加直观地了解运动规律，快速掌握运动要领。增强现实App（Android版本）的下载和使用步骤简介如下。

　　① 扫描右侧二维码，根据系统提示，选择"在浏览器中打开"。

　　② 在打开的相应页面下载"大学体育"App。

　　③ 在手机桌面找到"大学体育"App，点击图标打开应用。

　　④ 在输入框中输入您的学校名称。

　　本书由谭海龙和杨金城任主编，林茂全、张颂林、李明任副主编，牙韩司审核全稿。参加编写工作的还有邢海洋、石坚、闭文超、李屹、何川、蒋涛、廖昌苏、周杨帆、梁震国、罗桂仙、冯海媛、黄为宁、潘仙娥等。本书在编写过程中，参考和使用了相关资料，在此谨向这些资料的作者致以诚挚的谢意。由于编者水平有限，本书难免存在不足之处，敬请广大读者批评指正，我们将悉心修改、补充与完善。

编者

2021年6月

目录

Contents

Contents

Contents

Contents

Chapter 01

第1章

体育与健康入门

体育运动是大学生锻炼身体、增强体质、娱乐身心、促进身心全面健康成长的重要手段。大学生应该充分认识到体育运动对健康的促进作用，掌握各种体育健康知识，养成终身参加体育运动的好习惯。

本章学习目标

体育目标	• 了解体育的功能，为科学参加体育运动、提升体质打下良好的基础。 • 了解健康的常识，明确体育对健康的促进作用。
德育目标	• 激发对体育运动的兴趣，积极参与体育运动。 • 充分发挥体育运动的社会健康效应，增强社会适应与道德建设。

第一节　大学体育概述

体育是人类特有的、伴随着人类文明一同发展而来的社会文化现象，在人类社会中发挥着独特的功能，有着无可替代的作用。大学体育课程是按照教学大纲而组织的专门教育课程，是大学教学计划所规定的必修课程，也是实现大学体育目标的最基本途径。

一、体育的起源与发展

体育一词虽出现较晚，但其所代表的活动历史悠久，贯穿了人类文明的整个发展史。

1. 萌芽的原始体育

最早的体育出现在原始社会时期，由于生存环境极为恶劣，死亡的阴影时常笼罩在人们头顶，原始人类为了生存，只能依靠自身的体力同恶劣的生存环境较量。原始人类学会了奔跑、投掷、攀登、爬越、泅水等行为，还学会了通过打猎、采集、捕鱼等方式获取生活所必需的食物，这些行为既是劳动手段，又是基本生活技能，还蕴含了体育活动的萌芽。

由于生产力水平的限制，原始社会的体育活动往往与生产、游戏等融合在一起，未能形成专业的体育运动，也就没有出现专业的体育运动者。所以，就本质而言，原始社会的体育萌芽是由经济状况、生产状况和实践方式决定的，是在生存过程中简单模仿所形成的，但毋庸置疑，体育自此萌芽，并在原始的星光下和初绽的黎明中扎根、发芽，不断成长。

2. 蜕变的古代体育

我国漫长的历史中，在社会制度、经济发展和文化积累等多种因素的作用下，古代的体育也发生了形和质的改变。在奴隶社会时期，体育运动在原始体育萌芽状态的基础上发展成为了初级形态。在生产力进步的情况下，频繁的军事战争成为体育蜕变的重要动力，体育和劳动初步分离，而与军事、教育、礼仪及统治阶级的享乐生活紧密结合，并向着多样化、复杂化和独立化的方向发展。有文字记载的体育运动包括射（射箭）、御（驾驭车马）、兵器武艺、奔跑、跳跃、举鼎、拓关（古代举重项目之一）、游水、投壶和棋类活动等。

古代体育的蓬勃发展出现在封建社会的战国到南北朝这一时期，体育的项目类型不断增多，具体的运动内容也日益丰富，例如非常著名的导引术，如图1-1所示；体育活动的范围也从城市扩展到乡村，无论官方还是民间都在开展体育活动；具体到体育技术上，以角抵（一种两两角力的活动）、蹴鞠为代表的体育项目发展迅速，并逐渐向竞技体育发展，甚至涌现出一大批技艺高超的体育人才；一些体育专著的出版和传播也标志着古代体育理论水平在不断提升。

图1-1 导引术

到了隋唐五代时期，体育的发展呈现出空前繁荣的景象，表现在以下几个方面。

（1）体育项目多，且逐渐规范，不但明确了规格型制，还拥有了专职机构和专业人员，以蹴鞠、武术和角抵等为主要代表，图1-2所示为蹴鞠竞赛。

（2）体育技术水平的逐渐提高，也使得体育竞技的规模变大。

（3）体育运动成为人们日常生活的组成部分，马球、蹴鞠、踏球和抛球是其中的佼佼者，又以马球和蹴鞠最为盛行，图1-3所示为马球运动场面。《盐铁论·国疾》中记载："里有俗，党有场，康庄驰逐，穷巷蹋鞠。"蹋鞠即蹴鞠，汉代25户为一里，500户为一党。凡"里"就有人蹴鞠，凡"党"就有专门的蹴鞠场地，可见其普及度极高。

（4）国家间的体育交流增多，一方面，唐代的技击术在朝鲜半岛的新罗广泛流行，养生术、蹴鞠也传入日本；另一方面，印度人、罗马人的杂技和幻术从汉代起就不断传入中国。

图1-2 蹴鞠竞赛示意图

图1-3 壁画《打马球图》

到了封建社会后期，体育发展则呈现出两种不同的态势。一方面，民间体育组织的出现极大地推动了民间体育的普及和提高，以武艺、球类运动和养生运动为代表的体育资料被汇集成书；另一方面，宋初的政治环境和学术思想在一定程度上又阻碍了体育的进一步发展。

3. 曲折的近代体育

封建社会末期，西方近代体育运动开始大规模地传入国内，包括体操、田径、游泳、足球、篮球、排球、棒球、垒球、网球和乒乓球等。在这个时局混乱、战火纷飞的时代，我国的体育运动只能在夹缝中艰难生存，运动技术水平的提高缺乏必要的基础和周期，发展极其缓慢。

4. 崛起的现代体育

在1949年以后，我国体育事业的发展突飞猛进，群众性体育运动广泛开展，群众性体育组织体系逐渐健全，并从1995年起实施全民健身计划。1959年，乒乓球运动员容国团获得了中国体育史上的第一个世界冠军。2008年，我国更是成功举办了第二十九届夏季奥林匹克运动会（Olympic Games，以下简称"奥运会"），并且中国奥运代表团荣获51枚金牌名列榜首，实现了历史性突破。另外，我国学校体育的发展也出现了前所未有的好局面，并出现了"快乐体育""终身体育""创意体育"等一些崭新的教学理念和教学模式。而在大众体育方面，在党和政府的重视和大力支持下，我国逐渐形成了中国特色大众体育发展路线，随着我国社会经济的不断发展，人们逐渐意识到大众体育的重要性，体育也正在成为当代人的一种重要生活方式。

二、体育的功能

在漫长的发展过程中，体育与个人、社会相互影响，体现出了对个人、对社会的各种功效和作用，这些功效和作用就是体育的功能。

（1）健身功能。体育的健身功能主要体现在体育运动不仅能促进人体生长发育，而且对提升人体内脏器官和心血管系统的机能有着积极的作用。另外，体育运动可以提高人体的免疫力和抗疾病能力，不断强健人的体质，提升人对自然、社会环境的适应能力。

（2）教育功能。体育是教育的一部分，发展体育不仅能促进教育的进步和改善，还能影响教育的内容和方法。人参与体育活动的过程，就是受教育的过程。特别是对学生而言，体育不仅能引导学生进行身体锻炼，还能对学生进行政治思想、意志品质和道德规范的教育，促进学生形成正确的人生观和世界观。另外，人们在参与、观赏体育运动的过程中，还会被运动员为获得胜利奋力拼搏的精神所感动，从而激发爱国热情、振奋民族精神，受到深刻的社会教育。

（3）娱乐功能。体育既能丰富社会文化生活，又能满足人们的精神需要，是一种非常积极健康的娱乐方式。体育运动的参与者在与队友默契配合、与对手斗智斗勇，以及征服自然的过程中可以获得不同的情感体验，娱乐自己的身心。体育运动具有观赏性，特别是竞技体育，让健与美、力量与速度得以完美结合，让观众得到美的享受。所以，体育运动在强健身体的同时还有陶冶情操、愉悦身心的效果，让在繁忙工作和学习后的人们获得一定的休息和放松。

（4）经济功能。经济是一个国家的物质基础，体育的发展依赖于经济的支持，同时也可以反作用于经济，体育商业化和产业化为国民经济的发展带来了极大的促进作用。人们参与的体育活动会带动体育设施、运动装备服饰和相关体育周边项目等体育消费，是内需的重要组成部分，对经济发展起着重要的驱动作用。

（5）政治功能。体育的政治功能主要表现为国际竞赛和交流所起的作用，以及群众体育所起的作用两个方面。在国际竞赛中，体育竞技水平的高低通常受国家的政治、经济、文化、科技的影响。通过体育国际竞赛和交流可以促进国家间的友好往来和文化交流，沟通国家间的关系。另外，群众体育则可以使参与者互相关心和交流，在满足人们交往需要的同时增强集体的凝聚力，还能够增进各个阶层和团体之间，甚至是党派之间的关系，促进国家的稳定统一。

三、大学体育文化

大学校园体育文化是将大学体育标志、体育口号、体育文化价值观、体育活动和体育竞赛相互联系起来，经过长期发展而形成的校园体育精神。

（1）体育标志。文化可以通过外显的形式直接表现出来，体育标志就是大学校园体育文化内涵的表现形式之一。大学体育标志有校队队服、徽章和吉祥物等，在学校开展体育竞赛时，大学生手拿学校的吉祥物，身着统一的队服为运动员呐喊助威，这种传承能展现校园体育文化。

（2）体育口号。体育口号也是大学校园体育文化的重要表现形式之一，能反映学校在体育文化建设上的鲜明特色。例如，清华大学的体育口号是"为祖国健康工作50年"，反映了清华大学校园体育中深深镌刻的崇尚体育、热爱运动的印记，以及在体育运动上的开放精神，将这种体育文化理念延伸到校外，则升华为爱国敬业的价值观，把大学体育拓展到终身体育的境界。

（3）体育文化价值观。大学校园的体育文化价值观表现在物质和精神两个方面，物质方面主要是增强大学生的身体素质，强身健体；精神方面则是加强大学生的集体主义和爱国主义教育。在这种体育文化价值观的指导下，可以形成大学校园体育运动和竞赛的基本目标，让大学生在强身健体的基础上追求"更高、更快、更强"的身体极限，培养"团结奋斗、努力拼搏"等体育精神。

（4）体育活动和体育竞赛。大学校园体育文化也表现在具体的体育活动和体育竞赛上。很多大学开展丰富多彩的体育活动，参加各种级别的地区、国家或世界范围内的大学生体育竞赛，在提升大学生体育实践能力的同时，增强大学生宣传体育运动的意识，促进大学校园体育运动的发展，并向外界展示和宣传自己的学校，提升学校的知名度。

四、大学体育使命

教育是提高国民整体素质的根本，大学体育作为大学教育的重要组成部分，担负着重大的历史使命和社会使命。

（1）提升大学生体质健康水平，助力健康中国建设。党中央提出了建设健康中国的重大战略部署，并制定了《"健康中国2030"规划纲要》来推进健康中国建设目标的达成。各大高校也要肩负起提升大学生体质健康水平的任务，进而实现国家整个教育体系在学生体育兴趣与行为养成中"最后一公里"的目标，这也是健康中国建设赋予大学体育的重要使命。

（2）培养大学生体育道德。大学体育为大学生提供了真实且常见的道德教育环境，通过体育运动来培养大学生道德，使其树立正确的世界观、人生观和价值观。大学体育能够让大学生在遵守规则的前提下，学会如何与人合作和公平竞争，以及如何在复杂的环境下解决问题，并在这个过程中培养其勇敢拼搏、永不放弃和追求卓越等意志品质，以及互相尊重、团结友爱等精神风貌。

（3）为体育强国建设培养和输送人才。新时代的大学体育的发展需要在重视大学生群体活动组织的数量与质量的基础上，注重精英运动员的培养，为国家的竞技体育发展培养和储备优质的体育人才。

> 我国的学校体育发展较早，西周学校所授的礼、乐、射、御、书、数"六艺"中，乐（音乐舞蹈）、射（射箭）和御（驾车马）都包含有体育的成分。
>
> **拓展阅读** 　　1952年，教育部和国家体委联合颁布的《学校体育工作暂行规定》正式规定："从小学一年级起到大学二年级止都必修体育课，每周2学时。"这建立了现代化的学校体育体系。

第二节　健康常识

健康是人独立开展各项社会活动的保证，也是人们对自我的普遍要求和追求。了解健康的相关知识，有助于大学生树立正确全面的健康观，积极提升自身健康水平。

一、健康的定义

每个人都会关注自身状态，而健康就是个体理想的身心状态。在一定的历史范畴内，健康与特定的社会、环境、经济、文化、伦理道德等密切相关。人们对健康内涵的认识随着历史的发展而不断演进和深化。

（1）古代传统健康观。在古代，由于生产力水平较低且缺乏科学理念，人们对生命活动的认识比较肤浅，对健康的认识仅仅局限于没有疾病、外伤和肢体完整，即所谓"无病、无伤、无残"。这种健康只强调了人力机能的正常运转，无疑是低层次的。

（2）近代科学健康观。随着社会的发展和医学的进步，在近代，人们能够使用各种仪器检测、发现身体的生理变化，健康被视为"器官发育良好，体质健壮，体能充沛"。毋庸置疑，这种建立在生理基础上的生物医学模式是一种巨大的进步，但它忽视了人的心理因素和社会属性。

（3）现代全面健康观。20世纪30年代，美国健康教育学者指出："健康是人们身体、心情和精神方面都自觉良好、活力充沛的状态。"由于不良情绪、精神创伤、恶劣环境等导致的"现代病"越演越烈，1948年世界卫生组织提出了新的健康概念：健康不单是指没有疾病和不虚弱，而且是指躯体、精神的健康和社会幸福的完善状态。20世纪末，世界卫生组织又把道德修养纳入了健康的范畴。

由单一的生理健康观，到涵盖生理、心理、社会层面的三维健康观，再到包括躯体健康、心理健康、社会适应健康和道德健康的全面健康观，健康理念不断变革。随着科技的发展，环境的改变，健康观也会被赋予新的内涵。

二、健康的标准

世界卫生组织提出的10个健康标准如下。

（1）精力充沛，能从容不迫地应付日常生活和工作的压力而不感到过分紧张。

（2）处世乐观，态度积极，乐于承担责任，事无巨细不挑剔。

（3）善于休息，睡眠良好。

（4）应变能力强，能适应环境的各种变化。

（5）能抵抗一般性感冒和传染病。

（6）体重得当，身材均匀，站立时头、肩、臂的位置协调。

（7）眼睛明亮，反应敏锐，眼睑不发炎。

（8）牙齿清洁、无空洞、无痛感，牙龈颜色正常，不出血。

（9）头发有光泽，无头屑。

（10）肌肉、皮肤富有弹性，走路轻松有力。

三、健康的影响因素

人体健康受多种因素影响，这些因素互相影响又共同作用于人体，任何因素的缺失都会导致整体健康的恶化。

1. 环境

自然环境是人类赖以生存的基础，为人类提供了生活的必需物质。良好的自然环境可以陶冶情操、放松精神、愉悦心情，有利于人的身心健康。恶劣乃至被污染的自然环境会引起人体的种种不适，甚至引发疾病，损害人的身心健康。

社会环境是人类在自然环境基础上，有目的、有计划地创造而成的人工环境，是人类物质文明和精神文明发展的标志。社会环境也会在一定程度上影响人类的健康，现代社会中，快节奏的生活、高强度的工作、激烈的竞争和巨大的生活压力，使人产生疲劳综合征、伏案综合征、空调综合征和静电综合征等非健康体征，从而降低人的免疫力，增加人患病的可能性。

2. 心理

《黄帝内经》中提到"怒伤肝""喜伤心""悲伤脾""恐伤肾"。现代医学证实，心理因素的异常变化可能会导致心身症，即精神生理反应。心身症最初表现为自主神经和内脏系统的功能性改变，继而发展为躯体的功能失调，甚至发生组织结构的损害，例如，溃疡、偏头痛、心悸等。而积极的心理状态则能在保持和增进健康的同时，对心身症的治疗产生积极作用。

3. 生活方式

生活方式是在遗传提供的可能性前提下，在所处客观环境中养成的一种行为模式，这种行为模式表现为日常生活中习以为常的行为。人的日常生活方式包括饮食习惯、起居习惯、生活安排、娱乐方式和参加社会活动等，生活方式健康与否对个体健康的影响截然不同。

（1）健康的生活方式。积极健康的生活方式能在一定程度上促进人的身体健康，对大学生来说，养成良好的作息习惯，合理搭配饮食结构，保证适量的运动和良好的心态等，就能对人体机能产生正面的影响。

（2）不良的生活方式。世界卫生组织的专家根据统计数据得出一个重要的结论："2015年以来，生活方式疾病已经成为世界的头号杀手。"而所谓生活方式疾病就是由不良饮食习惯、情绪紧张及吸烟酗酒等不良生活方式所导致的疾病。现在的大学生群体中，有很大比例的人存在不良的生活习惯，其中最突出的是作息不规律、饮食结构不合理，部分大学生还存在吸烟和酗酒的不良习惯，这些不良生活方式虽然不会立即出现身体反应，但却为以后的身体健康埋下了隐患，这也是慢性病低龄化的主要成因之一。

4. 体育运动

科技的进步和社会的发展提高了人类整体健康水平，但是新的健康问题（涉及人的机体功能状态、人与自然的关系及人与社会的关系等领域）不断涌现出来，严重威胁着人类的未来生存。体育的真谛和健康的内涵使两者在现代社会紧密地联系在一起，体育成为健康的核心主题之一，其对健康的特殊意义越来越得到肯定和重视。

体育运动是健康的需要，经常运动能预防并减少以心脏病、癌症和糖尿病等为代表的多种疾病，也有利于人体维持健康的体重，增加人的抗压能力和帮助改善睡眠质量等。美国卫生与公共服务部的研究表明，缺乏运动的人容易出现超重、肥胖、患慢性疾病和出现心理不健康等问题。对此，专家建议，坚持每天运动半小时是保持健康的最低要求。

四、心理健康

心理健康是指个体的心理活动处于正常状态下，即智力正常、情感协调、意志健全、人格完整和适应环境等，能够充分发挥自身的最大潜能，以适应生活、学习、工作和社会环境的发展与变化的需要。人的心理健康是健康的基础，心理健康是社会和谐的基础，而和谐社会的建设又会促进个人的健康发展。一般来说，心理健康的人都能够善待自己，善待他人，适应环境，情绪正常，人格和谐，人际关系协调，行为符合年龄特征标准。

在很大程度上，心理健康能够影响身体的健康状况，良好的心理状态能够促进身体健康，不良的心理状态则会破坏身体状态的平衡，甚至引发各种疾病。衡量心理健康的标准如下。

1. 智力正常

智力正常是大学生学习、生活和工作的基本心理条件，也是其适应社会环境变化的必备心理条件。大学生只要具有强烈的求知欲，乐于学习，能够积极参与学习活动，通常认为其符合智力正常这一心理健康标准。

2. 情感协调

心理健康的大学生通常情感协调，这主要表现在情绪稳定和心情愉快两个方面。

（1）能够适度地控制和调节自己的情绪，既能克制又能合理宣泄情绪，情绪稳定。

（2）乐观开朗，富有朝气，对生活充满希望，虽然会产生一定的负面情绪，但积极的情绪总是占优势。

3. 意志健全

意志健全是指大学生具有较高水平的行动自觉性、果断性、顽强性和自制力等。例如，在各种行为或活动中都能适时地做出决定并运用切实有效的方法解决所遇到的问题；面对困难和挫折时，能在行动中控制情绪和言行，而不是畏惧困难或者盲目行动等。

4. 人格完整

人格完整就是指有健全统一的人格，即个人的所想、所说、所做都是协调一致的，并能够将个人整体的精神风貌完整、协调、和谐地表现出来。人格完整还表现为人格结构的各要素完整统一，包括气质、能力、性格、理想、信念、人生观等。

5. 适应环境

一个心理健康的大学生需要通过客观观察对周围环境进行客观和正确的认识，能用切实的方法去处理生活和学习中的各种问题和困难，而不企图逃避、推卸责任、诿过于人。大学生还需要根据环境的特点和自我意识的情况协调或改造自我，使自己在思想和行动上都能够跟上时代的发展，为学校和社会所接纳。

6. 人际关系协调

和谐的人际关系是大学生获得心理健康的必备条件之一，大学生要乐于与人交往，并在交往中保持独立而完整的人格，既有自知自明，不卑不亢，也能够客观评价自己和同学，然后与大多数同学建立良好的关系，并能与同学们同心协力地合作共事。

7. 心理行为符合年龄特征标准

大学生是处于特定年龄阶段的特殊群体，其认知、情感、言行举止均应符合所处年龄段的要求。心理健康的大学生表现为精力充沛、勤学好问、反应敏捷、喜欢探索，而心理不健康的大学生则表现出过于老成或幼稚、过于依赖等严重偏离其年龄特征的行为。

> **拓展阅读**　很多先贤都曾论述过健康的重要性，古希腊哲学家赫拉克利特曾说："如果没有健康，智慧就难以体现，文化无从施展，力量不能战斗，财富变成废物，知识也无法利用。"思想家苏格拉底曾说："健康是人生最为可贵的。"培根指出："健康的身体是灵魂的客厅，病弱的身体是灵魂的监狱。"马克思认为："健康是人的第一权利。"我国著名经济学家于光远指出："健康地生存是人生的第一需要。"

第三节　体育与健康

体育对健康的促进作用被称为体育的健康效应，其具体体现在生理、心理和社会 3 个层面。

一、体育运动与生理健康

生理健康是指人体生理功能上的健康状态，体育运动能够对人体各大系统、器官、组织产生直接刺激和影响，促进人体生理健康水平的整体提高。

1. 体育运动有利于提高神经系统的机能

神经系统是通过众多的神经细胞组成的庞大而复杂的信息网络，能够联络和调节机体的各系统和器官的功能，在人的机体功能调节系统中起着主导的作用。据研究表明，大脑耗氧量占全身耗氧量的 20%～25%，长时间的脑力劳动会导致人因为供血不足和缺氧而头晕脑涨。而进行体育运动，尤其是在新鲜的空气中开展运动，可以提升神经工作过程的强度、均衡性、灵活性和细胞的耐久力，使得神经细胞获得更充足的能量物质和氧气的供应，从而改善大脑供血不足的情况，使大脑消除疲劳，恢复活力。

体育运动还可以改善神经系统的调节功能，提高其对复杂变化的判断和反应能力，使其能及时做出协调、准确和迅速的反应。经常参加体育运动能够缩短神经系统兴奋和抑制的转换过程，从而改善大脑皮层神经系统的均衡性和准确性，提高脑细胞工作的灵活性、协调性、反应速度、耐受能力等，从而有效地节省体力，减少体能的消耗。

2. 体育运动有利于提高血液循环系统的机能

血液循环系统是由心脏和血管（包括动脉、静脉和毛细血管）组成的遍布全身的管道系统，血液在这个封闭的管道系统里循环流动，为人体的各个组织细胞提供营养物质和氧气。

（1）经常参加体育运动可使心肌壁增厚，心肌力增强，心脏体积和容积增大，并减少每分钟的心跳次数。研究表明，运动员的心跳每分钟比一般人少10次，那么一天心脏就能少跳14 400次，这就大大减轻了心脏负担，使心脏得到更多休息。

（2）经常参加体育运动能促进心肌细胞内的蛋白质合成，促使心肌纤维增粗，心壁增厚，每搏输出量加大，使血液的数量增加并提高其质量。研究表明，在安静状态下，健康成人心脏的每搏输出量为70mL，而经常运动者可达90mL。

（3）体育运动可以增加血管壁的弹性，并促使大量毛细血管开放，大大加快能量供应，提高新陈代谢水平。

（4）体育运动可以显著降低血脂含量（胆固醇、b-蛋白质、三酰甘油等）、改变血脂质量，在遏制肥胖、健美形体的同时，能有效地防治冠心病、高血压和动脉粥样硬化等疾病。

（5）体育运动可以降低血压，舒缓心搏，预防心血管疾病。病理学家通过解剖发现，经常运动的人患动脉硬化的概率要远远低于不常运动的人。

（6）体育运动能使血液中红细胞偏低的人的红细胞含量增加，增强血液对营养物质和氧气的运输能力。合理的体育运动可以提高血液中白细胞的数量和功能，特别是可以提高白细胞中具有重要作用的淋巴细胞的数量，这对于提高机体的预防疾病能力至关重要。体育运动还可以提高体内的免疫球蛋白水平，亦可有效地提高机体抗病、防病的能力。

3. 体育运动有利于增强运动系统的机能

运动系统由骨、关节和骨骼肌组成，用于支撑人的身体并保护各器官的系统运作。体育运动能够增强运动系统的准确性和协调性，保持较好的灵活性，使人有条不紊、准确敏捷地完成各种复杂的动作。

（1）体育运动可使骨密质增厚，骨小梁排列更加规则整齐，促使青少年骨的长径生长速度加快，直径增大，能极大地提高骨的坚固性和抗弯、抗折、抗压能力。同时，体育运动可促进骨骼中钙的储存，预防骨质疏松。

（2）体育运动可使肌肉的效能增强、体积和弹性增加。具体表现为肌纤维变粗、体积增大、弹性增加，肌肉力量、活动的能力和耐力相应提高。

（3）经常性的体育运动可以增强关节周围肌肉的力量和韧带的柔韧性，增加关节面软骨的厚度和骨密度，并可使关节周围的肌肉发达、力量增强、关节囊和韧带增厚，从而扩大关节活动的幅度和牢固程度，减少各种外伤和关节损伤。

4. 体育运动有利于提高呼吸系统的机能

呼吸系统由呼吸道（鼻、喉、气管和支气管）和肺组成，体育运动能够锻炼呼吸肌，增加肺活量和呼吸深度，提升人体呼吸系统的氧气吸收能力。

（1）体育运动中的一些伸展扩胸运动可使呼吸肌力量增强，胸围增大，由于呼吸肌发达，强壮有力，也就增强了呼吸功能。

（2）体育运动可以增加肺活量（人体尽全力吸气后再尽力呼出的气体总量）和肺通气量（每分钟尽力呼出或吸入肺内的气体总量）。体育运动能扩大胸廓，有利于肺组织的生长发育和肺的扩张，使肺活量增加。实验证实，经常参加体育运动的人，肺活量可增加1 000mL左右，肺通气量可达100L/min以上，高于一般人。

（3）体育运动时需要大量地吸入氧气和排出二氧化碳，这就要求呼吸肌加强收缩，使肺泡得到充分张开，加大呼吸的深度，从而有效地增加了肺的通气效率，由于吸进的氧气多，就能使呼吸肌有较长时间休息，使人体能够承受更大强度的运动量。

5. 体育运动有利于增强消化系统的功能

消化系统的功能就是消化食物，吸取营养物质，排出废物。人体必须不断地从外界摄取营养物质，满足新陈代谢的需要，才能维持生命活动。经常进行体育运动能促进胃肠蠕动，增加消化液分泌量，在提高食欲的同时增强吸收能力。

需要注意的是，运动越剧烈、持续时间越长，消化系统就越需要越长的时间来进行恢复，如果饭后立即参加剧烈运动，就会影响胃肠机能，甚至可能因为胃肠的震动和肠系膜的牵扯而引起腹痛等不适感，进而影响人体的健康。所以，运动和吃饭之间要有一定的时间间隔，饭后不宜立刻进行体育运动，或在剧烈运动后立即就餐。通常情况下，运动后至少休息30~40min再进食，或饭后间隔约1.5h再进行运动较为科学。

二、体育运动与心理健康

心理健康的标准包括情感适当、意志合理、智力正常、个性合宜等，体育运动对个体心理健康具有显著的促进作用。

（1）体育运动能够舒缓情绪。情绪是心理健康情况的重要指标。医学研究发现，从事慢跑、游泳、骑自行车等体育运动对于抑郁症、焦虑症、化学药品依赖症的治疗具有显著疗效。

体育运动可以转移大脑皮质的兴奋中心，能对情绪起到积极调节作用；同时体育运动能把被压抑的情绪和思想从苦闷中解放出来，起到心理宣泄作用。参加体育运动时，人将产生各种各样的情感体验，从而提高个人情绪的适应性，使情绪向成熟发展。另外，体育运动可以增加人际交往，改变孤独、抑郁或自卑等心态，从而维护心理健康。

（2）体育运动可以增强意志。意志品质包括自觉性、果断性、坚韧性、自制力及勇敢顽强的精神等。体育运动充满了失败和挫折，积极主动、持之以恒地坚持体育运动，要克服各种主、客观困难，这个过程既是锻炼身体的过程，又是培养良好意志品质的过程。而参加运动强度更大、竞争更加激烈的竞技体育运动更能够激励人们奋发向上、顽强拼搏，养成坚强、自信、勇敢、进取的优秀品质。

（3）体育运动可以开发智力。人在体育运动中表现出来的注意力、观察力、记忆力、想象力、思维力和分析判断能力等都是智力的组成部分。体育运动需要运用各种技术和战术，可以加强大脑的功能，开发大脑各种潜在能力，并提升人的思维能力和创造力，例如，一些体育运动中展示的高难度动作就是逻辑思维和创造性思维的体现。

（4）体育运动可以培养个性。个性是一个人的兴趣爱好、意志能力和气质性格等各种心理特征的综合表现，良好的个性才能使人具备创新开拓的进取精神和努力奋斗的竞争意识。体育运动可以为大学生制造一个广阔的空间领域，大学生不仅可以通过体育运动参加社交活动，提高对社会的适应性，还可以从体育运动中体验到成功的喜悦，满足自我实现的需要，从而充分展示和发展自己的个性。

三、体育运动的社会健康效应

人们生活在社会中，健康的个体应该具有良好的社会适应性和道德自律性。长期参加体育运动能够对人造成潜移默化的影响，提高人的社会健康水平。

1. 体育运动推进个体社会适应

社会的适应性是指个体对所处社会环境的认识，能够帮助个体恰当地扮演生活中的各种角色，例如朋友、邻居、同学、恋人等，在社会各领域的生活中发挥积极的作用。

（1）人际交往。体育运动能够增进人际交往，增加彼此交流，体育运动不仅能促进人的社会交往活动，增加彼此交流，而且这种社交特性又会吸引人参与和坚持体育运动。有研究表明，在体育运动过程中，人可以忘却烦恼和痛苦，消除孤独感，并逐渐形成与人交往的意识和习惯，很多性格内向者都能通过参加集体性的体育运动来提升自己的人际关系水平。

（2）团体合作。体育运动过程中容易形成团结友善、协调一致、相互帮助、彼此鼓励的团队精神，有助于培养个体的社会适应性。在集体性的体育活动中，大学生需要与他人通力合作才能获得胜利或成功，这不但可以实现集体的目标，而且能充分发挥个人的作用。

（3）竞争意识。现代社会的竞争日趋激烈，大学生必须具备竞争意识和能力才能更好地适应社会。体育运动特别是竞技体育中的竞争更加激烈，既有人与人之间的竞争，也有团体与团体之间的竞争，更好地适应这些竞争，大学生才能培养出积极进取、顽强拼搏的精神，以及强大的个人能力，才能在走出学校后更好地融入竞争激烈的社会发展之中。

2. 体育运动强化个体道德建设

体育运动的功能不仅局限于育体，而且还在于育心。西周的礼射，讲究"明君臣之礼，明长幼之序"，即以射建德。古希腊和斯巴达的军事体育，有着鲜明的忠君效国思想。时至当今，美国把体育作为培养青少年道德观念的巨大教育力量，我国也将体育作为道德养成的积极手段，从竞技体育的爱国主义教育到学校体育的集体主义教育，培养学生具备务实肯干、自强不息、尊老爱幼、诚实守信、谦虚礼让、助人为乐等优良作风和传统美德。

> **拓展阅读**　华佗是我国古代著名医学家，他创编了"五禽戏"，模仿虎、鹿、熊、猿、鸟5种动物的动作来锻炼身体。《后汉书·方术列传·华佗传》记载："吾（华佗）有一术，名五禽之戏：一曰虎，二曰鹿，三曰熊，四曰猿，五曰鸟。亦以除疾，兼利蹄足，以当导引。体有不快，起作一禽之戏，怡而汗出，因以著粉，身体轻便而欲食。普施行之，年九十余，耳目聪明，齿牙完坚。"

课后训练

1. 健康自评

训练目标：了解自己的健康状况，为通过体育运动增强体质做好准备。

技术要点：健康的标准、心理健康的标准。

训练方式：个人自评。

训练内容：个人根据世界卫生组织提出的10个健康标准和心理健康标准，对自己的健康程度进行评估，了解自己符合哪些标准，在哪些标准上还欠缺，如何提高自己的健康水平。

训练规则：无。

2. 班级体育文化建设

训练目标：设计班级体育标志、体育口号，建设班级体育文化，增进集体意识。

技术要点：大学体育文化的内容。

训练方式：班级集体活动。

训练内容：全班同学均可提供建议、创意，共同设计班级的体育徽章、运动服、吉祥物和班级体育口号等。在今后的学校体育活动中，体现班级体育文化。

训练规则：可先分组设计，形成不同方案，通过集体表决产生。

第2章
体育运动与健康促进

大学生仍处于生长发育过程中，所以在进行体育运动前，应该深入了解和学习如何科学地进行运动，这样才能收到更好的运动效果。

本章学习目标

体育目标	• 了解并防治常见疾病。 • 了解并防治常见运动病症。 • 了解并防治常见运动损伤。
德育目标	• 培养大学生的"终身体育"观念。 • 塑造大学生爱国爱民的思想道德素质。 • 培养大学生救死扶伤、乐于助人的个人品质。

第一节　科学运动

大学生不仅要积极进行体育运动，还要科学地开展体育运动。科学运动就是在体育运动的原则指导下，根据具体的内容制订科学的运动计划，并运用科学的方法完成。

一、体育运动的原则

大学生在进行体育运动时，必须遵循客观规律所反映出的体育运动的基本要求和指导原理。大学生正确理解和运用体育运动的原则可以提升体育运动的效果。

（1）运动项目合理原则。大学生要根据自己的健康状况和体能情况，合理制订运动计划，恰当选择运动项目，并了解各种体育运动项目的适用情况，最大限度地防止运动损伤的发生。

（2）运动强度适宜原则。大学生应该从自身体质强度出发，安排、调整运动的方法、内容和负荷等。例如，在长跑训练时，体质弱的学生可以先跑较短的距离，然后逐渐延长。

（3）运动内容全面系统原则。不同项目的体育运动所引起的人体的生理变化和机能适应各不相同。大学体育的教学内容包括非常丰富的体育项目，目的就是使大学生的身体得到全面运动，身体素质和运动能力得到综合提高。所以，大学生体育运动的内容、方法要尽可能考虑身体的全面发展，以功效大、内容全的运动项目为主，以其他项目为辅进行全面运动。

（4）循序渐进原则。强健体魄、完善素质和提升机能不能一蹴而就，而需要在长期的运动中、反复的刺激下，在大脑皮质中建立起动力定型，进而形成动力定型条件反射，使身体机能逐渐适应、积累、提高，逐步、依次、循序地发生变化。因此，体育运动的正确做法是先以一定的运动负荷量作用于身体，一定次数和时间后，使身体适应，再依据人体对运动的适应性变化，有计划地逐渐增大运动负荷，使身体产生新水平的适应，最终达到增强体质的目标。

（5）坚持不懈原则。从生物学的角度看，人体的发展既不会立竿见影，又不会一劳永逸。根据"用进废退"的原理，人体对体育运动的适应呈现出经常运动则进步、发展，"三天打鱼，两天晒网"则退步、削弱的规律。人在停止运动几周后，脂肪开始增长，肌肉逐渐萎缩，技能也会消退。所以，大学生需要树立终身体育的理念，持之以恒地进行体育运动。

（6）热身到位原则。大学生在开始体育运动前，要重视并认真做好热身。热身是人在进行体育运动之前，以较轻的活动量，先行活动肢体，为随后更为强烈的身体活动做准备。其作用在于提高神经中枢的兴奋性，加强心肺功能，使肌肉、肌腱、韧带处于伸展性良好的"工作状态"。热身是人体从相对安静状态过渡到剧烈运动状态，克服生理惰性，进行自我保护的有效措施。

> **知识补充**　　体育运动结束后，大学生还要进行放松整理活动。放松整理活动的作用在于通过比较轻松、舒缓的身体活动，使各个组织器官从紧张的运动状态中松弛下来，增加吸氧量，"冲刷"体内的乳酸，从而加速疲劳的缓解和消除，使肌肉疼痛感大大降低。

（7）目标明确原则。大学生应根据个人的实际情况确定恰当的运动目标，并在此基础上制订各个时期的运动计划和预期效果，同时注意阶段性的调整，以保证体育运动的有效性。

（8）自觉主动原则。大学生应该充分认识体育运动的价值，培养浓厚的体育兴趣，在克服自身惰性的同时，将体育运动当作学习和生活中必不可少的组成部分，以极大的主动性和自觉性投身到体育运动中，真正达到身心合一。

二、体育运动的内容

体育运动的内容多种多样，大学生可以根据自己进行体育运动的目的、条件、兴趣，合理地选择运动的内容。根据体育运动对身体的不同作用，体育运动可分为有氧运动、无氧运动、速度力量型运动、耐力坚持型运动、表现难美型运动、技能准确型运动、隔网对抗型运动、格斗对抗型运动和综合型运动等内容。

（1）有氧运动。大学生在进行体育运动时，如果运动强度比较低，耗能也小，氧气有足够的时间被输送到组织细胞中充分地氧化能量物质，满足体育运动的能量需要，这种体育运动就是有氧运动。有氧运动有利于增强人体的肺活量和心脏功能，以低强度、可长时间进行为主要特征，例如，快走、慢跑、长距离慢速游泳、健美操和瑜伽等。

（2）无氧运动。大学生在进行一些剧烈的体育运动，例如，10多秒就可以完成的100m跑时，由于运动时间太短，导致运动中吸入的氧气不足以被输送到组织细胞中，也就是说，在这种体育运动的过程中没有产生氧化能量物质的步骤，因此，这种体育运动就被称为无氧运动。无氧运动以高强度、短时间进行为主要特征，例如，短跑、短距离游泳、举重、拔河和深蹲等。

> **知识补充**　　大学生应依据自身年龄、体质、运动基础、体型目标或有无疾病等因素综合考量选择有氧运动或无氧运动。例如，体质较弱或长期不运动的大学生可从有氧运动开始，在提高心肺功能并增强体能后再进行无氧运动。需要增加肌肉和健美体形的大学生，则以无氧运动为主；需要瘦身的大学生应该以有氧运动为主；体型肥胖的大学生也应该以有氧运动为主。

（3）速度力量型运动。速度力量型运动具有速度和力量的综合特征，通过这种速度力量型的体育运动，大学生能提高肌肉用力的能力和肌肉收缩的速度。速度力量型运动绝大多数是在快速节奏或爆发用力的情况下完成的，并在运动中表现为起动力量、爆发力和反应力等。速度力量型运动主要包括速度滑冰、短跑、投掷和举重等。

（4）耐力坚持型运动。耐力坚持型运动以有氧运动为主，是普通大学生进行体育运动的主要内容，具有改善和提高心血管、呼吸、内分泌等系统功能的作用，在医学上可以用于心血管、呼吸、内分泌等系统的慢性疾病的康复和预防。在大学生的健身和增进健康方面，耐力坚持型运动是保持全面身心健康、保持理想体重的有效运动方式。耐力坚持型运动主要以游泳和健身跑为主，还包括步行、骑自行车、跳绳、滑雪、竞走，以及足球和篮球等球类运动项目。

（5）表现难美型运动。表现难美型运动主要是通过对人体姿态的控制，并利用合理的运动节奏，在规则限定的条件下，自如地克服自身体重和外界阻力，展示人的优美形体和连贯动作，表现人体的平衡能力、静力耐力和稳定性等。表现难美型运动包括体操、健美操、体育舞蹈、跳水、花样滑冰、花样游泳和武术等。

（6）技能准确型运动。技能准确型运动主要是利用工具对目标进行精确射击，这种运动要求大学生具有平衡、注意力集中、协调、心理稳定等个人素质。技能准确型运动主要包括射击和射箭等。

（7）隔网对抗型运动。隔网对抗型运动是指运动场地中间有隔离网，运动双方在隔离网两边进行运动对抗的运动项目，主要包括乒乓球、羽毛球、网球、软式网球、排球、沙滩排球、藤球和键球等。隔网对抗型运动要求大学生具备移动快、灵活性高、肢体动作快等特点。进行隔网对抗型运动可以在一定程度上提高大学生的心肺功能和免疫能力。

（8）格斗对抗型运动。格斗对抗型运动是指允许正当（符合规则）身体接触的运动项目，包括击剑、柔道、摔跤、拳击和跆拳道等。格斗对抗型运动可以增加肌肉力量、增强肌肉爆发力和耐力；可以更加快速地燃烧掉身体多余脂肪，短时间内实现减脂减重；可以提高肢体的柔韧性、灵活性，使大学生远离颈椎病、肩周炎及腰椎间盘突出等因久坐产生的身体问题；还可以提高人的心脑血管系统的机能，提高心脏供血机能和血液循环速度，使心脏更加健康和强大。

（9）综合型运动。综合型运动就是在一个运动项目中包含多个体育运动内容和项目的运动，例如，现代五项和现代冬季两项等。

三、体育运动的方法

体育运动的方法是贯彻体育运动的原则，完成体育运动计划，实现体育运动目标的途径。

（1）重复运动法。在体育运动的过程中，具体动作的重复次数不同，对身体的作用也不同，重复次数越多，身体对运动反应的负荷量越大。因此，运用重复运动法进行体育运动的关键是视实际情况掌握好运动负荷，并据此调节重复次数。

（2）间歇运动法。间歇运动的作用并不亚于运动本身，体质增强就是在间歇的休息过程中取得的超量恢复（超量恢复是指机体承受超过原有运动负荷刺激后，所达到的适应性恢复水平与原有恢复水平之差）。但是，间歇不是静止休息，而是有微活动的休息，例如，慢走、伸腰压腿等，作用是利用肌肉对血管的按摩作用帮助血液流回心脏并加速排除代谢所产生的废物。

（3）连续运动法。连续运动能将运动负荷维持在一定的水平上，使身体充分地运动并收获运动的益处。实践中，使用连续运动法的体育项目包括跑步、游泳、健美操和体育舞蹈等。

（4）循环运动法。循环运动法由几个不同的练习点组成，一个点上的练习一经完成，练习者就迅速转移到下一个点。练习者完成所有点上的练习，就算完成了一次循环。这种方式负荷较轻，既简单有趣，又可获得综合锻炼，可以达到全面发展的良好效果。例如，把篮球练习分为原地投篮、三步上篮和全场运球3个点，逐一完成。

（5）变换运动法。变换运动法可以有效地调节人的生理负荷，提高兴奋性，克服疲劳和厌倦情绪，进而强化运动意向，以达到提高运动效果的目的。一方面，运动条件、环境的变化，可使人的大脑皮层不断地产生新异的刺激，提高人的兴奋性、维持运动的兴趣，从而提高身体对负荷的承受能力，提升运动效果。另一方面，变换运动内容、时间和动作速率可有效地调节身体的负荷能力，使身体不断产生适应性变化，达到更好地运动身体的目的。

四、体育运动的计划

体育运动计划能使大学生的体育运动有目的、有计划、有步骤、有针对性地进行，克服运动的片面性、盲目性和随意性，以便大学生遵循体育运动的原则，选择适合自己的运动内容和科学有效的运动方法，取得预期效果。制订个人体育运动的计划一般包括确定目标、选择内容、设定时间、选定强度和设置频率等。

1. 确定目标

大学生进行体育运动，应从个人实际出发，使体育运动的具体任务和指标符合自身的体质和健康状况。例如，低年级大学生进行体育运动应该以完成体育课，达到《国家学生体质健康标准》为主要目标，并培养自己对体育运动的兴趣和爱好，选择1～2项适合自身实际情况的运动项目。高年级大学生进行体育运动则应加强对爱好的运动项目的锻炼，进一步提高个人的各项身体素质，并培养终身体育的观念。

2. 选择内容

大学生制订体育运动计划时需要根据自身的健康状况和体能情况，选择适合自己的运动内容，在提高运动效果的同时，最大限度地防止意外事故的发生。

大学生科学地选择体育运动的内容需要综合考虑自己的兴趣爱好、运动特长、专业特点，以及学校体育环境、季节气候条件等因素；既要巩固自己擅长的项目，又要努力涉及和提高自己的弱项，若是单凭兴趣，喜欢什么项目就只练什么，则可能造成身体发展的不均衡和不协调。另外，大学生还需要考虑体育运动内容的全面性和实效性，综合配置各种运动项目，例如，体育课结合课外体育运动，身体素质运动结合其他休闲运动，速度运动结合力量运动，力量运动结合耐力运动，动力运动结合静力运动等。

不同的体育运动内容引起的人体的生理变化和机能适应各不相同。例如，长跑对人体肺活量和耐力的提高表现突出，吊环则能快速增强手、臂的力量。大学体育的教学内容包括跑、跳、投、攀爬、悬垂、支撑，以及球类、搏击类、户外运动、游戏等丰富的项目，目的就是使大学生的身体得到全面锻炼，对良性适应起到互补和促进作用，从而促进身体各部分组织器官的整体发展，使身体素质和运动能力得到综合提高。

大学生也可根据不同的学习阶段科学选择体育运动的内容。

（1）一年级。大学新生的体质通常不会太好，所以应该选择一些可提高心血管系统和呼吸系统功能的运动项目，例如，有氧健身跑、游泳、瑜伽和健美操等。在经过一段时间运动后，待体质有了明显增强，再增加球类、跳高和跳远等运动项目。

（2）二年级。除选择集体运动项目外，二年级的大学生还可以根据个人的体质及爱好选择某些专项运动。

（3）三、四年级。三、四年级的大学生应根据自己的特长和兴趣爱好固定一两个专项运动坚持锻炼。

3. 设定时间

时间是体育运动的重要因素，运动时间的长短会直接影响运动效果。通常情况下，为了获得较好的运动效果，运动时间短需要运动强度较大的项目，运动时间长则可以选择强度较小的运动项目。大学生通常会按照学校的作息制度（早操、课间操、体育课和课外活动）确定自己的体育

黄昏时（16～21点），心跳、血压最平衡，嗅觉、听觉、视觉、触觉最敏感，人体应激能力达到一天的最高峰，既能适应运动时心跳、血压的改变，又能最大限度地化解血栓，是体育运动的理想时间，其运动效果优于清晨。

知识补充

运动的时间，通常以一年或一学期为体育运动周期，平时每周4h左右，每次体育运动的时间不能少于5min，一般在15~60min。

4. 选定强度

运动强度是否合理直接影响体育运动的效果和安全性，一般以运动中的心率作为量化的标准。在进行有氧运动时，通常采用达到最大心率65%~85%的强度作为标准，这个范围又称运动中的适宜心率。大学生应该从自身特点出发，合理安排、调整运动的方法、内容和负荷等。例如，在长跑训练时，体质弱的学生可以先跑600m，然后逐渐延长；在引体向上的练习中，体能极好的学生可以在标准强度的基础上适当提高要求。

> 知识补充　以下是一种判断运动强度的简易方法：在体育运动的过程中，如果锻炼者可以自由说话，则表明运动强度较低；如果锻炼者呼吸困难，必须深呼吸才能说话，则表明运动强度为中等；如果锻炼者呼吸困难且几乎不能说话，则表明运动强度较高。

5. 设置频率

运动频率通常指每周运动的次数，与体育运动的效果有着直接的关系。一次适量的体育运动对肌肉和全身各器官系统的锻炼效果通常可以保持一定的时间，通常为几小时到几天。所以，大学生应该正确控制运动的频率，其标准应该是在前一次运动的效果尚未消失之前，进行第二次运动，这样，每次运动的健身效果逐渐积累，就能够实现增强体质、保持健康的目的。根据大学生体育运动标准，大部分体育运动每周坚持3次或3次以上就能收到明显的效果，每天坚持运动效果最佳，而力量型运动隔天1次则效果较好。

（1）刚开始进行体育运动阶段，运动频率控制在每周3次、每次15~30min较适宜。以后，随着体质增强，每周可运动3~5次，每次30~50min。

（2）对于有一定运动强度、运动量及运动持续时间（30min以上）的体育运动，例如，5km有氧健身跑，每周进行3~4次，隔天1次即可。

（3）体质较弱、体重较重的大学生可以进行慢跑或跑走交替的体育运动，每次15~30min，每周2~3次。经过几周或几个月后，再根据体质情况慎重增加运动频率。

第二节　体育运动与常见疾病的防治

肝炎、脂肪肝、肥胖症、糖尿病、神经官能症和哮喘等疾病是现代大学生群体中十分常见的疾病，大学生可以通过科学的体育运动，预防和辅助治疗这些疾病。

一、体育运动与肝炎的防治

体育运动能改善并提升人体的免疫力，提高人体的摄氧量。具体到人体的肝脏，体育运动能加速血液循环，促进组织修复，减轻瘀血。而对于已经患上肝炎的患者，体育运动能够起到辅助治疗的作用，特别是在病情缓解期，当肝功能指标日趋好转后，肝炎患者可以适当参加体育运动，帮助促进自身肝脏功能的恢复。

但肝炎患者参加体育运动需注意以下4点。

（1）运动强度以不感觉疲劳为标准，应该从小运动量开始，然后缓慢增加。

（2）患者可以参加太极拳、健身走、瑜伽等运动强度较小的有氧运动。

（3）在进行体育运动的过程中，患者一旦出现乏力、恶心、肝痛等症状，应立即中止运动。

（4）患者不能进行剧烈运动，同时要注意补充营养和保证休息。

二、体育运动与脂肪肝的防治

人如果经常食荤食或高热量食品、缺少运动和饮酒过量，就容易引起脂肪大量地在肝脏内异常蓄积，导致脂肪肝的发生。脂肪肝会影响人体消化功能和肝脏正常代谢功能，如不加以控制，严重者会导致肝硬化。脂肪肝患者应适当增加体育运动，可以选择太极拳、慢跑、游泳、自行车、乒乓球、排球和网球等中小强度的有氧运动，一周3~5次，每次20~40min。此外，脂肪肝患者应戒除烟酒、控制饮食，多吃豆类、蔬菜、水果、山楂、海带和胡萝卜等蛋白质和维生素含量较多的食品，少食动物内脏、肥肉和蛋黄等。

三、体育运动与肥胖症的防治

肥胖症多是由于暴饮暴食，有大量摄食高脂肪和高热量食物的饮食习惯，以及缺少运动等因素造成的。肥胖症患者容易并发高血压、Ⅱ型糖尿病脂肪肝、胆结石和冠心病等。防治肥胖症需要患者控制饮食并进行体育运动，患者应做到以下几点。

（1）患者的食物应该以清淡、低能量为主。

（2）患者应积极参加体育运动，并适当增加运动量。体育运动应该以慢跑、游泳、自行车、健美操和球类运动等有氧运动为主，主要进行耐力素质训练。

（3）患者在进行锻炼时要注重对心肺功能的锻炼。

（4）患者应该注意控制减肥速度，根据专家的建议，每周减脂在0.5kg以内为最佳。表2-1所示为肥胖症患者运动强度参考标准。

表2-1　肥胖症患者的运动强度参考标准

年龄	心率/（次/min）	运动时间/min	运动后心率恢复	
20~30岁	114~160	30		
30~40岁	109~155	30	5min恢复为佳	10min后恢复则运动量过大
40~50岁	105~150	30		

（5）为了防止体重反弹，患者必须养成长期锻炼、终身体育的习惯。

（6）患者进行减肥最积极理想的方式就是控制饮食和体育运动相结合。对于肥胖症病情较严重的患者，可以在医生的指导下适当辅以药物进行治疗。

四、体育运动与糖尿病的防治

糖尿病是由于胰岛素相对或绝对不足，引起糖脂肪和蛋白质等物质代谢紊乱所致的一种内分泌与代谢疾病。糖尿病的主要表现就是人体血糖升高，持续的高血糖会损害人体全身大小血管，甚至会引发心脏、肾脏和神经系统并发症，严重的会导致生命危险。糖尿病有两种分型。

（1）Ⅰ型糖尿病。Ⅰ型糖尿病多见于青少年，一般起病较急，在疾病得到诊断和治疗前可表现为多饮、多尿、多食和体重下降，一般从发病之初就需要胰岛素治疗。

（2）Ⅱ型糖尿病。Ⅱ型糖尿病多见于成年人，常在40岁以后发病，大多发病隐匿，半数患者早期无任何症状，很多患者因出现慢性并发症或在健康体检时发现患病，常有家族史。Ⅱ型糖尿病经常与肥胖症、血脂异常、高血压等疾病同时或者先后发生。

治疗糖尿病主要以控制饮食、加强运动和药物治疗为主，患者需要定期进行全身检查和血糖测定，并且根据医生的意见制订体育运动的计划和调整运动量。另外，患者在病情不稳定时应暂停运动。

Ⅰ型糖尿病患者应以参加体育运动为主，通过运动改善心血管功能和心理状态，提高生活质量。但为了安全，患者需要控制运动过程，且运动时间应该在餐后1~2h内。

Ⅱ型糖尿病患者能够通过体育运动有效控制血糖水平。如果患者无心血管、肾脏和神经系统并发症，患者可以参加强度较大的有氧运动，运动时间可以控制在每天20~40min，运动频率为每周3~4次，并需要在运动前后都进行低强度的热身和整理运动。

五、体育运动与神经官能症的防治

神经官能症是一组精神障碍的总称，包括神经衰弱、强迫症、焦虑症、恐怖症、躯体形式障碍等。神经官能症的症状复杂多样，包括头痛、失眠、记忆力减退、心悸、胸闷、腹泻等。神经官能症患者通常需要在医生的指导下，进行心理和药物的双重治疗。体育运动在神经官能症防治中的作用主要表现为，患者通过运动刺激大脑的运动中枢，使其兴奋，从而抑制原来的"兴奋点"，并转移自己的注意力，调整情绪和压力。而且，在进行体育运动后，患者的身体会产生疲劳，从而患者可以改善自己的睡眠，提高睡眠的质量。

患者在通过体育运动防治神经官能症时，需要注意以下3点。

（1）患者进行体育运动的标准应该是不影响个人情绪和不过度疲劳。另外，运动强度也应该根据个人的体质和病情进行选择，以中、小强度为主，每周3~5次，每次30~50min。

（2）患者最好选择集体性体育运动，包括球类运动、游泳、健美操等。

（3）患者应该长期参加体育运动，并要持之以恒，不能急功近利。

六、体育运动与哮喘的防治

哮喘全称支气管哮喘，是一种常见的慢性气道炎症。哮喘的主要症状为反复发作的喘息、气促、胸闷或咳嗽等，且多在夜间或凌晨发生。哮喘发病原因主要与遗传和环境因素有关，空气污染、花粉、冷空气、食物过敏、感冒、气管炎等都可能诱发哮喘。

体育运动对防治哮喘的作用为增大患者的肺活量，增强患者的体质与体能，提高患者的免疫力，减少哮喘的发病次数。哮喘患者参加体育运动有以下3点注意事项。

（1）患者进行体育运动前需要充分热身，运动量的增加也应该循序渐进。如果进行高强度运动，需要在运动3~5min后马上休息3~5min，避免诱发运动性哮喘。

（2）患者在温度较低的环境中运动时，应尽量用鼻吸气，避免冷空气诱发哮喘。

（3）患者进行体育运动时应该随身携带哮喘气雾剂，以便在哮喘发作时及时处理。

第三节　运动性病症及处理

运动性病症是指由于运动训练或比赛安排不当而出现的疾病或机能异常。为了减轻运动伤害，大学生需要学习一些常用的急救方法以及常见运动性病症的处理与预防知识。

一、运动中常用的急救方法

急救是针对运动损伤较严重，甚至可能危及生命的情况，避免再度伤害、减轻痛苦、预防并发症，并为伤员转运和进一步治疗创造条件而进行的紧急临时性的处理。

1. 通用急救方法

通用的急救方法包括拨打急救电话120、人工呼吸和心肺复苏。

（1）拨打急救电话120。拨打急救电话时，语言必须精炼、准确。标准步骤为：当接通电话听到对方语音后，报出伤员的姓名、年龄、性别和电话号码；接着，说明本次就医的原因，例如，神志不清、呼吸困难等；然后说明伤者所在的具体位置，越详细越好；最后一定要等对方表示通话结束，可以挂断电话后再挂断电话。

（2）人工呼吸。进行人工呼吸前应使患者仰卧，头后仰，将衣领解开，腰带放松。清除患者口鼻内的异物和污物，保持呼吸道通畅。急救者一手放在患者前额，并用大拇指和食指捏住患者的鼻孔，另一手托起颌部使患者头部尽量往后仰，保持气道开放状态，然后深吸一口气，张开口以封闭患者的嘴周围，向患者口内连续吹气两次，每次吹气时间为1~1.5s，吹出1/3左右的气，直到患者胸廓抬起，停止吹气，松开贴紧患者的嘴，并放松捏住鼻孔的手，将脸转向一旁，用耳听是否有气流呼出，再深吸一口新鲜空气为第二次吹气做准备，当患者呼气完毕时，即开始下一次同样的吹气。需要注意的是，人工呼吸应该有节奏（约20次/min），并耐心进行，直到患者恢复自主呼吸为止。

（3）心肺复苏。解开患者衣服暴露胸廓，按压双乳连线中间点，双手叠放，腕肘关节伸直，垂直用力，以100~120次/min的速度连续按压30次。紧接着检查口鼻异物，托下颌，压额头，使下颌上翘，头部后仰。迅速清除咽部呕吐物，同时做口对口人工呼吸2次。胸外心脏按压和人工呼吸交替进行，直至抢救成功。若发现患者脸色转红润，呼吸心跳恢复，瞳孔回缩正常，则说明抢救有效。然后头敷冰袋降温，避免大脑缺血水肿，脑神经损伤加重，并急送医院救治。需要注意的是，按压速度不能低于100次/min，不能高于120次/min；按压的深度不能浅于5cm，不能深于6cm。如果现场有心脏除颤仪，需要立即除颤，再进行按压。

2. 具体病症或损伤的急救方法

（1）外伤出血。外伤出血通常是由于受到外部暴力或者不慎接触到尖锐物体而引起的身体受伤或者流血的症状。对于外伤出血的急救方法主要有以下3种。

① 出血较少且伤势并不严重。这种出血常能自动停止，通常用酒精对伤口周围皮肤消毒后，在伤口盖上消毒纱布或创可贴，扎紧就可止血。

② 伤口大且出血不止。发生这种情况，需要用干净纱布包扎伤口，抬高伤口部位，高过心脏水平，使用橡皮止血带包扎效果会更好。

③ 大血管喷涌性出血。发生这种情况，应该立即用指压法止血，即在出血动脉的近心端，用大拇指和其余手指予以压迫止血。

> **知识补充**　使用止血带包扎伤口应注意以下事项：上止血带的部位要在创口上方（近心端），尽量靠近创口，但不宜与创口面接触；在上止血带的部位，必须先衬垫绷带、布块，或绑在衣服外面，以免损伤神经；绑扎松紧要适宜，太紧损伤神经，太松不能止血；绑扎止血带的时间要认真记录，每隔30min（冷天）或者1h应放松一次，放松时间为1~2min。

（2）骨折。严重骨折时，患者会因为大量出血、剧烈疼痛或并发内脏损伤等引起休克，所以我们需要了解和学习骨折的急救方法。如果身体局部产生以下3种典型的体征，我们就可以确定发生骨折。

① 畸形。骨折一般可以使患肢外形发生改变，表现为缩短、成角或延长。

② 异常活动。正常情况下肢体不能活动的部位，骨折后出现不正常的活动。

③ 骨擦音或骨擦感。骨折后两骨折端相互摩擦撞击，可产生骨擦音或骨擦感。

一旦判断为骨折，我们就需要采取以下急救措施。

① 处理伤口。如果骨折处有伤口，则立即清理污染物，并用洁净纱布覆盖；如果伤口持续出血，则需要压迫止血；如果有骨头外露，则更要对其进行清洁，以免感染后引起骨髓炎。

② 迅速复位。如果发现骨折处有畸形，特别是成角畸形，则需要立即正确地进行复位，否则容易将周围血管神经刺破。要动作轻柔地沿着骨的纵轴方向牵拉骨，达到复位。

③ 妥善固定。不要盲目移动患者身体，应尽快把伤到的肢体用夹板固定住。夹板可用木片或折叠起来的硬纸板制成，放在受伤的肢体下面或侧面，用三角形绷带、皮带或领带缠住夹板和

受伤的肢体。避免缠得太紧，避免用细绳子固定，这些都可能阻碍血液循环。

④ 正确转运。搬运骨折患者的过程中，动作要轻柔，避免产生骨折端的错位或移动；对于脊柱骨折的患者，搬运中一定要多人协调，保持脊柱的轴向稳定。颈椎骨折的患者，搬运过程一定要有专人负责头部和颈椎，保持和躯干平行的体位。

（3）昏迷。体育运动中，脑部缺血、低血糖或高热等可能会引起运动员昏迷，通常可采用以下急救方法。

① 一旦发现有人昏迷，迅速观察患者的意识状态，同时检查患者的呼吸及心跳情况，一旦发生心脏骤停或者呼吸停止，立即进行现场人工呼吸。

② 使患者平卧，松解衣领，避免气道受压。将其头部后仰并偏向一侧，以保持患者的呼吸道通畅，及时清理呕吐及分泌物，防止窒息。

③ 如果因运动中撞击导致的昏迷，应警惕潜在危险，保持空气流通。

④ 高热伴昏迷患者可用酒精擦浴，在颈部、腋下和腹股沟等大动脉处放置冰袋、冰帽进行降温，但需用干毛巾包裹，避免冻伤。

⑤ 因低血糖引起的昏迷，如延误治疗可能出现不可逆的脑损害。应迅速补充葡萄糖，就近取用饼干、果汁、糖果等进食，可取得立竿见影的效果。

⑥ 对于原因不明的昏迷，或昏迷不能缓解，应立即拨打120急救电话，在专业救护人员护送下，送医院治疗。

（4）溺水。在跳水、游泳和水上项目的体育运动中容易出现溺水问题，重度溺水者如果抢救不及时，4~6min内即可死亡，所以，我们必须对溺水者进行现场急救，相关急救措施如下。

① 立即清除口鼻内的异物，保持呼吸道畅通。

② 呼吸和心跳停止的溺水者，应立即进行人工呼吸，通常情况下每5~10s观察患者有没有呼吸，如果没有，尽快做2~5次人工呼吸，每次吹气大于1s，确保患者胸廓有起伏。

③ 如果溺水者对人工呼吸没有反应，应该将其放到平坦的地面上进行胸外心脏按压。

二、常见运动性疾病的处理与预防

大学生在参加体育运动时容易出现的运动性疾病主要包括以下几种。

1. 中暑

中暑是一种因暴露在高温环境中体温上升而引起的急性疾病，多发生在进行田径、自行车、足球等体育运动时。另外，大学生军训时也经常发生。

（1）典型症状。轻度中暑会出现头痛、头晕、口渴、四肢无力发酸、注意力不集中、动作不协调、体温升高，以及面色潮红、大量出汗、皮肤灼热，或四肢湿冷、面色苍白、血压下降、脉搏增快等症状。重度中暑则会出现大汗、极度口渴、乏力、头痛、恶心呕吐、高热，甚至抽搐、心动过速、直立性低血压或昏迷等症状。

（2）处理方法。出现中暑先兆时，应该立即撤离高温环境，在阴凉处安静休息，并补充含盐饮料。将患者抬到阴凉处或者空调供冷的房间平卧休息，解松或者脱去患者衣服。用湿毛巾擦拭全身，通过蒸发降温。如果降温处理不能缓解病情，则需及时送医院做进一步处理。

（3）预防措施。长时间在太阳下运动时，要戴上遮阳帽，穿好防晒服，并尽量减少运动时间。另外，要多补充水分，多喝些淡盐水。在室内运动时，如果气温过高也会发生中暑，这时要保持室内空气流通，并根据运动类型采取相应的补水措施。

> 中暑之后，人会很虚弱，要补充必要的水分、盐、热量、维生素、蛋白质等，但饮食应该清淡且容易消化。中暑之后，不要一次大量饮水，应采用少量多次的饮水方法，最好严格按照医生测算的结果进行补水。
>
> 知识补充

2. 呼吸困难

运动中的呼吸困难通常是由于心脏疾病、呼吸系统疾病或者过敏原因导致的，多发生在有氧运动时。

（1）典型症状。患者主观上感觉吸气不足、呼吸费力，客观上表现为呼吸频率、节律和深度的改变。严重时可出现张口呼吸、鼻翼扇动、端坐呼吸，甚至发绀。

（2）处理方法。一旦出现呼吸困难，应立即让患者就地平卧，托其下颌让头过仰，这样可以打开气道，如有气道分泌物、口腔呕吐物或异物应及时清除。尽量使患者保持安静，避免情绪紧张导致气道痉挛，以防加重呼吸困难。如果患者在呼吸困难的同时有粉红色泡沫样痰，应让其保持半卧位或坐位。如果出现呼吸心跳骤停，应立即进行心肺复苏，同时拨打120急救电话。

（3）预防措施。首先应确认呼吸困难的原因，如果是心源性或肺源性因素导致，则需要减少运动，防止太过劳累；如果是过敏因素导致，则平时应尽量避免接触过敏原，提高自身的免疫力，预防感冒，防止着凉，并避免急性感染。

3. 运动性腹痛

运动性腹痛是体育运动中常见的一种由运动而引起或诱发的腹部疼痛病症，常见于运动过程中或运动结束后，特别在中长跑、马拉松、竞走和自行车等运动中容易出现。运动前热身不充分，活动强度增加过快，身体状况不佳；或者运动前吃得太饱，饮水过多；或者腹部受凉，致使脏腑功能失调；或者呼吸节奏紊乱，引起膈肌运动异常等，都会导致运动性腹痛。

（1）典型症状。运动性腹痛一般是一种痉挛性疼痛，常表现为阵发性疼痛，严重的会有恶心呕吐症状。

（2）处理方法。出现腹痛后应减慢运动速度和降低运动强度，加深呼吸和运动节奏，用手按压疼痛部位或弯着腰跑一段距离，疼痛就可消失或减轻。如果疼痛不减或加重，应停止运动。也可口服解痉药或热敷腹部、局部按摩，用指点揉足三里、内关、三阴交、大肠俞等穴位，尤其是用大拇指按揉血海穴，能起到明显的止痛效果。

（3）预防措施。参与体育运动要遵循循序渐进原则，合理安排锻炼时间和运动强度。加强全面身体锻炼，提高心肺功能。另外，需要合理安排膳食。

第四节　运动损伤及防治

运动损伤是由多种主客观因素造成的，大学生在进行体育运动的过程中受到运动损伤，会在带来疼痛等不适的基础上，影响身体健康，如果处理不当还可能造成二次伤害甚至留下后遗症。因此，大学生应该了解运动损伤的常见诱因，学习正确处理运动损伤的方法。

一、运动损伤的诱因

运动损伤的发生既有大学生自己身体和心理方面的个人因素的影响，也有运动环境和器材等客观因素的作用，通常包括以下几点。

（1）热身不充分。热身是运动者在进行体育运动之前，以较轻的活动量，先行活动肢体，为随后更为强烈的身体活动做准备。进行体育运动前，大学生需要做好充分的热身运动，加快肌肉内的代谢，增加血液流量、血液氧气含量和肌肉的营养供给，增强肌肉力量，并增加肌肉、韧带的弹性和伸展性，做好运动准备。如果没有充分热身就进行剧烈运动，肌肉的兴奋度不够，就无法对比较大的刺激做出灵敏的反应。同时，韧带及肌肉的力量比较小，关节没有办法很好地活动开来，损伤出现的概率就会增高很多。

（2）运动量太大。一些大学生对自己的体能情况和运动能力并没有充分的了解，在进行体育运动的过程中无法根据自己的实际情况控制好运动量，这样就很容易因为运动过量而出现运动损伤的情况。例如，进行长跑运动，因为运动的时间比较长，造成大量的水分流失，身体中的乳酸积累过多，在停止运动之后，身体出现严重的酸痛感，就容易导致身体损伤。

（3）运动动作不规范。一些大学生在体育课堂教学活动中未能有效掌握运动技能和知识，而在实际体育运动中，特别是做跳跃、翻腾等动作时，由于动作不规范，或者是动作幅度过大，出现错误动作，从而对身体产生损害，出现一些身体组织扭伤等问题。

（4）身体状况不好。生病以后刚刚恢复、休息不好、有身体不适的大学生，肌肉力量都会比较弱，对动作的控制能力较低，很可能会出现运动损伤，所以大学生在进行体育运动之前对自己的身体状况要有详细了解，如果情绪不好或者心情低落，则应该先停止锻炼。

（5）场地器械不够完善。场地器械是体育运动的基础保障，如果体育场地设施建设的维护和保养不及时、场地器械等基础设施不完善，运动器械老化陈旧，大学生们在使用的过程中，器械发生故障或丧失可靠性，就很容易出现运动损伤，影响到学生们的身体和心理发展。

二、处理大学生常见运动损伤

常见运动损伤包括擦伤、挫伤、扭伤、肌肉痉挛、肌肉拉伤和脱臼等。

1. 处理方法

不同的运动损伤有不同的处理方法。

（1）擦伤。出现擦伤可用碘伏、酒精棉球对伤口周围进行消毒。如果出现大面积的皮肤擦伤，或者伤处嵌入煤渣、泥土时，应用双氧水和生理盐水清洗，然后消毒，再用无菌纱布包扎。

（2）挫伤。出现挫伤，首先终止运动，冷敷后用弹性绷带加压包扎，垫高受伤部位，通常在损伤24h内用热敷、按摩等方法治疗，并注意要有充足的休息。

（3）肌肉拉伤。出现肌肉拉伤，应进行局部冷敷后用弹性绷带加压包扎，垫高受伤部位或使肌肉处于放松状态，24h后再进行热敷、按摩或理疗。

（4）扭伤。出现扭伤，用弹性绷带加压包扎，垫高受伤部位。48h内受伤部位的软组织渗出加重，应该用冰袋冷敷，每1h一次，每次30min；48h后换为热敷，加快受伤部位的血液循环可以加快消肿。如果经上述方法处理，7天之内不能缓解症状，甚至加重，则说明可能存在骨折、肌肉拉伤或者韧带断裂，需要立即到医院检查、治疗。

（5）肌肉痉挛。出现肌肉痉挛，应反复按摩或牵拉受累的肌肉，一直到症状缓解，如果仍有疼痛，可在局部使用热水袋或热毛巾热敷，或者洗热水澡。在游泳时突发肌肉痉挛，切不可惊慌呼叫（否则只能呛水甚至溺水），需要立即镇定，完全放松抽筋的肢体。保持漂浮状态，鼻孔浮出水面时立即吸气，沉在水面下则用嘴呼气，只要能坚持1~2min，痉挛的肌肉可自行放松。

2. 预防方法

预防运动损伤需要加强安全教育、做好安全保护和自我保护并做好运动前的热身。

（1）加强安全教育。学校在体育教学过程中须贯彻预防为主的教学方针，根据各项体育运动

拓展阅读　2006年，在意大利都灵举行的第20届冬季奥运会上，担负着"冲金"任务的我国花样滑冰选手张丹、张昊决定放手一搏，使用难度极高的技术动作——抛4周跳，向金牌发起最后的冲锋。但在比赛过程中发生了意外，张丹在被抛起后，未转满4周便重重地跌落在冰面上，身体严重受伤。就在几乎所有人都认为张丹、张昊即将退出比赛的时候，音乐再次响起，张丹忍住痛苦，再次跃动在冰面上，那一瞬间，全场观众起立鼓掌，向这个坚强的女孩致以敬意。带伤坚持的张丹、张昊用出色的演出感染了现场观众，更让观众的感官和心灵受到了一次洗礼和震撼，让观众感受到了我国运动员对体育的尊重和热爱。他们用执着诠释了奥运精神，并向全世界展示了我国运动员永不放弃的体育精神，并最终获得了一枚银牌。

的技术特点对大学生进行安全教育，并提出具体、明确的预防要求，使大学生认识预防的意义。

（2）做好安全保护和自我保护。加强大学生的纪律性，维持体育运动秩序，并教会大学生自我保护的方法，这也是预防运动损伤的有效方法。

（3）充分做好热身。体育运动前应该做好充分的、有针对性的热身，特别是对一些运动负荷较大的易伤部位。热身时间以20min左右为准，或以身体觉得发热，微微出汗为宜；准备活动结束与正式运动开始的间隔时间以1~4min为宜。

课后训练

1. 身体素质测试

训练目标：评估个人身体素质。

技术要点：力量、耐力、敏捷、柔韧度、心肺功能。

训练方式：个人测试。

训练内容：深蹲（60s时间内女生30个，男生40个）；靠墙静蹲（女生坚持50s，男生坚持70s）；俯卧撑（女生连续做6个，男生连续做20个）；平板支撑（女生坚持60s，男生坚持80s）；深蹲跳（女生连续不间断做30个，男生连续不间断做40个）；站姿体前屈（女生指尖触碰到脚尖，男生指尖触碰到脚踝位置）；慢跑（20min跑3 000m）。

训练规则：按训练内容进行即可，注意测试的时候量力而行，平时运动量较低的同学尽量不要直接进行强度较高的训练，避免出现不适。

2. 800m计时赛

训练目标：检测个人耐力素质，评估个人身体素质。

技术要点：心率、能否按时完赛。

训练方式：集体训练。

训练内容：全班同学围绕400m操场跑两圈，男生需要在2min32s内完成，女生需要在4min34s内完成。

训练规则：在规定的时间内完成比赛即合格。

3. 制订体育运动计划

训练目标：巩固科学锻炼的相关知识。

技术要点：体育运动的原则、内容、方法和计划。

训练方式：制订个人大学期间体育运动计划。

训练内容：个人按照自己的身体素质情况，以日、周、月、年为单位，分别制订对应的运动计划，并制作成表格，以督促自己提升身体素质。

训练规则：符合体育运动的原则。

4. 运动健康知识竞赛

训练目标：进一步巩固体育运动与健康促进的基础知识，以及各种运动病症和损伤的处理方法。

技术要点：常见疾病的防治、运动病症处理、运动损伤防治。

训练方式：知识竞赛。

训练内容：全班同学分为多个小组，每组5人，剩余的同学作为比赛裁判，老师作为比赛主持人，由裁判出题，每组回答裁判问题。

训练规则：分为必答题和抢答题，必答题每组回答6题，回答正确的次数最多的两组晋级决赛。决赛主要是抢答题，答对得1分，答错扣1分，一共10题，以得分最多的组获得最终胜利。

第3章

大学生体质健康标准及测定

大学生是民族的希望、国家的栋梁，党和国家一直高度重视大学生的体质健康状况，建立了完善的大学生体质监测与评价体系。大学生了解相关的体质健康标准及测定体系，就能够据此了解自己的体质状况，有的放矢地加强健康管理。

本章学习目标

体育目标	• 了解我国大学生的体质现状。 • 了解和认识《国家学生体质健康标准》。
德育目标	• 帮助大学生认识到体育运动的重要性。 • 提升大学生对体育运动的兴趣。

第一节 《国家学生体质健康标准》简介

教育部在2014年7月7日下发了《教育部关于印发〈国家学生体质健康标准（2014年修订）〉的通知》（教体艺〔2014〕5号），要求各省、自治区、直辖市教育厅（教委），新疆生产建设兵团教育局，部属各高等学校认真贯彻执行《国家学生体质健康标准（2014年修订）》。

一、说明

（1）《国家学生体质健康标准》（以下简称《标准》）是国家学校教育工作的基础性指导文件和教育质量基本标准，是评价学生综合素质、评估学校工作和衡量各地教育发展的重要依据，是《国家体育运动标准》在学校的具体实施，适用于全日制普通小学、初中、普通高中、中等职业学校、普通高等学校的学生。

（2）本标准的修订坚持健康第一，落实《国家中长期教育改革和发展规划纲要（2010—2020年）》《国务院办公厅转发教育部等部门关于进一步加强学校体育工作若干意见的通知》（国办发〔2012〕53号）和《教育部关于印发〈学生体质健康监测评价办法〉等三个文件的通知》（教体艺〔2014〕3号）有关要求，着重提高《标准》应用的信度、效度和区分度，着重强化其教育激励、反馈调整和引导锻炼的功能，着重提高其教育监测和绩效评价的支撑能力。

（3）本标准从身体形态、身体机能和身体素质等方面综合评定学生的体质健康水平，是促进学生体质健康发展、激励学生积极进行身体锻炼的教育手段，是国家学生发展核心素养体系和学业质量标准的重要组成部分，是学生体质健康的个体评价标准。

（4）本标准将适用对象划分为以下组别：小学、初中、高中按每个年级为一组，其中小学为6组、初中为3组、高中为3组。大学一、二年级为一组，三、四年级为一组。

（5）小学、初中、高中、大学各组别的测试指标均为必测指标。其中，身体形态类中的身高、体重，身体机能类中的肺活量，以及身体素质类中的50m跑、坐位体前屈为各年级学生共性指标。

（6）本标准的学年总分由标准分与附加分之和构成，满分为120分。标准分由各单项指标得分与权重乘积之和组成，满分为100分。附加分根据实测成绩确定，即对成绩超过100分的加分指标进行加分，满分为20分；小学的加分指标为1min跳绳，加分幅度为20分；初中、高中和大学的加分指标为男生引体向上和1 000m跑，女生1min仰卧起坐和800m跑，各指标加分幅度均为10分。

（7）根据学生学年总分评定等级：90.0分及以上为优秀，80.0~89.9分为良好，60.0~79.9分为及格，59.9分及以下为不及格。

（8）每个学生每学年评定一次，记入《〈国家学生体质健康标准〉登记卡》。特殊学制的学校，在填写登记卡时可以按规定和需求相应地增减栏目。学生毕业时的成绩和等级，按毕业当年学年总分的50%与其他学年总分平均得分的50%之和进行评定。

（9）学生测试成绩评定达到良好及以上者，方可参加评优与评奖；成绩达到优秀者，方可获体育奖学分。测试成绩评定不及格者，在本学年度准予补测一次，补测仍不及格，则学年成绩评定为不及格。普通高中、中等职业学校和普通高等学校学生毕业时，《标准》测试的成绩达不到50分者按结业或肄业处理。

（10）学生因病或残疾可向学校提交暂缓或免予执行《标准》的申请，经医疗单位证明，体育教学部门核准，可暂缓或免予执行《标准》，并填写《免予执行〈国家学生体质健康标准〉申请表》，存入学生档案。确实丧失运动能力、被免予执行《标准》的残疾学生，仍可参加评优与评奖，毕业时《标准》成绩需注明免测。

（11）各学校每学年开展覆盖本校各年级学生的《标准》测试工作，《标准》测试数据经当地教育行政部门按要求审核后，通过"中国学生体质健康网"上传至"国家学生体质健康标准数据管理系统"。测试和数据上传时间由教育行政部门确定。

（12）本《标准》由教育部负责解释。

二、单项指标与权重

《标准》兼顾了从小学到大学所有学生的体质健康标准，其中，对于大学生的考核指标包括体重指数（body mass index，BMI）、肺活量、50m跑、坐位体前屈、立定跳远、引体向上（男）、1min仰卧起坐（女）、1 000m跑（男）和800m跑（女），其权重如表3-1所示。

表3-1　单项指标与权重（大学生）

测试对象	单项指标	权重/%
大学各年级	体重指数（BMI）	15
	肺活量	15
	50m跑	20
	坐位体前屈	10
	立定跳远	10
	引体向上（男）/1min仰卧起坐（女）	10
	1 000m跑（男）/800m跑（女）	20

注：体重指数（BMI）=体重（kg）/身高^2（m^2）。

第二节　大学生体质健康的测定与评价

大学生是中华民族的希望和未来，其身体素质和健康状况的好坏直接关系到建设国家、奉献社会的价值。基于我国大学生体质的现状，需要了解和认识大学生体质健康的测定与评价方法，根据《国家学生体质健康标准》的标准，积极开展好大学生体质健康的测定与评价工作。

一、《国家学生体质健康标准》大学男生评分表

大一、大二男生的运动单项指标评分如表3-2所示，大三、大四男生的运动单项指标评分如表3-3所示，男生项目加分指标评分如表3-4所示。

表3-2　大学男生运动单项指标评分表（大一、大二）

等级	单项得分/分	50m跑/s	坐位体前屈/cm	立定跳远/cm	引体向上/次	1 000m跑
优秀	100	6.7	24.9	273	19	3min17s
	95	6.8	23.1	268	18	3min22s
	90	6.9	21.3	263	17	3min27s
良好	85	7.0	19.5	256	16	3min34s
	80	7.1	17.7	248	15	3min42s
及格	78	7.3	16.3	244	14	3min47s
	76	7.5	14.9	240		3min52s
	74	7.7	13.5	236	13	3min57s
	72	7.9	12.1	232		4min02s
	70	8.1	10.7	228	12	4min07s
	68	8.3	9.3	224		4min12s
	66	8.5	7.9	220	11	4min17s
	64	8.7	6.5	216		4min22s
	62	8.9	5.1	212	10	4min27s
	60	9.1	3.7	208		4min32s
不及格	50	9.3	2.7	203	9	4min52s
	40	9.5	1.7	198	8	5min12s
	30	9.7	0.7	193	7	5min32s
	20	9.9	−0.3	188	6	5min52s
	10	10.1	−1.3	183	5	6min12s

表3-3　大学男生运动单项指标评分表（大三、大四）

等级	单项得分/分	50m跑/s	坐位体前屈/cm	立定跳远/cm	引体向上/次	1 000m跑
优秀	100	6.6	25.1	275	20	3min15s
	95	6.7	23.3	270	19	3min20s
	90	6.8	21.5	265	18	3min25s
良好	85	6.9	19.9	258	17	3min32s
	80	7.0	18.2	250	16	3min40s
及格	78	7.2	16.8	246	15	3min45s
	76	7.4	15.4	242		3min50s
	74	7.6	14.0	238	14	3min55s
	72	7.8	12.6	234		4min00s

续表

等级	单项得分/分	50m跑/s	坐位体前屈/cm	立定跳远/cm	引体向上/次	1 000m跑
及格	70	8.0	11.2	230	13	4min05s
	68	8.2	9.8	226		4min10s
	66	8.4	8.4	222	12	4min15s
	64	8.6	7.0	218		4min20s
	62	8.8	5.6	214	11	4min25s
	60	9.0	4.2	210		4min30s
不及格	50	9.2	3.2	205	10	4min50s
	40	9.4	2.2	200	9	5min10s
	30	9.6	1.2	195	8	5min30s
	20	9.8	0.2	190	7	5min50s
	10	10.0	−0.8	185	6	6min10s

表3-4　大学男生项目加分指标评分表

加分/分	引体向上/次		1 000m跑/s	
	大一、大二	大三、大四	大一、大二	大三、大四
10	10	10	−50	−50
9	9	9	−45	−45
8	8	8	−40	−40
7	7	7	−35	−35
6	6	6	−30	−30
5	5	5	−25	−25
4	4	4	−20	−20
3	3	3	−15	−15
2	2	2	−10	−10
1	1	1	−5	−5

注：引体向上为高优指标，学生成绩超过单项评分100分后，以超过的次数所对应的分数进行加分；1 000m跑为低优指标，学生成绩低于单项评分100分后，以减少的秒数所对应的分数进行加分。

二、《国家学生体质健康标准》大学女生评分表

　　大一、大二女生的运动单项指标评分如表3-5所示，大三、大四女生的运动单项指标评分如表3-6所示，女生项目加分指标评分如表3-7所示。

表3-5　大学女生运动单项指标评分表（大一、大二）

等级	单项得分/分	50m跑/s	坐位体前屈/cm	立定跳远/cm	1min仰卧起坐/次	800m跑
优秀	100	7.5	25.8	207	56	3min18s
	95	7.6	24.0	201	54	3min24s
	90	7.7	22.2	195	52	3min30s
良好	85	8.0	20.6	188	49	3min37s
	80	8.3	19.0	181	46	3min44s

等级	单项得分/分	50m跑/s	坐位体前屈/cm	立定跳远/cm	1min仰卧起坐/次	800m跑
及格	78	8.5	17.7	178	44	3min49s
	76	8.7	16.4	175	42	3min54s
	74	8.9	15.1	172	40	3min59s
	72	9.1	13.8	169	38	4min04s
	70	9.3	12.5	166	36	4min09s
	68	9.5	11.2	163	34	4min14s
	66	9.7	9.9	160	32	4min19s
	64	9.9	8.6	157	30	4min24s
	62	10.1	7.3	154	28	4min29s
	60	10.3	6.0	151	26	4min34s
不及格	50	10.5	5.2	146	24	4min44s
	40	10.7	4.4	141	22	4min54s
	30	10.9	3.6	136	20	5min04s
	20	11.1	2.8	131	18	5min14s
	10	11.3	2.0	126	16	5min24s

表3-6　大学女生运动单项指标评分表（大三、大四）

等级	单项得分/分	50m跑/s	坐位体前屈/cm	立定跳远/cm	1min仰卧起坐/次	800m跑
优秀	100	7.4	26.3	208	57	3min16s
	95	7.5	24.4	202	55	3min22s
	90	7.6	22.4	196	53	3min28s
良好	85	7.9	21.0	189	50	3min35s
	80	8.2	19.5	182	47	3min42s
及格	78	8.4	18.2	179	45	3min47s
	76	8.6	16.9	176	43	3min52s
	74	8.8	15.6	173	41	3min57s
	72	9.0	14.3	170	39	4min02s
	70	9.2	13.0	167	37	4min07s
	68	9.4	11.7	164	35	4min12s
	66	9.6	10.4	161	33	4min17s
	64	9.8	9.1	158	31	4min22s
	62	10.0	7.8	155	29	4min27s
	60	10.2	6.5	152	27	4min32s
不及格	50	10.4	5.7	147	25	4min42s
	40	10.6	4.9	142	23	4min52s
	30	10.8	4.1	137	21	5min02s
	20	11.0	3.3	132	19	5min12s
	10	11.2	2.5	127	17	5min22s

表3-7 大学女生项目加分指标评分表

加分/分	1min仰卧起坐/次		800m跑/s	
	大一、大二	大三、大四	大一、大二	大三、大四
10	13	13	-50	-50
9	12	12	-45	-45
8	11	11	-40	-40
7	10	10	-35	-35
6	9	9	-30	-30
5	8	8	-25	-25
4	7	7	-20	-20
3	6	6	-15	-15
2	4	4	-10	-10
1	2	2	-5	-5

注：1min仰卧起坐为高优指标，学生成绩超过单项评分100分后，以超过的次数所对应的分数进行加分；800m跑为低优指标，学生成绩低于单项评分100分后，以减少的秒数所对应的分数进行加分。

三、《国家学生体质健康标准》身体素质评分表

《标准》中对大学生身体素质的测量主要包括体重指数和肺活量两项。体重指数（BMI）是世界卫生组织（WHO）推荐的国际统一使用的体型分型标准，肺活量是指在最大吸气后尽力呼气的气量，二者都能有效地反映身体健康程度。大学生体重指数评分如表3-8所示，大学生肺活量评分如表3-9所示。

表3-8 大学生体重指数（BMI）评分表 单位：kg/m^2

等级	单项得分/分	男生	女生
正常	100	17.9~23.9	17.2~23.9
低体重	80	≤17.8	≤17.1
超重		24.0~27.9	24.0~27.9
肥胖	60	≥28.0	≥28.0

表3-9 大学生肺活量评分表 单位：mL

等级	单项得分/分	男生		女生	
		大一、大二	大三、大四	大一、大二	大三、大四
优秀	100	5 040	5 140	3 400	3 450
	95	4 920	5 020	3 350	3 400
	90	4 800	4 900	3 300	3 350
良好	85	4 550	4 650	3 150	3 200
	80	4 300	4 400	3 000	3 050
及格	78	4 180	4 280	2 900	2 950
	76	4 060	4 160	2 800	2 850
	74	3 940	4 040	2 700	2 750
	72	3 820	3 920	2 600	2 650
	70	3 700	3 800	2 500	2 550

等级	单项得分/分	男生		女生	
		大一、大二	大三、大四	大一、大二	大三、大四
及格	68	3 580	3 680	2 400	2 450
	66	3 460	3 560	2 300	2 350
	64	3 340	3 440	2 200	2 250
	62	3 220	3 320	2 100	2 150
	60	3 100	3 200	2 000	2 050
不及格	50	2 940	3 030	1 960	2 010
	40	2 780	2 860	1 920	1 970
	30	2 620	2 690	1 880	1 930
	20	2 460	2 520	1 840	1 890
	10	2 300	2 350	1 800	1 850

拓展阅读　少年强则国强，我国体育的未来是由青少年的体育水平决定的，青少年体育是我国体育发展的主要任务，校园体育的改革则是我国发展青少年体育的重要途径之一。《国家学生体质健康标准》从青少年学生身体的形态、机能和素质3个方面综合评定学生的体质健康水平，是促进青少年学生体质健康发展、激励其积极进行体育锻炼的教育手段，是我国所有学生培养核心素养体系和学业质量标准的重要组成部分，也是青少年学生体质健康的个体评价标准。《国家学生体质健康标准》强调的是能够促进青少年学生身体的正常生长和发育、身体素质的全面提高以及激励学生自觉参加体育锻炼的功能，对高校体育教学的改革具有重要的意义。

课后训练

1. 体质健康测试挑战赛

训练目标：测试个人体质健康水平，提升大学生参与体育运动的积极性。

技术要点：明确力量、耐力、敏捷、柔韧度、心肺功能等健康标准。

训练方式：团队赛、单项赛。

训练内容：进行50m跑、坐位体前屈、立定跳远和800m/1 000m跑。

训练规则：根据《国家学生体质健康标准》对所有人的成绩进行评分，然后将男女生成绩分别汇总，分数高的队伍获胜。各个单项也评选出单项赛冠军。

2. 功能性动作模式筛查

训练目标：了解自身在运动中的薄弱环节，分析自己身体功能的情况。

技术要点：动作到位。

训练方式：单人进行。

训练内容：包括深蹲、过栏步、直线分腿蹲、肩部灵活性、主动抬腿、躯干稳定性俯卧撑和体旋稳定性。其中，深蹲和躯干稳定性俯卧撑是对称性动作模式；过栏步、直线分腿蹲、肩部灵活性、主动抬腿和体旋稳定性是非对称性动作模式，分别进行左右测试。

训练规则：扫描右侧的二维码查看功能性动作模式筛查测试的准备工作；7个单项动作的测试目的、测试方法和评分标准。

Chapter 04

第4章

田径运动

田径运动是在人类长期社会实践中发展起来的运动项目，分为田赛和径赛两种类型，田赛是指以远度和高度计算成绩的跳跃和投掷类运动项目，径赛是指以时间计算成绩的竞走和跑的运动项目。在大学体育中，田径运动能完整地展现大学生的个人运动能力，是大学生提高运动技能、强化身心素质的重要途径。

本章学习目标

体育目标	• 有效发展大学生的快速运动能力，提高人体动作的灵活性和柔韧素质，改善中枢神经系统控制和支配肌肉活动的能力。 • 增强大学生有氧运动的能力，发展耐力素质，提高心肺功能。
德育目标	• 帮助大学生改善自己的情绪，增强控制情绪的能力。 • 培养大学生刻苦耐劳的精神和坚毅顽强的意志。 • 培养大学生遵纪守法的品质、合作精神、责任感和集体主义精神。

第一节　田径运动概述

田径运动被认为是其他各项体育运动的基础，有"运动之母"之称。田径运动具有十分悠久的历史，随着现代奥运会的举办，田径运动得到了快速的推广和发展。

一、田径运动的起源与发展

最早的田径运动可以追溯到史前时代，原始人类通过快速地奔跑、敏捷地跳跃和准确地投掷等来获得生活必需品。公元前776年，在奥林匹亚的古代平原举行的第一届古代奥运会上，仅有一个比赛项目，即距离为192.27m的场地跑。现代田径运动体系建立的标志是1896年希腊雅典成功举行了第一届现代奥运会，当时，田径成为了现代奥运会的正式比赛项目，包括了走、跑、跳、投等12个田径项目。1912年7月17日，国际田径联合会（简称国际田联）在瑞典首都斯德哥尔摩成立。现代田径运动在19世纪末20世纪初传入我国，直到1953年以后，我国才开始举行规模较大的全国性田径运动会。在群众性体育运动广泛开展的基础上，现代田径运动在我国得到迅速普及，技术水平提高很快。我国田径技术水平与国际先进水平之间的差距也在不断缩小，有些项目甚至已经达到世界一流水平。

二、田径比赛的规则要点

田径比赛的规则通常会根据运动项目的不同而有区别，下面就分别介绍短跑和中长跑、接力跑、跳高、跳远和三级跳远、铅球和标枪比赛的规则要点。

1. 短跑和中长跑

由于都属于跑的田径项目，所以，短跑、中长跑的一些基本规则比较类似。

（1）名次判定。所有赛跑项目参赛运动员的名次取决于其身体躯干（不包括头、颈、臂、腿、手或足）沿垂直面抵达终点线后的顺序，先到达者名次列前。如果第一名成绩相同，裁判长有权决定是否重赛，若无条件重赛，则并列第一；至于其他名次成绩相同，按并列处理。

（2）起跑规则。在国际赛事中，所有400m及以下的径赛项目（短跑），必须采用蹲踞式起跑及起跑器。如果有运动员抢跑，发令员就会宣布起跑犯规，对第一次起跑犯规的运动员给予警告，每项比赛只允许运动员一次起跑犯规而不被取消竞赛资格，再次起跑犯规将被取消比赛资格。在枪声响起前有任何起跑动作，均属起跑犯规。

（3）分道跑。在分道跑和部分分道跑的径赛项目中，运动员越出跑道且获得实际利益或冲撞、阻碍其他运动员会被取消资格。如果运动员被推或挤出指定的跑道，只要未获得实际利益也未影响他人，可不取消其参赛资格。同样，任何运动员在直道中越出其跑道或在弯道中越出其跑道的外侧，只要没有获得实际利益及阻碍他人，均不算犯规。

（4）分道。运动员的跑道由技术代表抽签确定，运动员在所有短跑和跨栏中自始至终都必须在规定的跑道里。800m和4×400m接力赛中，运动员在规定的跑道里起跑，通过抢道标志线以后才能离开规定跑道，切入里道。

2. 接力跑

接力跑项目的规则除以下几点外，与短跑基本相同。

（1）4×100m接力跑是分道进行的，接棒者可以在接力区前10m内起跑。

（2）接力赛中，运动员必须在20m的接力区内完成交接棒。"接力区内"的判定是根据接力棒的位置，而不是根据运动员的身体或四肢的位置。

（3）在4×400m接力跑中，第1棒全程及第2棒的第一弯道是分道跑，第2棒运动员要跑至抢道线后方可自由抢道。第1棒的传接必须在运动员指定的跑道内进行，其余各棒的传接，由裁判员根据第2棒及第3棒运动员通过200m起点处的先后，按次序让第3棒及第4棒的队友在接力区内，由内至外排列等候接棒。所有接棒者均不可在接力区外起跑。

（4）接力棒必须拿在手上，任何运动员掉了棒，必须由本人拾回，而且要在不影响别人的情况下，方可越出跑道拾回接力棒。

3. 跳高

跳高比赛的规则主要是对比赛的流程、决胜方式和犯规等问题的专业规定。

（1）抽签决定运动员的试跳顺序。

（2）比赛开始前，裁判员应向运动员宣布起跳高度和横杆升高计划，此计划直到只剩下最后一名已获胜的运动员或出现第一名成绩相等时为止，每次横杆升高的高度不得少于2cm。

（3）试跳中碰落横杆；在越过横杆之前，身体任何部位触及立柱之间、横杆延长线垂直面以外的地面或落地区，均判为试跳失败。

（4）运动员可在宣布的任一高度上开始起跳，也可在以后任一高度决定是否免跳。在一个高度上，运动员试跳1次或2次失败后，仍可请求免跳，但在下一高度的试跳次数，应是前一高度试跳后所剩余的未跳次数，在任一高度上若已经请求了免跳，则不准在该高度上恢复试跳。不管在任何高度上，只要运动员出现连续3次试跳失败，即失去继续比赛的资格。

（5）比赛名次应根据运动员的最好成绩排定。当成绩相等时，在最后跳过高度上试跳次数少者，名次列前；如仍不能决出名次，应将全赛中失败次数少的运动员名次列前；如再相等，不涉及第一名时，名次并列；涉及第一名时，应举行决名次赛。

（6）运动员有下列之一的情况即判犯规：使用双脚起跳；试跳动作致使横杆未能停留在横杆托上；无故延误时限；当裁判员通知运动员试跳开始后，运动员才决定免跳，但时限已过；试跳时，有意用手或手指把即将从横杆托上掉下的横杆放回；无故错过该次试跳顺序。

4. 跳远和三级跳远

跳远和三级跳远比赛的规则基本类似，是对测量尺度、成绩计算和犯规等问题的专业规定。

（1）跳远距离的测量是从起跳线远端量起到跳远运动员在沙坑中留下的最近痕迹为止。如果出现非整数的情况，则长度数值应四舍五入到最接近的厘米数。

（2）如果运动员在跳跃时遇到障碍，裁判员可以判妨碍并给予其第二次试跳机会。裁判员可以因运动员超过比赛时间限制而不按规定跳跃判罚试跳无效，除在时间用尽前已经起跑外。

（3）运动员有下列之一的情况即判犯规：身体任何部位触及起跳线之前的地面；从起跳板两端之外起跳，无论是否超过起跳线的延长线；触及起跳线和落地区之间的地面；在落地过程中触及落地区以外的地面，而落地区外的触地点较落地区内的最近触地点更靠近起跳线；离开落地区时，在落地区外地面的第一触地点较落地区内最近触地点和在落地区内因身体失去平衡而留下的任何痕迹更靠近起跳线；在助跑或跳跃中采用任何空翻姿势；还未通知试跳，但该运动员进行了试跳，不管是否成功，都应判该次试跳失败；无故错过该次试跳顺序；比赛时，运动员无故延误时间，则不准参加该次试跳，以失败论处。如果在比赛中再次无故延误比赛时间，则取消该运动员的比赛资格。

> **知识补充**　　跳跃类比赛有一名主裁判，投掷类比赛有两名主裁判，手持红、白旗帜各一面。主裁判举红旗表示试跳或试投失败，成绩无效；举白旗表示试跳或试投成功，成绩有效。

5. 铅球

铅球比赛的规则是对比赛的技术动作、成绩计算和犯规等问题的专业规定。

（1）应从投掷圈内将铅球推出。运动员必须从静止姿势开始试掷。允许运动员触及铁圈和抵趾板的内侧。应用单手从肩部将铅球推出。当运动员进入圈内开始试掷时，铅球应抵住或靠近颈部或下颌，在推球过程中持球手不得降到此部位以下。不得将铅球置于肩轴线后方。

（2）铅球必须完全落在落地区角度线内沿以内，试掷方为有效。每次有效试掷后，应立即测量成绩。从铅球落地痕迹的最近点取直线量至投掷圈内沿，测量线应通过投掷圈圆心。

（3）应以每名运动员最好的一次投掷成绩，包括因第一名成绩相等而进行的决名次赛的试掷成绩，作为其最后的比赛成绩。

（4）运动员有下列之一的情况即判犯规：超出时间限制；投掷铅球的技术不符合规则规定（铅球必须由单手从肩上掷出）；触及抵趾板前端；铅球落在投掷区域外；铅球低于肩部；投掷时间超过90s。

6. 标枪

标枪比赛的规则与铅球比赛差别不大，当运动员投出的标枪完全落在落地区内（不包括落地区边线）才算有效，并且标枪必须是枪尖首先触地成绩才算有效，丈量成绩时从距离投掷区最近的落地点算起。

第二节　跑

跑是一种单脚支撑、蹬摆交替的周期性水平位移的运动形式，田径运动中主要有短跑、中长跑、接力跑和跨栏跑等奔跑类项目。

一、短跑

短跑是指跑步距离在400m及以下的径赛项目，短跑由起跑、起跑后的加速跑、途中跑和终点跑4个基本技术环节组成。

1. 起跑

短跑比赛通常采用蹲踞式起跑姿势，运动员在起跑器的帮助下起跑，前起跑器抵足板与地面的夹角约为45°，后起跑器与地面的夹角为60°~80°。短跑起跑过程包括"各就位""预备""鸣枪"3个环节，如图4-1所示。

图4-1 蹲踞式起跑

（1）各就位环节

动作要领：听到"各就位"口令后，运动员可稍做放松（如深呼吸），然后俯身，两手于起跑线后撑地，两脚依次踏在前、后起跑器抵足板上，脚尖触地，将有力的腿放在前面，后膝跪地。两臂伸直约与肩同宽，四指并拢或稍分开，整体与大拇指呈"人"字形，身体重心稍前移，肩约与起跑线平行。

（2）预备环节

动作要领：听到"预备"口令后，运动员后膝离地，抬起臀部，使之稍高于肩，重心适当前移，体重主要落于两臂和前腿之间。两小腿趋于平行，前腿膝关节的角度约为90°，后腿膝关节的角度约为120°，注意力高度集中，等候发令枪声。

（3）鸣枪环节

动作要领：听到枪声后，运动员的两手迅速推离地面，屈肘做有力的前后摆臂，同时两脚用力蹬离起跑器，使身体以前倾姿势向前上方运动，躯干与地面成15°~20°。后腿迅速屈膝向前上方摆出，但不宜过高。在后腿前摆并积极下压着地的同时，前腿快速蹬伸髋、膝、踝3个关节。躯干逐渐抬起，头部也随之上抬，视线逐渐向前移。

2. 加速跑

加速跑是为了充分利用起跑的初速度，在较短距离内尽快获得最高速度，加速距离一般为25~30m。

动作要领：运动员起跑后，第一步不宜过大，最好为3.5~4脚长，第二步为4~4.5脚长，以后逐渐增长。上体随着步长增大、速度加快而逐渐抬起，两脚的落点逐渐靠近人体中线，形成一条直线（在跑至10~15m处）。同时，两臂应积极摆动，上下肢协调配合。

3. 途中跑

途中跑指从加速跑结束开始，到距终点还剩15~20m的这段距离中运动员的跑动，运动员需要继续发挥和保持最高速度。途中跑的主要技术动作包括摆臂和摆腿。

（1）摆臂

动作要领：上体稍前倾，两眼平视，肩颈放松，手半握拳，两臂屈肘，以肩关节为轴，用力前后摆动。前摆时，肘稍向内，肘关节角度变小；后摆时，肘稍向外，肘关节角度变大。摆动时，手和小臂不能摆过身体胸前的中线，两臂要交叉摆动。

（2）摆腿

动作要领：后蹬伸展阶段，支撑腿从伸展髋关节开始，依次蹬伸膝、踝关节，直到脚掌蹬离地面；折叠前摆阶段，后蹬结束后，摆动腿的大、小腿尽力折叠，快速积极地向前摆动，同侧髋部随之前移；下压缓冲阶段，摆动腿前摆至大腿高抬后，积极下压，前脚掌积极"扒地"。着地瞬间，小腿与地面近乎垂直，膝关节迅速弯曲、屈踝缓冲，摆动腿随惯性快速向前摆动并向支撑腿靠拢，使身体重心迅速前移，膝、踝关节弯曲角度达到最大，转入后蹬待发状态。

知识补充
支撑腿与摆动腿的蹬摆协调配合是途中跑技术的关键。一般情况下，摆动腿前摆速度快，步频也高；前摆幅度大，步幅也大。

4. 终点跑

终点跑包括终点冲刺和撞线两个过程，运动员应尽量保持途中跑的高速度直到跑过终点线。

动作要领：冲刺阶段在距离终点15~20m时，运动员的上体前倾，以增强后蹬力，同时加大摆臂的幅度并加快速度。撞线阶段在距离终点线最后一步时，这时，运动员的上体达到最大前倾幅度，用胸部或肩部撞线。通过终点后，运动员要调整步频和步幅，逐渐减速。

> **知识补充**　　弯道技术也属于跑的基本技术，包括起跑和进弯两项技术。弯道起跑时，运动员的左手撑于起跑线后5~10cm处，身体正对弯道的切点，同时应缩短加速跑距离，较早抬起上体，沿切线跑进。从直道进入弯道时，运动员的身体应有意识地稍向圆心方向倾斜。后蹬时，右脚前脚掌内侧用力，左脚前脚掌外侧用力。摆动时，右腿膝关节稍向内，左腿膝关节稍向外。右臂的摆动幅度和力量略大于左臂，尽可能沿跑道内侧前进。

二、中长跑

中长跑是由800m和1500m的中距离跑，以及5000m、10000m和42.193km（马拉松）的长距离跑组成的。中长跑的基本技术包括起跑、加速跑、途中跑、终点跑和呼吸等。

中长跑

1. 起跑

中长跑的起跑姿势有"站立式"和"半蹲踞式"两种，如图4-2所示。800m跑的比赛多采用分道跑，运动员则多采用半蹲踞式起跑；1500m及以上赛程的比赛不分道，运动员多采用站立式起跑。起跑由"各就位""鸣枪"两个环节组成。

站立式　半蹲踞式

图4-2　中长跑起跑姿势

（1）各就位环节

动作要领：听到"各就位"时，运动员先做一两次深呼吸。"站立式"起跑的运动员两脚前后开立，有力的腿在前，前脚脚尖紧靠起跑线后沿并用全脚掌着地，后脚前脚掌着地，两脚前后间距约为一脚，左右间距约为半脚。两膝稍弯曲，上体前倾（跑的距离越短，腿的弯曲角度越大，上体前倾角度也越大），颈部放松，两臂在体前自然下垂或一前一后，身体重心落于前脚，保持稳定姿势；"半蹲踞式"起跑的动作与"站立式"大体相同，主要区别在前倾幅度更大、重心更低，两脚均用前脚掌支撑，前后相距约一小腿长，左右间隔约一脚宽，两膝的弯曲角度更大。必要时，运动员可用前腿异侧臂在起跑线后撑地，帮助维持身体稳定。

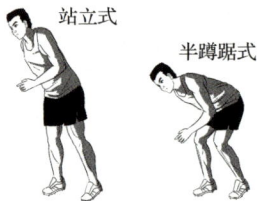

（2）鸣枪环节

动作要领：运动员听到枪声后，后腿用力蹬地后积极前摆，前腿用力蹬伸，同时，两臂配合腿部动作快而有力地前后摆动，身体向前冲出。

2. 加速跑

动作要领：起跑后，运动员上身保持一定幅度的前倾，两臂的摆动和腿脚的蹬摆都应迅速有力，逐渐加速，同时，上体随之抬起，跑到有利的战术位置后转入途中跑。

3. 途中跑

途中跑是中长跑技术中的主要部分，在这一阶段运动员要注意保持速度，节省体力，找好节奏，并充分运用战术为获取优异成绩奠定良好的基础。

动作要领：途中跑时，运动员上体自然伸直或稍向前倾，中距离跑上体前倾约5°，长距离跑上体前倾1°~2°，上体前倾的角度小于短跑。后蹬时，上体前倾的角度较短跑稍大，用力程度和蹬伸幅度较短跑稍小。前摆时，大腿上摆的高度较短跑低，大小腿的折叠程度较短跑小。中长跑的途中跑特别强调动作与呼吸的配合，运动员身体重心的上下波动、弯道跑时的摆臂幅度、跑的频率系数（腾空时间与支撑时间的比值）均小于短跑。

> **知识补充** 在中长跑的过程中，运动员容易出现胸部发闷、呼吸困难、动作无力、难以继续跑下去等感觉，这被称为"极点"现象。此时，坚持跑下去，加强呼吸，适当调整步速，一段时间后"极点"现象就会消失或减轻，身体的运动能力也会逐渐提高。

4. 终点跑

终点跑是临近终点前一段距离的加速跑，运动员需要加大摆臂速度和幅度，提高步频，向终点冲刺。终点冲刺的距离应根据运动员个人的体力情况、战术要求和临场情况而定。

动作要领：终点冲刺距离为200~400m，长跑在400m以上。爆发力占优势的运动员，宜紧跟其他运动员且晚冲刺，在进入最后直道时开始冲刺为宜；耐力占优势的运动员，宜早冲刺。

5. 呼吸

运动员可以采用口鼻同时进行呼吸的方法。呼吸的节奏应和跑的节奏相配合，并注意加大呼吸的深度（特别是呼气，只有充分地呼出二氧化碳，才能吸入更多的氧气）。

动作要领：一般采用两步一呼，两步一吸（也有一步一呼，一步一吸；三步一呼，三步一吸等）的方法。

三、接力跑

接力跑是田径运动中由每队4名运动员依次接替跑完一定距离的集体比赛项目，在奥运会和重大田径比赛上通常有男、女4×100m和4×400m两个项目。接力跑中运动员必须持接力棒跑完各自规定的距离，然后将接力棒传递给下一位队友，接棒者可以在接力区前10m内起跑，和传棒者在20m的接力区内完成传、接棒。标准田径跑道长400m，4×100m接力跑刚好需跑完一个圈。在4×100m接力跑中，4名运动员分别称为第1棒、第2棒、第3棒和第4棒，其站位固定，如图4-3所示。接力跑的主要技术动作包括起跑和传、接棒。

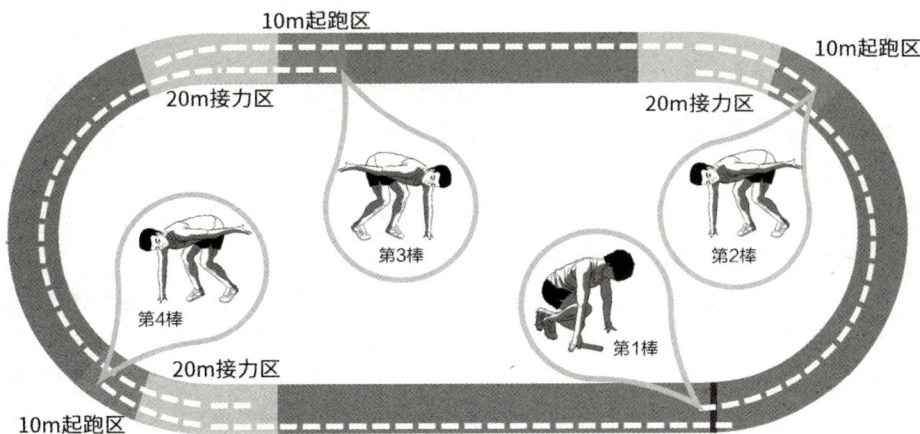

图4-3 4×100m接力跑中队员的站位

1. 起跑

接力跑中的起跑技术包括持棒起跑和接棒起跑两种类型。

（1）持棒起跑。

动作要领：第1棒运动员通常采用蹲踞式起跑方式，用右手的中指、无名指和小指握住棒的末端，大拇指和食指分开撑地，接力棒不得触及起跑线和起跑线前的地面。

（2）接棒起跑。

动作要领：接棒者的起跑姿势要有利于快速起跑和加速跑。第2~4棒运动员可用一手撑地的半蹲踞式起跑姿势。第2、第4棒运动员应站在跑道外侧，左腿在前（也可右腿在前），右手撑地，身体重心稍向右偏，头转向左后方，目视传棒者的跑进和起跑标志线；第3棒运动员应站在跑道内侧，右脚在前（也可左腿在前），左手撑地，身体重心稍向左偏，头转向右后方，目视传棒者的跑进和起跑标志线。

2. 传、接棒

接力跑中的传、接棒包括以下技术内容。

（1）传、接棒时机。传、接棒者在20m接力区内，当双方均达到相对稳定的高速度时，便是传、接棒的最佳时机。此时，一般距接力区前端3~5m。传棒者跑到标志线时，接棒者开始由预跑区内或接力区后端迅速起跑。传棒者跑至接力区内，距接棒者1~1.5m时，向其发出"嘿"或"接"等接棒信号，接棒者听到后迅速向后伸手接棒。

（2）确定起跑标志线。起跑标志线与起跑点的距离是根据传、接棒队员的速度，传、接棒技术的熟练程度，以及最佳传、接棒时机而定的，一般为5~6m。

（3）队员分配。第1棒应起跑快，弯道技术好；第2棒应速度快，耐力好，善于传、接棒；第3棒应具备第2棒的长处，还要善于跑弯道；第4棒是100m跑成绩最好、冲刺能力最强的队员。

（4）上挑式传、接棒。

动作要领：接棒者的手臂自然后伸，与躯干成40°~45°，掌心向后，大拇指与其他4指张开，虎口朝下，传棒者将棒由下向前上方"挑"送入接棒者手中，如图4-4所示。

（5）下压式传、接棒。

动作要领：接棒者的手臂后伸，与躯干成50°~60°，手腕内旋，掌心向上，虎口朝后，大拇指舒展，其余四指向外，传棒队员将棒的前端由上向前下方"压"入接棒队员手中，如图4-5所示。

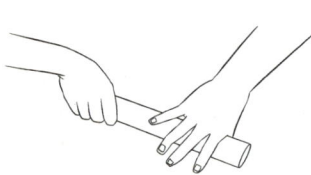 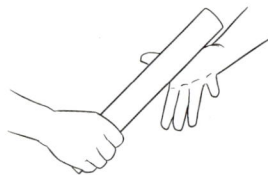

图4-4 上挑式   图4-5 下压式

四、跨栏跑

跨栏跑是在规定距离中，运动员跑步过程中跨越一定数量、一定间距和一定高度栏架的径赛项目，奥运会的跨栏跑项目有男子110m、男子400m、女子100m、女子400m。

1. 起跑至第一栏

起跑至第一栏是为了在固定的距离内用固定的步数完成加速跑，为全程过栏奠定良好的速度和节奏。跨栏跑技术与短跑基本相同，起跑采用蹲踞式。

动作要领：起跑至第一栏一般跑7~8步，如果采用7步上栏，运动员应将起跨腿置于后起跑器上；如果采用8步上栏，则应将起跨腿置于前起跑器上。跨栏跑起跑后，运动员身体前倾幅度较小，上体抬起较早，大约在第6步时基本达到短跑途中跑的姿势。跨栏跑加速中，后蹬角度较大，步长增加较快。跨栏前倒数第二步达到最大步长，最后一步是短步，起跨腿前脚掌踏上起跨点，为跨栏步做准备。

2. 跨栏步

起跨腿前脚掌迅速准确地踏上起跨点，其技术动作分为起跨、腾空过栏和着地3个。

（1）起跨。起跨是指从起跨脚踏上起跨点开始至后蹬结束的整个支撑时期。起跨的动作质量直接决定过栏速度、下栏时间和栏间跑进速度，是跨栏步技术的关键。

动作要领：起跨点距栏架的距离一般为2.00~2.20m。起跨时，后蹬要求迅猛有力，起跨腿髋、膝、踝关节充分伸展，起跨角度（起跨离地时，身体重心与支撑点的连线同地面之间的夹角）约为70°。同时，摆动腿在体后屈膝折叠，足跟向臀部靠近，膝向下，并以髋为轴、膝领先，大腿带动小腿充分向前摆超过腰部高度。上体随之前倾，摆动腿异侧臂屈肘向前上方摆出，肘关节达到肩的高度，另一臂屈肘摆至体侧，整个身体集中向前用力，形成良好的"攻栏"姿势，如图4-6所示。

（2）腾空过栏。腾空过栏是指从蹬离地面身体转入无支撑阶段起到摆动腿过栏后落地止的动作阶段。

动作要领：运动员身体腾空后，摆动腿随惯性继续向前上方攻摆，膝关节高过栏架后，小腿向前伸展，脚尖勾起。摆动腿的异侧臂前伸，与摆动腿基本平行，同侧臂屈肘后摆，上体达到最大前倾，角度为45°~55°。同时，起跨腿屈膝提拉，小腿收紧抬平，约与地面平行或略高于地面，两腿在栏前形成一个约120°夹角的大幅度劈叉动作，如图4-7所示。摆动腿的脚掌移过栏架后，起跨腿屈膝外展，脚背屈外翻，以膝领先，经腋下迅速向前上方提拉过栏。两腿在空中完成一个协调有力的以髋关节为轴的剪绞动作。同时，两臂配合积极摆动，起跨腿同侧臂由前伸位置向侧后方做较大幅度划摆，另一臂屈肘前摆，以维持身体平衡。

（3）着地。

动作要领：摆动腿膝关节过栏瞬间，大腿积极下压，膝、踝关节伸直，以脚前掌着地，下栏着地点距栏架约1.40m，身体重心处于较高位置。运动员上体保持适当前倾，起跨腿加速向前提拉至身体正前方，大腿高抬，转入栏间跑，如图4-8所示。

图4-6　起跨　　　　　图4-7　腾空过栏　　　　　图4-8　着地

3. 栏间跑

栏间跑是从下栏着地点到下一栏起跨点之间的跑动，这一过程中运动员要以正确的节奏，继续发挥和保持最快速度，为下一栏的顺利起跨创造有利条件。

动作要领：栏间跑的技术同短跑的途中跑基本相同，但受栏间距离和跨栏步的限制，其节奏与短跑不同。栏间距离为9.14m，除去跨栏步剩余5.30~5.50m，需跑3步，且3步步长各不相同：第1步最小，为1.50~1.60m；第2步最大，为2.00~2.15m；第3步中等，为1.85~1.95m。栏间跑的速度提升主要靠加快步频和改进跑步节奏，从而使3步步长比例合理，做到频率快、节奏稳、方向正、直线性强、身体重心稍高、重心起伏较小。

2004年，在雅典举行的第二十八届夏季奥运会男子110m跨栏跑决赛上，刘翔以12"91的成绩打破了奥运会纪录（平世界纪录），夺得了金牌，成为我国田径项目上的第一个男子奥运冠军，并成为第一个获得奥运田径短跑项目世界冠军的黄种人。2006年7月12日，刘翔在国际田联超级大奖赛洛桑站男子110m跨栏跑决赛中，以12"88的成绩夺得金牌，并打破世界纪录，成为我国历史上第一个田径短跑项目世界纪录保持者。

4. 全程跑

跨栏跑中，运动员要合理地将跨栏步技术与栏间跑技术紧密地结合起来。

动作要领：起跑后，首先跨好第1栏并在第2栏、第3栏继续积极加速，充分发挥出最高速度；第4栏至第8栏尽量保持速度，并注意控制动作的准确性；第9栏、第10栏保持跑的节奏并准备冲刺，在跨过第10个栏架后，运动员把跨栏节奏调整为短跑节奏，全力以赴冲向终点。

第三节　跳跃

跳跃是指两脚用力离开原地向上或向前跳，以向上跳起高度或向前跳出距离计算成绩的运动类型，田径运动中主要有跳高、跳远和三级跳远等跳跃类项目。

一、跳高

跳高是以向上跳起高度计算成绩的跳跃运动，目前，以特定的弧线助跑、起跳时后背对横杆腾起的背越式跳高是主要的跳高方式。背越式跳高的基本技术包括助跑、起跳、过杆和落地4个动作环节。

1. 助跑

助跑是为了获得必要的水平速度和蹬地力量，调整适宜的动作节奏，形成合理的身体内倾姿势，为起跳和顺利过杆创造有利条件。助跑的路线即从助跑点到起跳点间的路线，全程一般8~12步，距离最长可达30m。背越式跳高助跑的前段路线为直线或近似直线，后段路线为弧线，如图4-9所示。

动作要领：整个助跑过程中，运动员动作应该自然、放松、快速、连贯，全程节奏明确、逐渐加速。前段的直线助跑时，运动员上身略前倾，步幅开阔，后蹬充分，身体重心平稳且保持高位；后段的弧线助跑时，

图4-9　助跑的路线

运动员身体逐渐内倾，外侧的肩略高于内侧的肩，外侧臂和腿的摆动幅度较内侧更大，最后一步摆动腿的动作极为关键。腿着地时，积极下压扒地，形成牢固支撑，身体重心迅速前移，进入起跳状态。

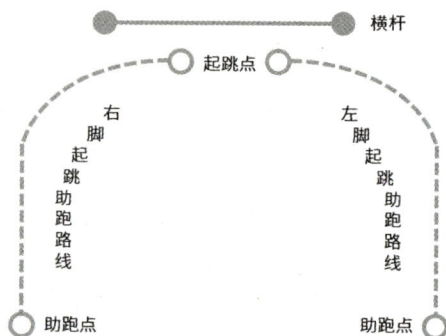

2. 起跳

起跳需要迅速改变人体运动方向，找到最大垂直速度和合理的腾空角度。

动作要领：运动员起跳脚踏上起跳点，起跳腿（用于蹬伸起跳的腿，多选择较有力的腿）经过支撑、缓冲、蹬伸，蹬离地面跳起，摆动腿（起跳时用于协调配合摆动的腿）蹬离地面与臂协调摆动，达到最高位置。在助跑最后一步身体内倾达到最大限度时，运动员摆动腿用力后蹬，推动髋部迅速前移，使起跳腿快速踏上起跳点，形成肩轴与髋轴交叉扭紧的姿势。接着，起跳脚以脚跟外侧着地并迅速过渡到全脚掌，脚尖朝向助跑弧线的切线方向，起跳腿自然屈膝并压紧。随着身体由内倾转为垂直，起跳腿的髋、膝、踝3个关节依次迅猛发力，快速完成蹬伸起跳的动作。蹬伸结束时，起跳腿的髋、膝、踝3个关节应该充分伸直，使身体垂直于地面，以保证身体向垂直方向充分腾起。

3. 过杆

过杆是指起跳腾空后，运动员头、肩、背、腰、髋、腿等身体的各部分利用合理的技术动作依次越过横杆的阶段。

动作要领：起跳结束时，运动员需充分伸展身体，向上腾起，利用摆动腿的力量尽量提高髋部位置，然后摆动腿同侧的臂、肩领先过杆，顺势仰头、倒肩、挺髋，头与肩过杆后下沉，双臂下放或收于体侧，如图4-10所示。

图4-10　过杆

4. 落地

动作要领：当髋部越过横杆时，运动员应顺势收腹，带动小腿向上甩，整个身体越过横杆，保持屈髋、伸膝的姿势下落，使肩背先着垫。着垫后，运动员两膝、两腿应适当分开。

二、跳远

跳远是以向前跳出距离计算成绩的跳跃运动，运动员通过快速的助跑和有力的起跳，采用合理的腾空姿势和动作，使人体腾跃得尽可能远的水平距离。跳远的基本技术包括助跑、起跳、腾空和落地4个动作环节。

跳远

1. 助跑

和跳高一样，跳远运动的助跑动作也分为原地起动和行进间起动两种，跳远助跑的最后几步应呈加速状态，身体重心适当下降，为快速起跳做好准备。

（1）加速方式。有平稳加速（也称为逐渐加速）和积极加速两种方式。平稳加速方式要求运动员开始步频较低，然后逐渐加大步长或在保持步长的基础上提高步频，加速过程均匀平稳，时间较长。积极加速方式要求运动员上体前倾较大，步频始终保持较高的水平。其助跑动作比较紧张，起跳的准确性差，适合于绝对速度较快的运动员。

（2）助跑距离。助跑距离指从助跑起点到起跳脚踏上踏跳板的距离。通常男子助跑距离为35~45m，18~24步为佳；女子助跑距离为30~35m，16~18步为佳。

2. 起跳

起跳是指利用助跑所获得的最高速度，瞬间形成尽可能大的腾起初速度（是由助跑、起跳所产生的水平速度合成的）和适宜的腾起角度，使身体充分向前上方腾起。起跳的动作过程可分为起跳脚着地（上板）、缓冲和蹬伸3个阶段。

动作要领：着地要迅速且富有弹性，缓冲时要及时地、积极地前移身体，蹬伸是爆发式动作，要快而有力。起跳时，运动员要抬头挺胸，上体正直，提肩、拔腰，髋、膝、踝3个关节要充分蹬直，蹬摆配合要协调一致用力。

3. 腾空

腾空是指运动员起跳后人体在空中维持身体平衡，完成各种动作的阶段，分为挺身式腾空、蹲踞式腾空、走步式腾空3种。

（1）挺身式。

动作要领：起跳成腾空步（起跳结束时，身体姿势在空中的延续）后，摆动腿下落，膝关节伸展，小腿由前向下向后呈弧形摆动，两臂下垂经由体侧向后上方绕环摆动，起跳腿自然回摆与摆动腿靠拢，形成空中挺胸展髋的姿势。继而收腹举腿，大腿向胸部靠拢，小腿前伸，两臂上举或后摆，顺势落地，如图4-11所示。

（2）蹲踞式。

动作要领：起跳成腾空步后，上体保持正直，腿继续向上摆动，起跳腿顺势屈膝前摆，逐渐靠近摆动腿，使两腿屈膝在空中成蹲踞姿势。然后收腹举腿并前伸小腿，两臂由后向前摆动，使身体重心前移，顺势落地，如图4-12所示。

（3）走步式。

动作要领：起跳成腾空步后，以髋关节为轴，摆动腿，用大腿带动小腿，由前向后下方摆动。同时起跳腿屈膝前摆，向上抬起大腿，前伸小腿，在空中自然地完成换步动作。两臂与下肢协调配合做大幅度直臂绕环摆动或自然前后摆动动作，然后摆动腿顺势前摆，两腿靠拢，收腹举腿，前伸小腿，顺势落地，如图4-13所示。

图4-11　挺身式腾空　　　　　　图4-12　蹲踞式腾空　　　　　　图4-13　走步式腾空

4. 落地

落地是指运动员腾空后落入沙坑着地的技术动作。

动作要领：运动员完成腾空动作后，收腹举腿，小腿前伸，脚尖勾起，两臂向后摆动。脚跟触及沙面后，迅速屈膝缓冲，臀部顺势前移，两臂由后向前摆动，上体前倾，成团身姿势，平稳地落入沙坑。此外，运动员落地时还可以采用侧倒式：脚跟着地后，一条腿保持稍紧张状态支撑在沙地上，另一条腿放松，上体顺势向放松那条腿的前侧方卧倒。无论采用何种姿势落地都应顺势缓冲，身体重心前移，以保证安全。

三、三级跳远

三级跳远是运动员助跑以后沿直线连续进行3次跳跃，并以跳出距离计算成绩的跳跃运动，三级跳远的基本技术包括助跑、第一跳、第二跳、第三跳、腾空和落地6个动作环节，其中，腾空和落地动作与跳远基本相同。

1. 助跑

良好的助跑能够使运动员获得尽可能大的水平速度，为单足起跳做好准备。

动作要领：三级跳远的助跑技术与跳远基本相同，不同的是助跑过程中运动员身体重心较高，加速平稳，始终保持前行状态。最后几步运动员大腿高抬，上体正直，保持或适当减少步长，加快步频，准备起跳。

2. 第一跳

第一跳是三级跳远的起跳，规定必须以单足跳的形式完成。这一跳不仅要达到必要的远度，而且应尽可能减少在水平速度上的损失，为后两跳创造条件。

动作要领：第一跳以有力的腿做起跳腿。助跑的最后一步，运动员摆动腿积极蹬地向前送髋时，起跳腿的大腿快速下压，小腿自然前伸，用全脚掌迅速积极地踏板。起跳腿着地后，迅速屈膝屈踝缓冲，摆动腿快速向前上方大幅度摆出，两臂配合下肢动作有力地摆动，起跳腿迅速进行爆发性蹬伸。起跳离地后，运动员身体保持腾空步姿势。摆动腿的小腿随大腿下放，自然地由前向下向后摆动。同时髋部上提，起跳腿屈膝前摆高抬，带动髋部前移，两臂配合经体前摆向身体侧后方，形成空中交换步的动作，幅度要大且平稳。单足跳的腾空轨迹应尽量低而平，理想的起跳角度为12°～15°。完成交换步的起跳腿前摆蹬伸，迅速有力地用全脚掌着地，两臂和摆动腿配合起跳腿动作向前摆动。落地点尽量接近身体重心投影点，上体保持正直。

3. 第二跳

第二跳是三跳中难度最大、距离最短、身体重心的抛物线最低的一跳。

动作要领：第二跳的起跳角度一般为12°～14°。当第一跳落地时，运动员起跳腿积极完成缓冲并快速有力地蹬离地面，髋、膝、踝关节充分伸展。摆动腿迅速屈膝向前上方摆动，足尖稍上挑，大小腿成90°，膝部应摆至身体重心的上方。同时，运动员的上体保持正直或稍前倾，两臂成弧形向侧后方摆动，完成跨步跳的腾空跨步动作。腾空跨步跳结束时，运动员需将髋部前移，摆动腿大腿下压，膝关节伸展，小腿顺势由前向后用全脚掌落地并积极"后扒"，两臂由后向前上方摆动，完成第二跳的落地动作。

4. 第三跳

三级跳远中，运动员必须注意保持身体的平衡，维持较高的水平速度，配合大幅度的协调蹬摆，尽可能让3次跳跃在一条直线上，从而提高效果。

动作要领：运动员第三跳时腾起角应稍大一点，一般为18°～20°。起跳腿着地后，运动员应适度屈膝屈踝积极缓冲，上体正直，髋部上提，迅速有力地蹬直离地。同时，摆动腿迅速屈膝向前上方高抬摆动，两臂由体侧后方积极地向前上方摆动，保持腾空步动作。第三跳的空中和落地动作与跳远时一样，可以选择蹲踞式、挺身式或走步式。

拓展阅读

我国的女子跳高运动员郑凤荣天赋极高，她16岁时被选入国家田径集训队，次年便在全国大中学生田径运动会上打破全国女子跳高纪录。20世纪50年代，我国体育的条件十分艰苦，16岁的郑凤荣在日常生活训练中发扬艰苦奋斗的精神，每天早上出操，她都会在集合之前就提早醒来，并穿好衣服在被窝里等着，集合哨声一响，她第一个跑出去，从不迟到。为了提高成绩，郑凤荣通常会在日常训练结束后主动加练，将自己的青春都奉献给了跳高运动。1957年，郑凤荣年仅20岁，用剪式动作跳过了1.77m，一举打破了当时跳高的世界纪录，成为世界体育史上第一个打破田径世界纪录的中国人，成为中国首个打破世界纪录的女选手。

第四节　投掷类运动

投掷是指将手中的物体向远处抛扔，以物体最终接触地面的距离计算成绩的运动类型，田径运动中主要有铅球、标枪等投掷类项目。

一、铅球

铅球要求运动员协调利用人体全身的力量，以最快的出手速度将铅球从肩上锁骨窝处单手推出。铅球的基本技术包括握球持球、准备姿势、滑步、最后用力和缓冲等动作环节。

1. 握球持球

动作要领：以右手为例，运动员手握铅球时，五指自然分开，将球体置于食指、中指和无名指的指根处，大拇指和小指扶住球体两侧，手腕后屈，以防止球体滑动并便于控制出球的方向。握好球后，将握球的右手放在右肩锁骨窝处，紧贴颈部，掌心向前，右臂屈肘，肘部稍外展且略低于肩，右上臂与身体的夹角约为90°，如图4-14所示。

2. 准备姿势

准备姿势是滑步前的准备动作，分为高姿势和低姿势两种。

（1）高姿势

动作要领：运动员持球后，背对投掷方向，两脚前后开立，相距20～30cm站立。右脚尖靠近投掷圈后端内沿（脚也可稍向内转），重心落在伸直的右腿上；左腿自然弯曲，以前脚掌或脚尖着地；上体放松，头部和躯干保持正直，左臂自然上举。

（2）低姿势

动作要领：运动员持球后，背对投掷方向，两脚前后开立，相距50～60cm（根据身高和下蹲的程度而定）站立。两腿弯曲（弯曲程度视个人力量而定），重心落于右腿。右脚尖贴近投掷圈后端内沿（脚也可稍向内转），左脚以前脚掌或脚尖着地。左臂自然下垂，左肩稍向内扣，上

图4-14　持铅球

体前屈与地面平行，两眼注视前下方。铅球的投影点在右脚的右侧前方。

3. 滑步

动作要领：运动员在滑步前可以先做一两次预摆，目的是改变身体的静止状态。预摆时，左腿自然弯曲，大腿用力向后上方摆起，右腿伸直，同时上体前屈，左臂微屈前伸或下垂并稍向内，头与背保持一条直线。当左腿摆至与地面平行时，收回左腿，同时右腿弯曲，形成屈膝团身的姿势。当左腿收回靠近右腿时，臀部后移。左腿向投掷方向快速摆出，同时右腿用力蹬伸。当右脚蹬离地面后，迅速拉收小腿并向内转动，用前脚掌着地，落于投掷圈圆心附近，同时左脚积极下落，前脚掌内侧落在圆圈的左侧，两脚着地的时间间隔越短越好。此时，肩轴与髋轴成扭紧状态，左脚尖与右脚跟在一条直线上。滑步过程中左臂和左肩保持内扣，头部保持向右后方的姿势，以保证上体处于扭紧状态，如图4-15所示。

图4-15　滑步

4. 最后用力

最后用力阶段为从左脚落地到铅球出手这一过程。

动作要领：运动员左脚落地的瞬间，右腿继续向投掷方向转动并积极蹬伸，转髋转体。同时上体逐渐抬起，左臂向胸前左上方摆动，左肩高于右肩，大部分重心仍落在弯曲而压紧的右腿上，身体成"侧弓状"。随着右腿蹬伸，右髋和右肩前送，身体重心由右腿快速移至左腿。随即两腿充分蹬伸，抬头（稍有后仰），屈腕且稍向内转，右臂迅速而有力地将球推出。

5. 缓冲

动作要领：铅球出手后，运动员右腿随势前摆，着地于左脚附近。左腿后摆，两腿交换前后位置并弯曲，以降低身体重心，缓冲向前的冲力，维持身体平衡，防止出圈犯规。

二、标枪

标枪是运动员通过助跑后将标枪投掷而出，使其通过尽量远的水平距离的运动项目，标枪的基本技术包括握持标枪、助跑、最后用力、维持身体平衡等动作环节。

1. 握持标枪

正确的握持对掷标枪运动至关重要，一则，有利于助跑与投掷，便于控制器械；二则，有利于充分利用投掷臂的长度和手腕、手指的力量；三则，有利于肩、臂、手腕和手指等参与运动部位的适当放松。常见的握枪方法有现代式和普通式两种。

（1）现代式握法。现代式握法可加长投掷半径，便于控制标枪出手角度和飞行的稳定性，是目前多数运动员的选择。

动作要领：大拇指和食指握在标枪缠绳把手末端第一圈的上沿，中指自然弯曲斜握在枪杆上，无名指和小指自然地握在缠绳把手上。

（2）普通式握法。该握法虽简单易用，但投掷半径短，不利于控制标枪角度。

动作要领：标枪斜放于掌心，用大拇指和食指握在标枪缠绳把手末端第一圈的上沿，其余的手指按自然顺序握在线圈上。

持枪动作要求能有利于发挥助跑速度，目前主流的持枪动作为肩上持枪，即把标枪持于右肩上方（以右手持枪为例，下同）稍高于头，枪尖稍低于枪尾。这种持枪法利于动作舒展和手腕放松，运动员可根据自己的技术特点和身体情况对持枪方法做一些微调，如持枪手靠近右耳旁，枪近于水平位置或持枪于右肩上稍靠前，枪尖稍高于枪尾等。

2. 助跑

为了在最后用力前获得预先速度，运动员一般会进行距离为25~35m的助跑。助跑又具体分为两个阶段，即预助跑和投掷步。

（1）预助跑。预助跑自助跑道的第一标志线起，到第二标志线止，大约16~20m，8~13步。

动作要领：预助跑时，运动员上体微前倾，前脚掌着地，动作放松自然并逐步加速，直到最高速度的八成，如图4-16所示。持枪的手臂随助跑前后自然摆动，非持枪的手在体侧摆动，以便从容进入投掷步。

（2）投掷步。投掷步从第二标志线起，到掷弧线为止，目的是在保持和加快速度的情况下完成引枪（将标枪置于合理的受力位置，处于适当的待发状态）和超越器械（器械未出手时，身体赶超于器械之前）动作，为最后用力创造有利条件，如图4-17所示。

动作要领：投掷步一般采用5步，也有采用6步或7步的。左脚踏入第二标志线后，向前两步引枪，引枪时上身右转侧对投掷方向，上下肢协调配合，眼视前方。获得一定加速度后，运动员转为交叉步，两腿积极有力地向前摆蹬，以便身体获得更大的超越，同时上身扭紧，右臂充分后伸，形成有力的超越器械动作。运动员积极有力地摆蹬腿腾空，完成空中剪绞动作。投掷步最后一步是从助跑过渡到最后用力的衔接步，运动员右脚跟先着地，并迅速过渡到前脚掌，为最后用力做好准备。

图4-16 预助跑

图4-17 投掷步

3. 最后用力

最后用力是掷标枪的关键动作，即全力掷出标枪。

动作要领：投掷步最后一步落地后，运动员右腿积极蹬地，同时转髋，肩轴向投掷方向转动，右臂上臂向上转动，带动前臂和手腕向上翻转。当上体转到正对投掷方向时，右臂翻转到位，呈"满弓"姿势。然后，躯干迅速向前用力，上体向前加速，上臂带动前臂向前爆发式发力，使标枪向前飞出。在标枪离手的一刹那，运动员甩腕和指，使标枪沿纵轴顺时针方向转动。

4. 维持身体平衡

标枪出手后，运动员会随着惯性继续向前运动，需要维持身体平衡，防止出线犯规。

动作要领：运动员可以及时向前跨1~2步，身体稍向左转，并降低身体重心，维持平衡。

课后训练

1. 10×100m迎面接力赛

训练目标：掌握短跑和接力跑基本技术，培养合作意识和团队精神。

技术要点：起跑、加速跑、途中跑、传接棒。

训练方式：10人一组比赛。

训练内容：每组一个跑道，10人分别在100m跑道的两端相对列队站立，每边5人。每组右边第一人持棒（第1棒）。教师发令后，所有组第1棒同时起跑，跑到对面，将接力棒交予该组左边第一人（第2棒）；第2棒接棒后即可起跑，跑到位置后将接力棒交予该组右边第二人（第3棒），以此类推，直到第10棒跑完全程。用时最短的小组获胜。

训练规则：比赛中各组不得更换棒次，不得越线接棒，不得以"扔接力棒"的方式完成传接棒，掉棒后可由同组人员捡回，比赛中不得侵占其他组的跑道。

2. 三级跳远训练

训练目标：掌握三级跳远基本技术，培养不断超越自我、挑战极限的精神。

技术要点：助跑、起跳、腾空、落地。

训练方式：个人训练。

训练内容：全班同学在三级跳远场地前列队，按顺序依次进行三级跳远练习，每人有3次试跳机会，取最好成绩。三级跳远距离最长者胜利。

训练规则：同三级跳远比赛规则，但前两跳学生可自行选择单足跳或跨步跳。

3. 推铅球训练

训练目标：掌握推铅球基本技术，锻炼身体协调性和上肢力量。

技术要点：滑步、最后用力。

训练方式：个人训练。

训练内容：全班同学按顺序依次进行推铅球练习，其余人应离投掷者至少10m，每人有1次投掷机会，投掷距离最远者胜利。

训练规则：同铅球比赛规则。

Chapter 05

第5章

球类运动

球类运动是以球作为基础的运动，球类运动项目众多，例如足球、篮球、排球3大球，羽毛球、乒乓球、网球3小球都是十分常见的球类运动。球类运动的受众十分广泛，世界各地都在积极开展球类运动。

本章学习目标

体育目标	• 有效锻炼大学生的力量、柔韧性、耐力等，提升其动作的灵活性、敏捷性。
	• 有效改善人体的呼吸系统功能，增加肺活量和呼吸深度，提升人体呼吸系统的氧气吸收和利用能力。
	• 提高神经中枢的灵活性，协调支配各器官，改善内脏器官功能。
德育目标	• 帮助大学生培养刻苦耐劳的精神和持之以恒的意志。
	• 培养大学生当机立断的判断能力和反应能力、总览全局的战略意识、灵活安排战术的规划能力。
	• 培养大学生严格的组织纪律性和团结友爱的集体精神。

第一节　足球

每到4年一度的国际足联世界杯（简称"世界杯"）举办时，世界就会陷入足球的海洋。世界杯象征足球界最高荣誉，是世界上规模最大、影响力和知名度最高的单项体育赛事之一。世界杯的成功，很大程度上归功于足球这个"世界第一运动"。

一、足球运动概述

足球运动起源于我国，我国西汉时期就有对足球运动的记载，当时足球被称为"蹴鞠"。一直到明清时期，蹴鞠一直在我国广泛开展并不断发展。蹴鞠后经阿拉伯人由中国传至欧洲，逐渐演变发展为现代足球。

现代足球运动的发明者不详，但公认其诞生于英国。1848年，英国的剑桥大学和牛津大学在足球比赛中制定了一系列的规则，足球运动历史上第一部文字形式的规则《剑桥规则》诞生。1863年10月26日，剑桥大学、牛津大学和凯尔波里特专科学校与伦敦周围地区11个最主要的俱乐部和学校举行联席会议，创立了英格兰足球协会，这一天也成为了人们公认的现代足球诞生日。

1900年，足球被列为第二届奥运会比赛项目。1904年，国际足球联合会成立，总部设在瑞士苏黎世。1930年，第一届国际足联世界杯在乌拉圭举行。经历了100多年的发展，现代足球运动已经发展为拥有各级赛事、完善的俱乐部体系，涵盖各年龄段，参与人次以十亿计的全球性、全民性运动。

现代足球运动最初于19世纪末至20世纪初由英国传入我国。1913—1934年，我国共参加过10届远东运动会，获得了8次足球比赛的冠军。新中国成立后，我国积极推进足球运动的发展，不仅举办了全国足球比赛大会、全国青少年足球锦标赛等足球赛事，还积极探索联赛和职业化道路，中国足球甲级A组联赛于1989年成立，并于1994年开始职业化；中国足球协会超级联赛于2004年开始举办。2002年，我国首次闯入世界杯决赛阶段。

二、足球运动比赛的规则要点

足球比赛的规则要点如下。

1. 场地与设施

足球比赛需要在特定场地举行，还需使用比赛用球、球门和角旗等器材和设施。

（1）足球场。足球比赛场地必须是长方形，边线的长度必须长于球门线的长度，边线长度为90～120m，宽度为45～90m。国际足球比赛场地的长度为100～110m，宽度为64～75m，如图5-1所示。足球比赛场地是用线来标明的，所有线的宽度不超过12cm，这些线作为场内各个区域的边界线，包含在各区域内。场地中包括两条较长的边线，两条较短的球门线。比赛场地被中线划分为两个半场。在场地中线的中点处有一个中心标记，称为开球点，以此点为圆心画一个半径为9.15m的圆，称为中圈。从球门线画两组垂直于球门线，并伸向比赛场地内不同长度的线，分别与一条平行于球门线的线相连接，所划分的矩形区域分别称为球门区和罚球区。在每个罚球区内距球门柱之间等距离的中点11m处设置一个罚球点。在罚球区外，以罚球点为圆心画一段弧，称为罚球弧。另外，在场地每个角上各竖一根角旗，以每个角旗杆为圆心、1m为半径画四分之一圆，圆弧内区域称为角球区。

图5-1　足球场地

（2）比赛用球。足球比赛用球应为球体，外壳应用皮革或其他许可的材料制成（不得使用可能伤害运动员的材料）。球的圆周为68～70cm；比赛开始时的球质量为410～450g；球在比赛过程中破裂或损坏，需要停止比赛；比赛中未经裁判员许可不得更换比赛用球。

（3）球门。球门位于球门线中间位置，为长方形，长7.32m，高2.44m，且必须是白色。两根球门柱和横梁具有不超过12cm的相同的宽度和厚度。

（4）角旗。角旗垂直竖于边线与球门线外沿的交点处，高150cm（不包括插入地下部分），旗杆直径约3cm，旗为全红色或对角红白色。

2. 赛制

足球比赛分为上、下两个半场，每半场45min，中间休息不得超过15min。正式的国际比赛中，在国际足联公平比赛旗及参赛双方旗帜的引导下，参赛队伍伴随国际足联公平比赛曲列队入场；按规定位置站定，然后先奏客队队歌，再奏主队队歌。比赛场地的选择是以裁判员掷硬币的方式决定的，猜中者拥有选边的权利，另一方获得开球权。

3. 运动员

每队上场队员不得多于11名，其中必须有一名守门员。如果场上一队的队员少于7人，则比赛不能开始。奥运会足球比赛中，每场比赛最多可以使用3名替补队员；场外和场上队员未经裁判员许可不能擅自进出场地。比赛时，守门员和其他队员的位置不能随意交换，如需要交换，需要经过裁判员同意。

4. 进球与胜利

当球的整体从球门柱间及横梁下越过球门线，而此前未违反竞赛规则，即为进球得分。在比赛中进球数多的队为胜者，如两队进球数相等或均未进球，则比赛为平局。若比赛结束为平局，可以采用加时赛或点球决胜等国际足球理事会同意的方式决定比赛的胜者。

（1）加时赛。加时赛共30min，上下半场各15min。在加时赛规定的时间结束后，以进球数多的队伍为胜者，如两队进球数相等或均未进球，则以点球决胜方式决定比赛的胜者。加时赛也可采用"金球制"，即当一方首先进球时立即获胜。

（2）点球决胜。点球决胜前双方会提交罚球名单，按照名单顺序踢点球，前5轮比较总进球数，之后则变为1球决胜制，即一旦一方罚进点球而另一方未罚进点球，那么罚进点球的一方就胜利。期间队员不可重复罚球，除非一方球队11名球员已依次全部罚球。

5. 死球

当足球不论从地面或空中全部越过球门线或边线时，或比赛已被裁判员停止时，就造成死球。如果足球从球门柱、横梁或角旗杆，甚至是从裁判员或助理裁判员身上弹回场内，比赛则继续。全部越过球门线或边线时的死球，有掷界外球、踢球门球、踢角球和开球4种处理方式。

（1）掷界外球。足球从地面或空中全部越过边线时成死球，由最后触球队员的对方球队从球越出边线处掷界外球，但掷界外球不能直接得分。

（2）踢球门球。当足球的整体不论从地面或空中越过球门线，而最后触球者为攻方队员，且不是进球得分时，由防守方从球门区内的任何一点踢球，且可以直接射门得分。

（3）踢角球。当球的整体不论从地面或空中越过球门线，而最后触球者为守方队员，且不是进球得分时，由攻方将球放在离球出界处最近的角球区内踢球，且可以直接射门得分。

（4）开球。进球得分后死球，由进球方的对方球队进行开球。

6. 伤停补时

足球比赛有时根据场上情况在比赛时间上需要补时，时间长短由裁判员决定。造成补时的原因主要有处理场上受伤者、拖延时间及其他原因。

7. 越位

足球比赛构成越位要满足以下条件：在同伴传球时，脚触球的瞬间，在对方半场内如果同伴的位置与倒数第二名对方队员的位置相比更靠近对方球门线，这时该队员处于越位位置。需要说明的是，与对方倒数第二名队员处于平行时不判越位。裁判员在认为出现下列情况时，会判罚越位犯规：干扰比赛、干扰对方队员、利用越位位置获得利益。

8. 任意球

足球比赛的任意球分为两种，直接任意球和间接任意球。无论直接任意球还是间接任意球，守方都要退出9.15m线以外，如果不按要求退出9.15m线以外，裁判员可出示黄牌做出警告。

（1）直接任意球。直接任意球主要针对恶意踢人、打人、绊倒对方的行为判罚，另外用手拉扯、推搡对方，手触球的行为也属于这一类，还有辱骂裁判员、辱骂他人的行为也要判罚直接任意球。这种任意球可直接射门得分。如果这些行为发生在罚球区，就要判罚点球。

（2）间接任意球。危险动作、阻挡、定位球的连踢等行为，应判罚间接任意球。这种任意球不能直接射门得分，只有当球进门前，触及另外一名队员才可得分，罚球区内这种犯规不能判罚点球。

9. 点球

在罚球区内应判罚直接任意球的犯规要改为判罚点球。罚球点位于球门前约11m处，罚点球时，除罚球队员，双方队员不能进入罚球区。如守方进入罚球区，进球有效，不进则重罚；如攻方进入罚球区，进球应重踢，如不进则由守方发球门球。在罚点球时，守门员可以在球门线上左右移动，但不可以向前移动。

10. 黄牌、红牌

英国足球裁判肯·阿斯顿发明了足球比赛中的红、黄牌，用以对犯规球员做出警告。

（1）黄牌警告。如果队员有非体育道德行为、以语言或行动表示异议、持续违反规则、延误比赛重新开始、当以角球或任意球重新开始比赛时不退出规定的距离、未得到裁判员许可进入或重新进入比赛场地或未得到裁判员许可故意离开比赛场地，都将被裁判员警告并出示黄牌。领取黄牌的球员仍可继续比赛。

（2）红牌罚下。如果队员出现严重犯规、暴力行为、向对方或其他任何人吐唾沫、用故意手球破坏对方的进球或明显的进球得分机会、用可判为任意球或点球的犯规破坏对方向本方球门移动着的明显的进球得分机会、使用无礼的或侮辱的或辱骂性的语言及动作，将被罚出场并出示红牌，且该队员必须立即离开比赛场地附近和技术区域内。

三、足球运动基本技术

足球是一项竞技性和对抗性非常强的运动项目，经过多年的发展，其技术已十分丰富。

1. 踢球

踢球即有目的地用脚把球击向预定目标，是足球技术中最重要、最基本的技术，在传球和射门中不可或缺。

（1）脚内侧踢球。脚内侧踢球又称脚弓踢球。

动作要领：运动员直线助跑，支撑前的最后一步稍大些，支撑脚站在球的侧面约15cm处，脚尖正对出球方向，支撑腿膝关节微屈。在支撑脚着地时，踢球腿的大腿带动小腿由后向前摆动，在前摆的过程中大腿外展，当膝关节摆动至接近球的正上方时，小腿做爆发式摆动，在触球前将脚跟送出使得脚内侧部位所形成的平面与出球方向垂直，踢球脚脚尖微微翘起，脚底与地面平行，脚型固定，触（击）球后身体跟随向前移动，如图5-2所示。

（2）脚背正面踢球。脚背正面踢球又称"正脚背踢球"。

动作要领：直线助跑，最后一步稍大些，支撑脚在球的侧面10～12cm处着地支撑，脚尖正对出球方向，膝关节微屈。在支撑脚着地时，踢球腿随跑动向后摆动，小腿弯曲，踢球腿以髋关节为轴，大腿带动小腿由后向前摆动。当膝关节摆至接近球的正上方时，小腿做爆发式的摆动，屈脚趾，以脚背正面部位击球的后中部，如图5-3所示。击球后身体随球前移。

图5-2 脚内侧踢球

图5-3 脚背正面踢球

（3）脚背内侧踢球。脚背内侧踢球又称"内脚背踢球"。

动作要领：斜线助跑，助跑方向与出球方向约成45°，最后一步稍大些，支撑脚积极着地，脚尖指向出球方向，距球内侧后方20～25cm，膝关节微屈。在支撑脚支撑的同时，踢球腿已完成后摆，并开始以髋关节为轴，大腿带动小腿由后向前摆动，当大腿摆至与支撑腿接近同一平面时，小腿做爆发式摆动，此时脚尖外转、脚背绷直，以脚背内侧部位触击球，如图5-4所示。击球后踢

图5-4 脚背内侧踢球

球腿及身体继续随球向前。

（4）脚背外侧踢球。脚背外侧踢球又称"外脚背踢球"。

动作要领：助跑、支撑脚站位及踢球腿摆动动作均与脚背正面踢球技术相同，脚触球是用脚背外侧部位。此时要求膝关节和脚尖内转，脚背绷紧，触（击）球后身体随踢球腿的摆动前移，如图5-5所示。

图5-5　脚背外侧踢球

（5）踢地滚球。地滚球即在地面滚动的球，踢地滚球时，无论来球的运动方向是正前方、侧前方还是侧后方，运动员踢球的动作、规格要求与踢固定位置的球相同。唯一不同的是支撑脚站位时应考虑足球的滚动速度，以保证在踢球脚触球的瞬间支撑脚与足球的相对位置符合规格要求。

（6）踢空中球。空中球即半空中飞来的球，踢空中球时，运动员需根据来球的速度、运行轨迹选好击球点，及时移动到位，无论用什么部位踢，都要根据来球的速度、运行轨迹来预测落点，提前把握好站位，将支撑脚踏在球落点的侧面。在击球环节，控制好脚型，在球落到膝盖以下时摆腿击球的中部，并控制小腿的上摆（送髋、膝关节向前平移），出球则不会过高。

（7）踢反弹球。反弹球是指球落地或击打在运动员身体上弹起的球，踢反弹球的准备工作与踢空中球类似，但运动员需要在足球落地时，踢球腿爆发式前摆，在足球刚弹离地面时，控制好脚型击足球的中部。

2. 接球

用身体的合理部位有目的地将运行中的足球停下来就是接球。

（1）脚内侧接地滚球。脚内侧接地滚球有引撤式和切挡式两种方式，如图5-6所示。

脚内侧引撤式接地滚球动作要领：运动员身体正对来球，判断来球的速度和方向，选好支撑腿位置，膝关节微屈。接球脚根据来球的状态相应提起，膝、踝关节外旋，脚趾稍翘，用脚内侧对准来球，触球时，接球部位做相应的引撤接球动作，缓冲来球，将足球控在需要的位置。

脚内侧切挡式接地滚球动作要领：运动员先做好接球准备，将脚提至足球的2/3高度，使脚内侧与地面形成锐角，触球瞬间脚下切，将来球的冲力化为旋转，将足球控在需要的位置。

（2）脚内侧接反弹球。

动作要领：接球腿的小腿应与地面形成一定夹角，并向下做压推动作，此时膝要领先，小腿留在后面。

（3）脚内侧接接空中球。

动作要领：接球腿屈膝抬起，可根据需要采用引撤或切挡动作，接球落地后应随即将足球控制在地面。

（4）脚背正面接球。脚背正面接球多用于接有较大抛物线的来球，包括提膝式和勾脚式两种，如图5-7所示。

图5-6　脚内侧接地滚球

引撤式　　切挡式

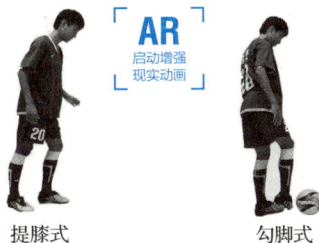

图5-7　脚背正面接球

提膝式　　勾脚式

49

脚背正面提膝式接球动作要领：运动员判断足球的落点并及时移动到位，脚背正面迎下落的足球，当球与脚面接触的瞬间，接球脚以足球下落的速度同步下撤，此时接球腿的膝关节、踝关节、脚趾均保持适度紧张，脚尖微翘将球接到需要的地方。

脚背正面勾脚式接球动作要领：微抬脚，脚背适度向上勾起，在球接触脚背的瞬间踝关节放松，将球接到身体附近。

（5）脚背外侧接球。脚背外侧接球的摆腿方向与接球方向相反，可用于接地滚球和反弹球。

脚背外侧接地滚球动作要领：运动员判断足球的落点并及时移动到位，支撑脚的膝关节微屈，接球脚屈膝抬起，脚内翻且小腿与地面成锐角，正对接球后运行的方向，脚离地高度约等于球半径，大腿带动小腿，脚背外侧接球后将球向运行的方向推送，身体随球移动，如图5-8所示。

脚背外侧接反弹球动作要领：运动员判断球的落点并及时移动到位，支撑脚站在来球落点的侧后方，接球脚触球下部，其他动作与脚背外侧接地滚球相同，如图5-9所示。

（6）大腿接球。大腿正面肌肉相对较软，能有效缓冲来球的力量，因此，运动员常用大腿来接各种空中球。

图5-8　脚背外侧接地滚球　　图5-9　脚背外侧接反弹球

动作要领：接抛物线较大的下落球时，运动员面对来球方向，根据球的落点迅速移动到位，接球腿的大腿抬起，在球与大腿接触的瞬间大腿下撤将球接到需要的位置。

> **知识补充**
>
> 当来高球时，为使球尽快落地，运动员应根据来球的方向，在球即将接触大腿时，适当调整大腿的倾斜度，并使大腿随着球向下，给球一个缓冲，让球尽快平稳落地。

（7）脚底接球。脚底接球便于将球接到合适的位置，常被用来处理各种地滚球和反弹球。

脚底接地滚球动作要领：运动员身体正对来球方向，前移迎球，支撑脚站在球的侧面（或前或后均可），脚尖正对来球方向，膝关节微屈。同时接球腿提起，膝关节微屈，脚背略屈，使脚底与地面夹角稍小于45°（且脚跟离开地面），一般以前脚掌接触球的上部为宜。在触球瞬间接球脚可轻微屈趾（前脚掌下点）将球停住，也可根据需要在接球同时将球推向前方或拉向身后，如图5-10所示。

脚底接反弹球动作要领：运动员根据来球落点，及时前移迎球，支撑脚站在落点侧后方，脚尖正对来球方向，球落地瞬间，用前脚掌去触球的中上部，微伸膝，用脚掌将足球接在体前，如图5-11所示。若需接球到身后，则应在触球瞬间继续屈膝，将足球回拉，并伴随支撑脚以前脚掌为轴旋转90°以上。

图5-10　脚底接地滚球　　图5-11　脚底接反弹球

（8）胸部接球。胸部具有面积大、肌肉较丰满等特点，比较适合缓冲力量，适合接高球。胸部接球有挺胸式和收胸式两种。挺胸式接球一般用于接有一定弧度的高球，收胸式接球多用于接齐胸高的平直球。

挺胸式接球动作要领：接球时，运动员身体正对来球，两腿自然开立，膝微屈，两臂在体侧自然屈抬，上体稍后仰与来球形成一定的角度。触球刹那，胸部主动挺送，使足球向前上方弹起并落于体前，如图5-12所示。

收胸式接球动作要领：运动员面对来球，两脚左右或前后开立，两臂自然张开，挺胸迎球，触球瞬间收胸、收腹、臀部后移将球接在体前，如图5-13所示。若运动员需将球接在体侧，则触球瞬间转体将球接在转体后相应的一侧。

图5-12 挺胸式接球　　图5-13 收胸式接球

3. 运球

运球是运动员在跑动中用脚连续推拨球，使球处于自己控制范围内的动作。

（1）脚背正面运球。脚背正面运球时运动员可以快速正常跑动，可以发挥出较快的速度，多用在运球前方一定距离内无对手阻拦时。

动作要领：运球时，运动员身体保持正常跑动姿势，上体稍前倾，步幅不宜过大，运球腿提起，膝关节稍屈，髋关节前送，提踵，脚尖下指，在足球着地前用脚背正面部位触球后中部，将球推送前进，如图5-14所示。

（2）脚背外侧运球。脚背外侧运球的身体姿势与正常跑动基本相同，同样可以运用在快速跑动的运球场景中。另外，脚背外侧运球时可以通过改变脚背外侧正对方向来改变足球行进方向，所以可以利用运球人的身体将对手与足球隔开，有利于掩护球前进。

动作要领：运球时，运动员身体保持正常跑动姿势，上体稍前倾，步幅不宜过大，运球腿提起，膝关节稍屈，髋关节前送，提踵，脚尖绕矢状轴向内旋转，使脚背外侧正对运球方向，在运球脚落地前用脚背外侧推拨足球的后中部，如图5-15所示。

（3）脚内侧运球。脚内侧运球虽然移动速度较慢，但身体前倾有利于将对方与球隔开，因而这种技术动作多用在运球中做配合传球，或有对方阻拦需用身体做掩护时运球。

动作要领：运球前进时，运动员重心放在支撑脚上，支撑腿位于足球的侧前方，膝关节微屈，运球腿屈膝提起，用脚内侧推球前进，然后运球脚着地。肩部指向运球方向，身体侧转，如图5-16所示。

图5-14 脚背正面运球　　　图5-15 脚背外侧运球　　　图5-16 脚内侧运球

4. 头顶球

面对高空球时，头顶球可以在空中直接处理来球，争取时间上的优势和主动，是运动员传球、射门、抢球和断球的有效手段。

（1）正额正面顶球。

动作要领：运动员面对来球，两脚前后开立，膝微屈，重心放在两脚上。顶球前，上体先后仰，重心移到后脚上，两臂自然摆动，维持身体平衡，两眼注视来球。顶球时，两腿用力蹬地，上体由后向前快速摆动，借助腰、腹和颈部力量，下颌微收，用前额正面将球顶出，如图5-17所示。注意，顶球过程中，身体重心从后脚移到前脚，然后再跳起顶球。

（2）正额侧面顶球。

动作要领：运动员身体稍侧对来球，眼睛注视来球。近球一侧腿屈膝支撑，判断来球轨迹后立即起动，及时移动到位，如图5-18所示。

图5-17 正额正面顶球

图5-18 正额侧面顶球

5. 抢断

抢断又称抢截球，指从对方持球队员脚下抢夺足球控制权。

（1）正面抢断。对方带球队员迎面而来时宜采用正面抢断。

动作要领：运动员两脚前后稍开立，两膝稍屈，身体重心下降，并均匀落在两脚之间，面向对方队员。当对方队员带球（或触球）即将着地或刚刚着地时，立即抢球。抢球脚的脚弓正对球，并跨出一步，膝关节弯曲，上体前倾，身体重心移至抢球脚上。如对方队员已有准备，在双方脚同时触球时，抢球脚触球后要顺势向上提拉，使足球从对方脚背滚过，身体迅速跟上，把足球控制住。双方上体接触时，对方队员可用合理部位冲撞对方，使其失去平衡，从而将球控制在自己脚下，如图5-19所示。

（2）合理冲撞。当双方队员并肩跑动，或二人争夺迎面来球时，可采用合理冲撞来抢截球。

动作要领：运动员与对方平行跑动争球时，身体重心要降低，近对方一侧手臂贴紧身体。在对方靠近自己的脚离地时，用肩和上臂适当冲撞对方同一部位，使对方身体失去平衡，从而控制球，如图5-20所示。

图5-19 正面抢断

图5-20 合理冲撞

（3）铲球。铲球是一种技术含量很高的抢断技术，常在无法使用其他方法时采用。

动作要领：运动员移动到对方带球队员正前方时，膝关节微屈，重心下降，可在运球队员刚刚触球时，先蹬左（右）腿，跨右（左）腿，双脚沿地面向足球滑铲，然后小腿、臀部、上体依次着地，身体随铲球动作向前滑动，随即尽快起身，如图5-21所示。

图5-21 铲球

6. 守门员技术

守门员是球场上的特殊角色，他们把守着球队的最后一道防线，在罚球区内可以用手接触足球。守门员需要使用各种技术来封堵对方的射门，阻止进球。

（1）接地面球。接球指守门员用手接住并控制足球，是最常用、最基础的守门员技术。地面球的轨迹很低，守门员需要放低重心，防止穿裆。具体而言，守门员可以选择直腿式和跪撑式两种姿势接地面球。

直腿式接地面球动作要领：守门员两腿自然并立，脚尖正对来球，上体前屈，两臂并肘前迎，两手小指靠近，手掌对球。手触球的刹那随足球后引屈肘、屈腕，两臂靠近将足球抱于胸前。

跪撑式接地面球动作要领：跪撑式用于侧向移动接球。接右（左）侧球时，守门员右（左）腿屈，左（右）腿跪撑于右（左）脚附近，两腿间距离不得超过球的直径，其余动作与直腿式接球相同，如图5-22所示。

（2）接平直球。平直球是指膝以上、胸以下的空中球。

动作要领：接球时，守门员面对来球，两手掌心斜向上，前迎接球。上体前屈，当手触球时两臂向后撤引缓冲，将足球抱于胸前，如图5-23所示。

图5-22　跪撑式接地面球　　　　　图5-23　接平直球

（3）接高空球。高空球是胸以上的空中球。

动作要领：守门员两臂上伸，两手大拇指相对呈"八"字形，其余四指微屈，手掌对球。在触球瞬间，手指、手腕适当用力，缓冲来球并将球接住，顺势转腕屈肘、下引将球抱于胸前。

（4）击球。击球是以拳击球能迅速将球击飞，可避免接球脱手的风险。

动作要领：守门员判断来球运行路线，并及时移动到位，握紧拳头，在触球瞬间迅速出拳击球。拳击球有单、双拳击球，单拳击球动作灵活，击球力量大；双拳击球接触球面积大，准确性高。

（5）托球。对于难以稳稳接住的高空球，守门员可用托球技术将其击出底线。

动作要领：守门员判断来球运行路线，并跃起托球，使足球改变运行轨迹，呈弧线越过球门横梁。托球时，守门员需手指微张，手掌向外翻转，用手掌前部触球的下部。

（6）扑球。守门员在移动接球来不及的情况下，可以直接倒地或腾空倒地，加速重心向球侧移动（扑出），从而阻止进球。

动作要领：守门员用力蹬地使身体跃起，身体在空中伸展，双手快速向侧伸出，手指用力抓住球，接球后以球、肘、肩、上体、臀、腿外侧依次着地，迅速抱球团身。

四、足球运动基本战术

足球是团队运动，各拥有非常成熟的战术体系，大家紧密配合，才能取得胜利。

1. 局部配合进攻战术

在局部层面，数名队员可以通过传切配合、交叉掩护、"二过一"战术配合、"三过二"战术配合等战术来展开进攻。

（1）传切配合。传切配合是足球运动中较常用的小团体局部进攻战术，运球队员将球传给切入的队友以突破对手防线。传切中的"切"非常重要，因为运球队员通常会受到对方的严密盯防，需要通过传球突破对方的防守，此时需要队友跑位向前切入以提供传球的路线。通常在边路进攻时可采取直传斜切和斜传直切的配合方式，在中路进攻则以斜传斜切为主，传球队员和切入队员的传切配合能够起到成功突破对方防线的进攻效果。除了短距离的传切配合外，当一侧进攻受阻时，运球队员还可以将足球长传给另一侧无人防守的队员，进行切入进攻。

（2）交叉掩护。交叉掩护是指一名队员用自己的身体掩护队友越过对方防守队员，是小团体局部进攻战术的重要配合方式。交叉掩护需要一名队员用自己的身体挡住两名对方防守队员，然后将足球交给队友，并继续跑位，接球队员则必须主动跑向队友，并在接球后快速带球前进。

（3）"二过一"战术配合。"二过一"战术配合是指两个进攻队员在局部地区通过两次或两次以上的连续传球配合，越过对方防守队员的战术行为。"二过一"是小团队局部配合的基础，可以在任何场区、位置上运用这种方法摆脱对方的抢断或突破防线。"二过一"传球通常都是短距离传球，技术动作多为脚内侧踢球，要求准确平稳。球传的位置，尽可能是接球人脚下或前面两三步远的地方。

（4）"三过二"战术配合。"三过二"战术配合是指在比赛场地中的局部地区，通过3个进攻队员的连续配合突破防守队员的防守。由于这种配合有两个同队队员可以同时接应传球，因此使持球人的传球路线较"二过一"战术配合更多，且进攻面也更大。

2. 整体进攻战术

在进攻时，球队可以采用边路进攻、中路进攻、快速反击等战术。

（1）边路进攻。边路进攻是指进攻的最后阶段发生在罚球区线以外靠近边线的进攻。边路进攻战术的发起和推进通常有两种方式，一种是进攻过程始终沿边路而行，另一种是通过中路转移至边路。边路进攻打法的主要目的在于充分利用球场宽度，积极调动对方队员，削弱对方中路的防守力量，从边路发起进攻，经过小团体的局部配合并突破防守后，运球队员将足球传到球门前的中央位置，由其他队员跑位后抢点射门，创造出中路得分的机会。

（2）中路进攻。中路进攻是指进攻最后阶段发生在罚球区中间区域的进攻。中路进攻的发起和推进分为中路直向推进和边中转移两种方式。中路进攻战术要求前锋或前卫队员通过灵活跑位与运球队员拉开距离，以调动和牵制对方的后卫队员，使对方防守区域的中间出现较大空隙，进而使运球队员获得远射、突破射门、传切射门的机会，或者逼迫对方队员犯规，获得任意球或点球机会。

（3）快速反击。快速反击是防守方球队获球后，迅速把球传送给处于有利位置的队员，使得本方迅速从防守状态进入进攻状态的一种战术行为。快速反击战术的实施通常会因为对方还处于进攻状态，没有完全组织好防守，己方便立即反击，辅之准确地配合，从而使己方大概率得到一次较好且有威胁性的进攻机会，甚至最终可能完成射门得分。

3. 局部配合防守战术

面对对方进攻时，数个队员也可以选择补位、围抢和造越位等局部配合战术进行防守。

（1）补位。补位是足球运动中小团体队员在局部区域进行配合的一种防守行为，在补位战术中，当一名防守队员被对手突破时，另一名队员应立即上前填补防守位置，并进行封堵。

（2）围抢。围抢是在某一个局部区域中，防守一方利用人数上的相对优势（通常是2~3个队员）同时围堵对方的运球队员，以求在短时间内达到抢截球或破坏对方进攻的目的。

（3）造越位战术。造越位是利用足球比赛规则而设计的一种防守战术，在专业比赛中是一种比较有效的小团体防守战术。造越位战术是指在进攻方队员传球前的瞬间，防守方队员突然全线压上，使进攻方的接球队员处于越位位置。因为该战术配合难度较大，一旦运用不好会使整个防线形同虚设，对方则可乘虚而入，甚至导致对方进球得分，所以不能随意冒险使用。

> **知识补充** 有造越位，就有反越位。反越位即攻方球员在守方采用造越位战术，后卫线集体向前压出时，攻方传球队员突然把球传向异侧，由埋伏在第二线的队员突然插上接球突破，威胁球门，使对手猝不及防。

4. 整体防守战术

在防守端，球队可以采取人盯人防守、区域防守和综合防守战术进行整体防守。

（1）人盯人防守。人盯人防守是指每个防守队员各自都有明确的防守对象，防守对象跑到哪个位置，防守队员就防守到哪个位置的一种防守战术。人盯人防守分为全场人盯人、半场人盯人和后场人盯人3种类型。这种防守战术分工明确，防守效果好，但体力消耗大，并且一旦被突破，很难补位，会使后防线出现很大的漏洞。专业足球比赛中已经很少单纯采用人盯人的防守战术。

（2）区域防守。区域防守是指根据场上的位置分布，由每个防守队员负责防守一定的区域，当对方队员进入某个区域时，由负责该区域的队员进行防守，一旦对方队员离开这个区域，该防守队员就不再进行防守。这种防守战术的优点是能够节省防守队员的体力，且基本能完成区域防守任务；缺点是对方队员可以利用跑位造成局部以多打少的局面，从而通过小团体进攻战术获得较好的射门得分机会。所以，专业比赛中也很少单纯采用区域防守战术。

（3）混合防守。综合防守是将人盯人防守与区域防守相结合的防守战术，普遍用于目前的各种比赛中，该战术集成了人盯人防守和区域防守的优点，又在一定程度上弥补了这两种防守战术的不足之处，从而在防守中能根据具体情况进行逼抢、盯人、保护与补位，达到防守目的。

第二节 篮球

篮球是以手为中心的身体对抗性体育运动，是人的智慧、篮球意识、身体技能、技战术的统一，具有高度竞技性和对抗性，是当今世界上职业化程度最高、受众最广泛的运动。

一、篮球运动概述

篮球起源于1891年美国马萨诸塞州，在斯普林菲尔德基督教青年会国际训练学校（后为春田学院）任教的詹姆斯·奈史密斯（James Naismith）博士从当地儿童用球投向桃子筐的游戏中得到启发，创造了篮球游戏，他制定了第一个篮球竞赛规则，共13个条款。

1904年，第三届奥林匹克运动会上第一次进行了篮球表演赛。1932年，国际业余篮球联合会宣告成立。在1936年第十一届奥运会上，男子篮球被列为正式比赛项目。在1976年第二十一届奥运会上，女子篮球被列为奥运会的正式比赛项目。自1992年第二十五届奥运会开始，职业篮球运动员被允许参加奥运会的篮球比赛。1946年，美国职业篮球联赛（NBA）成立，标志着篮球职业化的初步确立。NBA由30支职业球队组成，是现在世界上水平最高、影响力最大、经济价值最高的篮球赛事。

篮球运动在1896年前后传入我国，最初主要在天津、上海及北京等有限的城市青年会组织和某些中等以上学校的少数学生中开展。新中国成立后，篮球运动在我国得到了广泛的普及与发展，篮球竞技水平有了历史性突破，国家男女队曾接连居亚洲榜首并达到世界先进水平，我国女篮在1984年第二十三届奥运会上夺得铜牌，1992年在第二十五届奥运会上获得第二名，1994年在澳大利亚世界锦标赛上获得第二名。我国男篮分别在1996年第二十六届奥运会、2004年第二十八届奥运会、2008年第二十九届奥运会都取得过第八名的好成绩。20世纪80年代中期至90年代中期，中国篮球事业得到了全面的大普及、大发展、大提高，各类篮球俱乐部相继成立，篮球竞赛的文化氛围和职业化、商业化气息渐浓，每年一次的中国男子篮球职业联赛（CBA）和中国女子篮球联赛（WCBA）受到了广泛的关注。

二、篮球运动比赛的规则要点

篮球赛事具有成熟、严密的场地器材规范和竞技规则。

1 比赛场地与设施

篮球比赛需要在特定场地举行，还需使用比赛用球和篮球架等器材和设施。

（1）篮球场。篮球比赛场地应是一个长方形的坚实平面，无障碍物。奥运会篮球比赛和世界篮球锦标赛的比赛场地长28m，宽15m，其他比赛中其长度最多可减少4m，宽度最多可减少2m，要求其变动互相成比例。球场长边的界线称为边线，短边的界线称为端线。球场上各线都必须十分清晰，线宽均为0.05m。篮球比赛场地如图5-24所示。篮球比赛场地用线来标明，从边线的中点画一平行端线的横线称为中线。中圈应画在比赛场地的中心，从圆周的外沿丈量，其半径为1.80m，此区域为比赛开始时，跳球争夺球权的区域。3分线是以篮筐中心正下方地面的点为圆心，画一条半径为6.75m的半圆弧，此圆心距离端线内沿的中点1.57m，且该圆弧与两条平行线相交。进攻方在3分线外投篮命中后得3分。根据比赛的赛别不同，三分线的距离也会有所不同。罚球线是距离篮筐中心4.225m且与端线平行的一条线。限制区应是两条垂直于罚球线，并处于罚球线与底线之间的线。分位线是限制区两侧的短线，是队员罚球时界定抢篮板球队员位置的短线。

图5-24　篮球场地

（2）比赛用球所有男子比赛用球为7号球，质量为600~650g，圆周为75~76cm；所有女子比赛用球为6号球，质量为510~550g，圆周为70~71cm；青少年使用5号球，质量为470~500g，圆周为69~71cm。

（3）篮球架。篮球架的支柱距端线外沿至少1m。篮板应横宽1.80m，竖高1.05m，下沿距离地面2.90m。篮圈上沿距地面3.05m，圈条直径为1.70~2.00cm。篮圈内沿直径最小为450mm，最大为459mm，每个篮圈的顶沿应水平放置，距地面3.05m（误差±6mm），与篮板的两条竖边等距离。

2. 比赛时间

正式的篮球比赛由4节组成，每节10min。在第1节和第2节（第一半时）之间、第3节和第4节（第二半时）之间及每一决胜期之前有2min的比赛休息时间；两个半时之间的比赛休息时间为15min，以全场得分多者为胜。如果在第4节比赛时间终了时比分相等，需要一个或多个5min的决胜期来继续比赛，直至决出胜负。

3. 队员

篮球比赛由两个队参加，每队上场5人，其中1人为队长，替补球员有7人。在比赛时间内，当一名球队成员在比赛场地上，并且有资格参赛时，他是一名队员。当一名球队成员不在比赛场地上，但是有资格参赛时，他是一名替补队员。比赛中每队的换人次数不限。但是，要登记的暂停在第一半时的任何时间每队可准予2次，在第二半时任何时间可准予3次，每一决胜期的任何时间每队可准予1次。

4. 裁判员

整个比赛过程由裁判员（三人制：包括主裁判员、第一副裁判员和第二副裁判员。二人制：包括主裁判员和副裁判员）、记录台人员（包括记录员、助理记录员、计时员和24s计时员）和技术代表管理。

5. 跳球和争球

在第1节开始时，一名裁判员位于中圈，在任何两名互为对方队的队员之间将球抛起，即一次跳球发生。当双方球队各有一名或多名队员有一只手或双手紧握在球上，以至于不采用粗野的动作任一队员都不能控制球时，即一次争球发生。

6. 死球

比赛中出现以下情况，球成为死球。跳球中，球离开主裁判员抛球的手时；罚球中，罚球队员可处理球时；掷球入界中，掷球入界的队员可处理球时，球成活球。在任何投篮或罚球中篮时；活球中，裁判员鸣哨时；比赛计时器信号响起，每节比赛结束时；球队控制球过程中，24s

计时器信号响时。

7. 计胜方法

将球投入对方球篮得2分，在3分区外投入对方球篮得3分，罚球中1次得1分。比赛时间到后，双方比分多的获胜。

8. 违例行为

违例即违反规则。违例的判罚规则是将球权判给对方队在靠近发生违例的地点掷球入界（正好位于篮板后面的地点除外）。

（1）带球走。带球走也被称为走步违例，当持活球的队员用同一只脚向任何方向踏出一次或多次，其另一只脚（称为中枢脚）不得离开与地面的接触点，如果中枢脚离开了这个接触点就构成带球走违例。当持球队员跌倒并在地面上滑行，或躺或坐在地面获得控球权时，如果该队员持球滚动或站起来，也属于带球走违例。

（2）非法运球。队员在运球后，用双手同时触及球或允许球在一手或双手中停留时，运球即完毕。运球结束后，除非失去控球权后又重新控制球，否则队员不得再次运球，如果再次运球，则为非法运球违例。

（3）拳击球或脚踢球。比赛中队员不得故意用拳击球或用腿的任何部分去阻挡球，否则将判违例。如果球偶然地接触到腿的任何部分，或腿的任何部分无意碰到球，则不算违例。

（4）球回后场。在比赛中，前场控制球的队，不得使球再回到后场（即回到中线之后），否则为球回后场违例。具体判定球回后场有3个条件：一是该队必须控制球；二是球进入前场后，在球又回到后场前该队队员（或裁判员）最后触及球；三是球回后场后，该队队员在后场最先触及球。这3个条件必须依次连续发生。

（5）干涉得分和干扰。投篮（罚球）的球在飞行下落并完全在篮圈水平面之上时，双方队员不可触及球。当投篮的球触及篮圈时，双方队员都不得触及球篮或篮板，不得从下方伸手穿过球篮并触及球，不得使篮板和篮圈摇动。如果进攻队员违犯这一规定，中篮无效，将球判给对方，对方在罚球线延长部分的界外掷球入界；如果防守队员违犯这一规定，不论是否投中，均判投篮（罚球）队员得分。

（6）3s违例。当某队在前场控制活球并且比赛计时钟正在运行时，该队队员在对方的限制区内持续停留的时间超过3s，则判3s违例。

（7）5s违例。进攻球员必须在5s内掷出界外球；或在被严密防守时，必须在5s内传、投或运球；当裁判员将球递给罚球队员并表示可处罚时，该队员必须在5s内出手。否则违例。

（8）8s违例。一个球队从后场控制活球开始，必须在8s内使球进入前场（对方的半场）。否则违例。

（9）24s违例。每当一名队员在场上获得控制活球时，该队必须在24s内尝试投篮。否则违例。

（10）跳球违例。跳球的球在上升阶段时，以下3种情况应判跳球违例：跳球队员触及球；跳球队员未触及球时，其他队员进入中圈或移动位置；跳球队员直接接住球。

9. 犯规行为与判罚

犯规是对规则的违反，包括与对方队员的非法身体接触和做出违反体育道德的举止。对违反者登记犯规并随后按规则予以处罚。

（1）侵人犯规。侵人犯规是一种队员与对方队员的接触犯规方式。具体表现为无论球是活球还是死球，场上队员通过伸展其手、臂、肘、肩、髋、腿、膝或脚，以及将其身体弯曲成"反常的"姿势（超出其圆柱体），甚至是任何粗野或猛烈的动作来拉、推、撞、绊，阻止对方队员行进。

对于侵人犯规，有以下3种判罚规则。

① 在所有情况下都要给犯规队员登记一次侵人犯规。如果侵人犯规对象为未做投篮动作的队员，由非犯规队在靠近犯规地点的界外掷球入界重新开始比赛。

② 如果犯规队处于全队犯规处罚状态，且犯规对象为未做投篮动作的队员，应判给被侵队员2次罚球，代替掷球入界。

③ 如果对正在做投篮动作的队员犯规，如果投篮成功，应计得分并判给1次追加罚球；如投篮未中，则要根据投篮的地点，判给2次或3次（3分投篮时被犯规）罚球。

（2）技术犯规。技术犯规是指所有（不包括与对方队员接触）的队员犯规，包括不顾裁判员警告；没有礼貌地冒犯裁判员、技术代表、记录台人员或球队席人员；使用冒犯或煽动观众的语言和举止；戏弄对方队员或在对方队员的眼睛附近摇手妨碍其视觉；在球穿过球篮后，故意触及球以延误比赛；阻碍对方队员执行掷球入界以延误比赛；假摔以伪造一次犯规等。

对于技术犯规，有以下一些判罚规则。

① 队员技术犯规，应给其登记一次技术犯规，作为全队犯规之一计数。教练员、替补队员和随队人员的技术犯规，每一起犯规行为均登记教练员一次技术犯规，但不作为全队犯规之一计数。

② 技术犯规的处罚是判给对方2次罚球，及随后在记录台对面的中线延长部分掷球入界，如果技术犯规发生在比赛开始前或休息期间，罚球完毕后，比赛要在中圈跳球开始或重新开始。

（3）违反体育道德的犯规。根据裁判员的判断，一名队员不是在规则规定的范围内合法地试图去抢球，发生的接触犯规是违反体育道德的犯规。应给犯规队员登记一次违反体育道德的犯规。

发生违反体育道德犯规时，有以下一些判罚规则。

① 登记犯规队员一次违反体育道德的犯规，判给对方2次罚球、追加1次中场掷界外球权。

② 如果被犯规队员正在做投篮动作，投中有效，再判给1次罚球和1次掷界外球权；如果未投中，应判给2次罚球（投3分球时罚3次）和1次掷界外球权。

（4）取消比赛资格的犯规。凡属十分恶劣的不道德行为，可判为取消比赛资格的犯规。对于取消比赛资格犯规时，判罚规则是登记犯规队员一次取消比赛资格的犯规，并令其离开比赛场地，余下判罚同违反体育道德的犯规罚则。

三、篮球运动基本技术

篮球运动的竞技性和对抗性非常强，大学生需要掌握基本技术，才能够开展篮球运动。

1. 移动

进攻者运用急起、急停、转身、变速变向跑等移动动作，摆脱防守完成进攻任务。防守者则运用跑、停、滑步、后撤步、交叉步等动作阻止进攻。这些争取比赛主动权的动作都离不开运动员快速灵活的脚步移动动作。

2. 运球

运球指运动员在原地或移动中，用单手连续拍按或双手交替拍按由地面反弹起来的球，是个人摆脱防守的有利手段与组织全队进攻战术的重要桥梁。

（1）高运球。

动作要领：以肘关节为轴，肩胛带动大臂，如图5-25所示。

（2）低运球。

动作要领：降低重心，球不超过膝盖，大臂小臂同时发力使球弹起，通过手指、手腕与手臂的合作，将球控制在身体的一侧，如图5-26所示。

（3）单手前后运球。

动作要领：运球位置应该在身体一侧，手指向下，变换手腕，小臂协同手腕将球击地向前推，待球反弹后向后

图5-25 高运球　　图5-26 低运球

拉，如图5-27所示。

（4）单手左右运球。

动作要领：运球位置应该在身体前侧，手指向下，变换手腕，小臂协同手腕，将球击地后向左右两侧推拉，如图5-28所示。

图5-27　单手前后运球　　　　　　　　　图5-28　单手左右运球

（5）体前变向。

动作要领：使用两只手在体前进行变向运球，此时脚应该尽量原地活动，并随着球的方向移动，为行进间的变向做好准备，如图5-29所示。

（6）背后变向。

动作要领：使用两只手在背后进行变向运球，球的落点在两腿之间，此时脚应该尽量保持原地活动，身体随着球的节奏进行摆动，为行进间的变向做好准备，如图5-30所示。

图5-29　体前变向　　　　　　　　　　图5-30　背后变向

（7）运球急停急起。

动作要领：运动员可用两步急停，两腿屈膝前后开立，跨出第一步时，身体稍后仰。同时，按拍球的上方，降低球的反弹高度，使球在原地反弹，同时降低身体的重心，用腿和未运球臂护球。急起时，拍球的后上方。身体重心移至前脚掌，同时后脚迅速蹬地跨出，超越防守者，迅速向前推进。运球急停急起的特点是动作突然、起动快、线路多变、攻击力强、易摆脱防守，如图5-31所示。

（8）体前变向换手运球。体前变向换手运球的特点是便于结合假动作，变化突然，易造成防守者错误判断，伺机运、传，从左至右、从右至左改变方向地运球。

动作要领：运动员左手运球向右侧做变向，左手拍球的左侧上方，使球从左侧反弹向右侧，同时左脚向右侧前方跨步，侧左肩向前，并迅速用右手拍球的正后方继续运球前进，如图5-32所示。右手运球向左变向时，则与左手动作相反。

（9）后转身变向运球。后转身变向运球的特点是转身时便于保护球、大幅度改变球的路线、攻击力强、灵活多变。

动作要领：身体左侧对防守者，左脚在前作为中枢脚，右手左右后侧运球或向后运球，同时后转身，换左手拍球的后上方运至左侧，右脚落地贴近防守者的右侧（脚尖向前），然后运球继续前进，如图5-33所示。

图5-31　运球急停急起　　　图5-32　体前变向换手运球　　　图5-33　后转身变向运球

（10）胯下变向运球。胯下变向运球的优势是两腿可以保护球，且可以安全转换方向，使防守者的手难以够到球，近来比赛中有更频繁使用胯下运球技术的倾向。

动作要领：胯下变向运球是使球穿过两腿之间来改变运球方向的运球技术，其技术动作与体前变向换手运球相似，当运球向前时，运动员利用外侧脚蹬地，同时运球手对侧的腿快速向前跨出，将球从胯下交予另一只手，如图5-34所示。

（11）背后运球。背后运球常用于摆脱对方防守。

动作要领：进攻队员在靠近对手的同时，快速将球在背后换至另一只手运球，如图5-35所示。

图5-34　胯下变向运球　　　　　　　图5-35　背后运球

3. 传球

将球从空中交予队友的技术动作叫作传球。

（1）双手胸前传球。双手胸前传球是传球技术的基础。

动作要领：运动员两手五指自然分开，大拇指相对呈"八"字形，用指根以上部位握球的两侧后下方，掌心空出，两臂自然弯曲于体侧，将球置于胸前。肩、臂、腕肌肉放松，两眼注视传球目标，身体保持准备传球的姿势。传球时，后脚蹬地，身体重心前移，同时两臂前伸，手腕由下向上翻转，同时拇指用力下压，食指、中指用力弹拨，将球传出，如图5-36所示。

（2）单手肩上传球。单手体侧传球力量大、速度快、距离远，在长传快攻和突破起跳分球时经常采用。

动作要领：以原地左手肩上传球为例，两脚前后开立，左脚在前，侧对传球方向，左手肩上托球于头侧，掌心空出，以转体、挥臂、甩腕及手指拨球的力量将球传出。单手肩上传球是一种中远距离的传球方法，如图5-37所示。

图5-36　双手胸前传球　　　　　　　图5-37　单手肩上传球

（3）单手体侧传球。单手体侧传球的特点是隐蔽、动作快而幅度小。

动作要领：两脚开立，两腿微屈，双手持球于胸前。传球时，左脚向左跨步的同时将球移至左手引到身体左侧，出球前一刹那，持球手的大拇指在上，掌心向前，手腕后屈，出球时前臂向前做弧线摆动，当球摆过身体左前方时，迅速收前臂，用手腕、手指的力量将球传出，如图5-38所示。

（4）击地传球。击地传球是一种近距离较隐蔽的传球方法，是小个子队员对付高大防守者的有效传球手段。

动作要领：击地传球包括单手击地传球、双手前击地传球、单手体侧击地传球、单手背后击地传球等几种，可通过地面反弹传球给同伴，图5-39所示为双手击地传球。其动作与其他各种传球相同，但运用击地传球时要掌握好球的击地点，击地点一般应在传球者距离接球者2/3的地方。当防守自己的对手距离自己较远，而传球的距离又较近时，可向防守者的脚侧击地传出。球弹起的高度一般在接球人的腰部为宜。

图5-38 单手体侧传球　　　　图5-39 双手击地传球

（5）头上传球。

动作要领：头上传球需传球者瞄准接球者的头部以上，双手持球两侧，直接持球于头上，后脚蹬地，以腰为轴，上半身后仰向前发力，手指、手腕拨球，控制球的高度和方向，如图5-40所示。

4. 接球

接队友传球的技术动作叫作接球。接球时，队员应注视来球，肩、臂放松，手臂迎球伸出，手指自然分开。当手指触球时，屈肘，臂后引，缓冲来球冲击，双手握球，保持身体平衡。

图5-40 头上传球

（1）接传球。

动作要领：双手在胸前张开，两臂伸出迎球，双眼注视着传球队员，用手指肚先碰触球，过渡到手掌，再用双臂将球钳住。快速移动时为了保持接球的稳定性，可以做双脚跳步急停。

（2）接击地球。

动作要领：掌心向着来球反弹的方向，屈膝弯腰并向前下方伸手迎球，五指自然分开成上、下手接球动作。在球刚刚离地弹起时，手指触球将球接住。接球后手腕迅速向上翻，持球于胸腹前保持身体平衡，成基本站立姿势。

（3）接球后急停。

动作要领：安全接球后急停已成为进攻技术的基础。要点是正确运用转入下次进攻的衔接动作。

（4）摆脱接球。

动作要领：摆脱接球是抢先一步接球的动作。为了安全准确地接球，无球队员切入、策应，以配合创造接球机会。

5. 投篮

投篮是队员运用各种专门、合理的动作将球投进对方篮筐的方法，是篮球运动中最直接有效的得分手段。

投篮

（1）原地双手胸前投篮。

动作要领：两脚左右或前后站立，两膝微屈，两脚脚跟略离地面，上体稍向前倾，两手手指自然张开，握球两侧略后的部位，两大拇指相对呈"八"字形，掌心空出，持球于胸前，屈肘靠近身体。投篮时，两脚蹬地，身体伸展，同时两臂向前上方伸出，大拇指向前上方用力推送，手腕稍外翻，使球从大拇指、食指、中指指尖投出，如图5-41所示。

（2）原地单手肩上投篮。

动作要领：右手五指自然分开，手心空出，用指根以上部位持球，大拇指和小指控制球体，左手扶球的左侧，右手屈肘，肘关节自然弯曲，置球于右肩上方。投篮时，下肢蹬地发力，右臂向前上方伸直，手腕前屈，食指、中指用力拨球，通过指端将球柔和送出。球出手时，身体随投篮动作向前伸展，如图5-42所示。

图5-41　原地双手胸前投篮

图5-42　原地单手肩上投篮

（3）行进间单手低手投篮。

动作要领：在跑动中接球或运球突破上篮时，应先跨右脚接球或拿球，接着第二步跨左脚起跳，左脚跨的步子稍小一些（已能掌握基本动作者，其左脚跨出的步子大小，可根据对方防守的情况和自身进攻的需要选择），右腿屈膝上抬，身体上升到最高点时，右臂向上方或前上方伸，掌心向上，用手指和手腕的力量将球上拨。

（4）行进间单手肩上投篮。

动作要领：以右手投篮为例，脚下前期动作和行进间单手低手投篮一样，右腿屈膝上抬的同时，双手向前上方举球，腾空后右臂向前上方伸展（将手举到最高点），完成投篮。

（5）运球急停跳投。

动作要领：在快速运球中，用一步或两步的方式接球停步，两膝微屈，身体重心下降，迅速蹬地起跳，同时两手迅速举球于右肩上。在身体接近最高点处于稳定的一刹那，迅速向上伸臂，用右手的手腕和手指的力量将球投出。

6. 防守对手

当对手接球后，防守队员应迅速调整防守位置和距离，占据对手与球篮之间的有利位置，还要与对手保持适当的距离（一臂左右），并根据对手的特点（投篮或突破）调整位置和姿势，采用适当的步法积极移动，阻截和干扰对方传球、投篮，同时伺机抢、断球。

（1）平步滑步。

动作要领：防守队员应降低重心并两脚平行开立。横向滑步，双手屈臂，保持重心在前脚掌，以便控制身体平衡并扩大防守面积。滑动时脚不要交叉和并拢；不要跳，并保持重心不动，防守队员位置保持在球篮与进攻对手之间，如图5-43所示。

（2）上步滑步。

动作要领：防守队员用向前进攻的步法或碎步，向前接近进攻对手。这种步法可保持防守队员的重心以防接近对手时被突破，同时，防守队员在上步脚同侧的手臂应扬起，以封堵、干扰对手出球，如图5-44所示。

（3）斜步滑步。

动作要领：防守队员应两脚前后开立以扩大防守面积，但不可以太斜。后脚尖和前脚的脚跟站在一条线上，做撤步、向前（后）滑步、交叉步，前脚同侧手臂根据球的位置伸缩攻击，上扬或向下，调整身体平衡，以扩大防守面积，如图5-45所示。

图5-43　平步滑步　　　　图5-44　上步滑步　　　　图5-45　斜步滑步

7. 抢篮板

篮板球是指投篮不中后，从篮板或球框反弹的球。此时，双方都会积极地争夺篮板球，以获得主动。抢篮板球包括抢进攻篮板球和抢防守篮板球两种。

（1）抢进攻篮板球。

动作要领：当同伴或自己投篮时，离篮板近的进攻队员首先应判断球的反弹方向，然后先向相反方向的侧前方跨步，利用身体虚晃的假动作，诱开身前的防守队员，绕跨挤到对手的前面或侧前方，抢占有利位置，借助跨步或助跑起跳，跳至最高点补篮或抢篮板球。

（2）抢防守篮板球。

动作要领：当对方投篮出手后，防守队员首先应注意对手的动向，并根据当时与进攻队员所处的位置和距离的远近，运用上步、撤步和转身抢占有利位置，把进攻队员挡在身后，与此同时还要判断球的落点准备起跳。

知识补充

运动员可以采用双手、单手和点拨球的方式抢球。

① 双手。手指触球的瞬间，双手用力握球，腰腹用力，迅速屈臂将球拉至胸腹间，同时两肘外展，保护球。

② 单手。起跳到最高点时，近球侧手臂向球伸展，手指触球后迅速屈腕、屈肘收臂，将球拉下，另一只手尽快握球，护球于胸腹间。

③ 点拨球。起跳到最高点时，用指端点拨球的侧方、侧下方或下方。

四、篮球运动基本战术

在篮球运动中，战术是多个队员之间有目的、有组织、协调行动的攻守配合的方法。

1. 进攻基础配合

进攻基础配合是指两三名进攻队员为创造投篮机会，合理运用技术而组成的合作方法。

（1）传切配合。传切配合又可以分别为一传一切配合和空切配合两种。一传一切配合是指有球队员传球给队友后，立刻摆脱对手，向篮下切入，接队友的回传球投篮。空切配合是指有球队员传球给队友时，另一队友突然切向篮下接队友的传球投篮。

（2）突分配合。突分配合是有球队员持球突破后，主动或应变地利用传球与队友配合的方法。其要求是，突破动作要突然、快速；在突破过程中，进攻队员要随时观察场上攻、守队员行动和位置的变化，既要做好投篮的准备，又要及时、准确地传球给同伴。其他进攻队员要掌握时机及时跑到有利于进攻的位置上接球。

（3）掩护配合。掩护配合是指掩护队员采用合理的行动，用自己的身体挡住队友的防守者的移动路线，使队友得以摆脱防守，或利用队友的身体和位置使自己摆脱防守的一种配合方法。掩护配合的形式根据掩护的位置和方向不同，分为前掩护、后掩护、侧掩护3种。

（4）策应配合。策应配合是处于3秒区的队员背对或侧对球篮接球，与3秒区外队友的空切相配合而形成的战术。策应队员抢占有利位置后，要及时调整策应的方向和位置，以便协助队友摆脱防守，增加策应的变化与威胁。3秒区外队员要根据策应队员的位置和机会，及时传球争取做到人到球到，并且在传球后要及时摆脱防守者，准备接球投篮。

2. 防守基础配合

防守基础配合，是指两三名防守队员，为破坏对方攻势进行配合，或当队友防守出现困难时，及时互相协作行动的方法。

（1）"关门"配合。"关门"是两个防守队员靠拢，协同防突破的配合方法。当进攻队员从正面突破时，临近突破一侧的防守队员及时向队友靠拢进行"关门"，封堵对手的突破路径。

（2）夹击配合。夹击配合是指两个防守队员积极防守一个对手的配合方法。进攻队员从底线突破，一名防守队员封堵底线，迫使对手停球，另一名防守队员同时向底线迅速跑去与队友协同夹击对手，封堵其传球路线，迫使其违例或失误。

（3）补防配合。补防配合是指防守队员在队友漏防时，立即放弃自己的对手，去补防威胁最大的对手，而与漏防的防守队员则及时转去防守补防队友的对手。

（4）交换防守配合。交换防守配合是为了破坏进攻队员的掩护配合，防守队员之间及时地配合，通过交换自己的防守对手而扩大防守面积，减少防守漏洞的一种防守基础配合。

3. 快攻

快攻是篮球竞赛中常用的进攻战术，是队伍得分的重要手段，是指队伍在防守中获得球权，转入进攻时，趁对方没能做好防守准备，以最快的速度、最短的时间，进行攻击的一种进攻战术。发动快攻的时机是在抢获后场篮板球、抢球、断球或跳球获球后。快攻的形式有长传快攻、短传和运球快攻，也可结合多种方式展开快攻。

4. 防快攻

应对快攻，防守方需要注意以下几点。

（1）有组织、积极地堵截对方发动快攻的第一次传球，是防守快攻的关键。

（2）防守快速突进对手。快速突进对手是指对方长传快攻的主要成员，防守方需要防止其接到球。当对方抢获篮板球时，外线队员要迅速退守，在退守过程中，控制好中路，堵截进攻队员的快速进攻路线，紧逼沿边线快速进攻的进攻队员，切断对方长传球的路线。

（3）提高以少防多的能力。当对方发动快攻并迅速地向前场推进时，防守队员往往来不及全部退防，出现以少防多的局面。若队员具备一防二、二防三的能力，重点防篮下，就能为同伴回防赢得时间，这就要求队员必须提高个人防守能力，以及队友之间的相互补防能力。

5. 人盯人防守

人盯人防守是每个防守队员看守一个进攻队员并与队友相互协防的全队防守战术。在由攻转守时，放弃前场的防守，全队迅速退回后场，每人盯住自己对手的配合方法。它是以个人防守为基础，综合运用关门、夹击、补防、交换等几个人之间的防守基础配合所组成的全队战术。

（1）防守要点。人盯人防守要从由攻转守时开始。此时，每个队员都要快速退向自己的后场，立即找到对手，形成集体防守；要根据对手、球、球篮选择有利位置，做到球、人、区兼顾，与同伴协同防守。

（2）防守原则。队员要遵循"以球为主，人球兼顾""有球紧，无球松""近球紧，远球松"的原则，积极移动，抢占有利位置。

（3）运用时机。扩大到整个半场的人盯人防守，常用于对付外围远投较难、突破与篮下进攻能力和后卫控制球能力相对较差的队；范围缩小到罚球线附近的人盯人防守，用于对付中远距离投篮不准、突破和篮下攻击能力较强的队。该战术常用于本队得分已占优势，保持体力再扩大战果时。

6. 进攻人盯人防守

进攻人盯人防守战术是根据人盯人防守战术的特点，从每个队员的具体实际出发，综合运用传接球、投篮、运球、突破等个人技术动作和传切、掩护、策应等几个人之间的战术基础配合所组成的一种全队进攻战术。进攻人盯人防守战术的要点为：由守转攻后，要迅速到位。

7. 区域联防与进攻区域联防

区域联防是将区域与人和球联系在一起而进行整体防守的战术，具有鲜明的协同性特点，常用的有"2-1-2""2-3"和"3-2"联防站位，通常会根据队员的身体条件和技术特长进行防守区域的分配，发挥队员在各自防区的作用。

进行区域联防时，队员要积极阻止对手的进攻，有组织地快速退守，及早按照预先设定的站位进行区域联防。所有防守队员要协同一致，随球积极移动，并张开和挥动双臂，相互照应，形成整体防守。

拓展阅读

姚明的父母都是篮球运动员，他身高出众，从小就进行篮球训练。2002年，姚明已经是上海东方队主力中锋，亚洲顶级球星，可谓功成名就。但是，他毅然决定参加世界上最顶级的篮球职业赛事——NBA。

NBA对运动员身体素质的要求极高，连白人都不被看好，更遑论黄种人。在一片冷嘲热讽当中，姚明坚持训练，最终一鸣惊人以状元秀身份，加入休斯敦火箭队。在NBA生涯中，姚明出场500多场，多次入选NBA全明星阵容。2016年4月4日，姚明正式入选2016年奈·史密斯篮球名人纪念堂，成为首位获此殊荣的中国人。

同时，姚明还是国家队的主力球员，随队完成亚洲男篮锦标赛4连冠，夺得2002年亚运会冠军，并在2000年、2004年、2008年3度参加奥运会，帮助中国队两次闯进8强。

姚明在退役后，坚持为体育事业做贡献。2009年，姚明入主上海大鲨鱼俱乐部，正式运营职业篮球队。2015年，姚明成为北京申办冬奥会形象大使。2017年姚明当选中国篮协主席，同年7月，成为CBA公司董事长。

第三节 排球

排球是"三大球"中唯一的隔网对抗运动，既具有运动量大、技战术水平高的特点，又几乎没有身体对抗，安全性也较高，很适合大学生群体开展。

一、排球运动概述

1895年，美国人威廉·摩根（William Morgan）创造了排球比赛，原始排球运动脱胎于篮球运动，同样使用篮球场地，只是中间悬挂了球网，两队隔网站立，以篮球胆为球，在网上打来打去，不使其落地。

排球比赛的最初规则发表在1896年7月出版的美国《体育》杂志上。美国从1896年开始举行排球比赛，使其迅速风靡全球。从1921年开始，为适应排球技术的飞速发展，人们对排球规则进行了一系列的修改和完善。1947年国际排球联合会成立；第一届世界男子排球锦标赛于1949年举行；1964年，排球运动被列为第十八届奥运会正式比赛项目。20世纪50年代初，欧洲各国排球技术飞速发展，主要依靠高点强攻和个人进攻战术的变化取胜，并一直处于世界领先地位。到了20世纪60年代，日本女排在国际排坛崛起，创造了垫球、滚翻救球、勾手飘球等技术。1965年，排球规则进行了重大修改，允许伸手过网拦网。

我国是接触排球较早的国家之一，早在1905年，排球就传入我国，但当时仅在广东等地开展。自20世纪50年代起，我国排球运动得到了较快的发展，形成了一套以快球为中心的快攻掩护战术，此后男排在掌握"盖帽"拦网技术的基础上，创造了"平拉开"扣球新技术，发展了我国排球快攻打法的特点。20世纪70年代中期，我国首创了"时间差"打法。男排创造的前飞、背飞、拉三和拉四等技术，丰富了快中有变的自我掩护打法，在世界比赛中取得了良好的效果。1979年，中国男排、女排分别夺得了亚洲排球锦标赛男子组和女子组的冠军，并获得了奥运会参赛资格，实现了冲出亚洲的愿望。1981—1986年，中国女排连续5次获得世界冠军，在世界排球史上书写下了辉煌的纪录。1996年，我国举办了第一届全国排球联赛，标志着我国排球运动正式走上职业化发展的道路。

二、排球运动比赛的规则要点

排球比赛的规则要点如下。

1. 场地与设施

排球比赛需要在特定场地举行，还需使用比赛用球、球网网柱和标志杆等器材和设施。

（1）排球场。排球比赛场地（见图5-46）为18m×9m的长方形，四周至少有3m宽的无障碍区，场地上空至少高7m内不得有障碍物。场中间横画一条线把球场分为相等的两个场区。中线与进攻线构成前场区，前场区向边线外的无障碍区无限延长，进攻线与端线构成后场区。所有界线的宽均为5cm，线的宽度均包括在场区内。

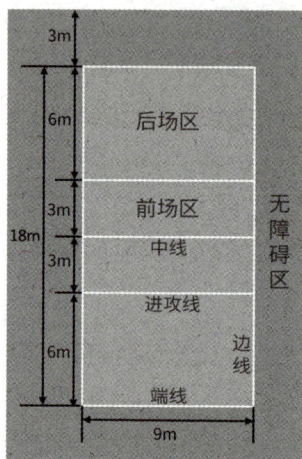

图5-46 排球场地

（2）比赛用球。排球比赛用球圆周为65~67cm，质量为260~280g，气压为0.40~0.45kg/cm^2。通常正式比赛使用的排球都是国际排联批准的比赛用球，通常为一色的浅色球或多色球。

（3）球网网柱。球网架设在中线上空，高度为2.43m（男子）或2.24m（女子）。球网的高度应用量尺从场地中间丈量，球网两端（边线上空）的高度必须相等，并不得超过规定网高2cm。球网为黑色，长9.50m，宽1m，网眼直径为10cm。球网上沿的全长缝有5cm宽的双层白帆布带（标志带）。带子的两端留有小孔，用绳索穿过小孔系在网柱上使网上沿拉紧。用一根柔韧的钢丝穿过帆布带，拉紧网上沿固定在网柱上。球网下沿用绳索穿起并拉紧，固定在网柱上。

（4）标志杆。标志杆是有韧性的两根杆子，长1.80m，直径为1cm，由玻璃纤维或类似材料制成。两根标志杆分别设置在标志带外沿球网的不同两侧。标志杆高出球网80cm。高出部分每10cm应涂有明显对比色，最好为红白相间。标志杆被认为是球网的一部分，并视为过网区的边界。

2. 比赛时间

排球比赛是没有时间限制的。其中，局间相隔3min，每次响哨到发球，预备时间是8s。

3. 站位轮换

排球站位是轮换的，没有规定某个位置必须要站某个角色的队员，但同类型的队员一般站对角，例如，主攻A站4号位，那么对角的1号位必然是主攻B；副攻A在3号位，6号位就必然是副攻B；二传站2号位，接应二传则会在5号位。换位依据轮次来，首先由1号位队员发球，下轮则该队员转到6号位，由上轮在2号位的队员转到1号位发球，依次顺时针转。如本方发球被对方得分，我方轮次不变，直到我方得分，换人发球，则轮次转一轮。

4. 队员

排球比赛由两队12名队员组成，两队各派6名队员在由球网分开的场地上进行比赛。

5. 自由人

排球比赛的各队可以在最后确认的12名队员中选择1名作为自由人（Libero）。自由人身着区别于其他队员颜色的服装。比赛前，自由人必须登记在记分表上，并在旁边注明"L"字样，其号码必须登记在第一局上场阵容位置表上。自由人仅作为特殊的后排队员参加比赛，在任何位置上（包括比赛场区和无障碍区）都不得将高于球网的球直接击入对方场区完成进攻性击球。自由人不得发球、拦网或试图拦网。自由人在前场区进行上手传球且所传球的整体高于球网上沿时，其同伴不得在高于球网处完成对该球的进攻性击球。

6. 比赛开始

比赛由发球开始，发球队员击球使其从网上飞至对方场区，比赛由此连续进行，直至球落地、出界或某一队不能合法地将球击回对方场区。

7. 暂停和换人

在比赛中，每队最多可以请求2次暂停和6次换人。暂停时间限制为30s。第1~4局，每局另外有2次时间各为60s的技术暂停，每当领先队达到8分和16分时自动执行。决胜局（第5局），没有技术暂停，每队在该局中可请求2次30s的普通暂停。

8. 计胜方法

排球比赛采用五局三胜制，胜三局的队胜一场。局与局相隔3min，每次响哨到发球，预备时间是8s。比赛中，某队胜1球，即得1分（每球得分制）。接发球队胜1球时得1分，同时获得发球权，队员按顺时针方向轮转一个位置。每局比赛（决胜局第5局除外）先得25分且领先对手至少2分的队胜一局。当比分为24∶24时，比赛继续进行至某队领先2分（26∶24、27∶25……）为止。决胜局先得15分且至少领先对手2分的队获胜。当比分为14∶14时，比赛继续进行至某队领先2分（16∶14、17∶15……）为止。

9. 犯规及判罚

排球运动中的犯规主要包括发球犯规、位置错误犯规和击球时的犯规。

（1）发球犯规。发球相关犯规如表5-1所示。

表5-1　发球犯规

类型	犯规行为
发球击球时的犯规	① 发球次序错误
	② 发球队员在击球或击球起跳时，踏及场区（包括端线）或发球区以外地面
	③ 发球队员在第一裁判员鸣哨允许发球后8s内未将球击出
	④ 球未被抛起或持球手未清楚撤离（明显离开球）就击球
	⑤ 双手击球或单手将球抛出、推出
	⑥ 将球抛起准备发球却未击球
发球击球后的犯规	① 球触及发球队其他队员或球的整体没有从过网区内通过球网的垂直平面
	② 界外球
	③ 球越过发球掩护的个人或集体（在发球时，某一队员或两名以上队员密集站位或挥臂跳跃、移动遮挡接发球队员视线，且发出的球从他或他们上空飞过，则构成个人或集体发球掩护犯规）

（2）位置错误犯规。排球规则规定，当发球队员击球时，若场上队员不在其正确位置上，则构成位置错误犯规。位置错误犯规如表5-2所示。

表5-2　位置错误犯规

类型	犯规行为
位置错误犯规	① 发球队员击球时，场上其他队员未完全站在本场区内
	② 发球队员击球时，场上队员未按"每一名前排队员至少有一只脚的一部分比同列后排队员的双脚距中线更近"的规定站位
	③ 发球队员击球时，场上队员未按"每一名左边（右边）队员至少有一只脚的一部分比同排中间队员的双脚距左（右）边线更近"的规定站位

（3）击球时的犯规。击球时的犯规如表5-3所示。

表5-3　击球时的犯规

类型	犯规行为
连击犯规	排球比赛时，运动员身体任何部分均可触球，但一名队员（拦网队员除外）连续击球两次或球连续触及身体的不同部位即为连击犯规。但在第一次击球时，允许队员在同一击球动作中，球连续触及身体的不同部位
持球犯规	排球运动员在比赛中，身体任何部分均可触球，但球必须被击出，不得接住或抛出，否则即为持球犯规
4次击球犯规	一个队连续触球4次（拦网除外）为4次击球犯规。队员不论是主动击球还是被动触及，均算该队员击球一次
借助击球犯规	队员在比赛场地内借助同伴或任何物体的支持进行击球，皆为借助击球犯规
过网击球犯规	对方进攻性击球前或击球时，在对方空间触及球
过中线犯规	比赛进行中，队员整只脚、手或身体其他任何部分越过中线并接触对方场区
触网犯规	比赛过程中，队员触网或触标志杆不是犯规，但队员在击球时或干扰比赛情况下的触网或触标志杆即为触网犯规
网下穿越进入对方空间妨碍对方比赛犯规	比赛过程中，在不妨碍比赛的情况下，允许队员在网下穿越进入对方空间。若网下穿越进入对方空间的队员妨碍了对方比赛即犯规
过网拦网犯规	在对方进攻性击球前或击球时，在对方空间拦网触球即犯规，过网拦网的依据是进攻队员与拦网队员触球时间的先后
后排队员拦网犯规	后排队员或后排自由防守球员完成拦网或参与完成集体拦网
拦发球犯规	拦对方发过来的球
后排队员进攻性击球犯规	后排队员在前场区内或踏及进攻线（或其延长线），将整体高于球网上沿的球，击过球网垂直面或触及对方拦网队员

三、排球运动基本技术

运动员在比赛规则允许的条件下，采用的各种合理的击球动作统称为排球技术。

1. 准备姿势

在排球运动中为之后完成各种技术动作而采取的合理的身体姿势称为准备姿势，其目的是使身体重心处于相对稳定的状态，便于移动和完成各种击球动作，为迅速起动、快速移动及击球创造最好的条件。

准备姿势
和移动

（1）稍蹲准备姿势。

动作要领：两脚左右开立与肩同宽，一只脚稍在前，两膝微屈，身体重心位于两脚之间，并稍靠近前脚，后脚跟稍提起，上体稍前倾，两臂放松，自然弯曲置于腹前。两眼注视球并兼顾场上各种情况，两脚保持微动状态，如图5-47所示。

（2）半蹲准备姿势。

动作要领：两脚开立略比肩宽，两膝弯曲，上体前倾，重心靠前，膝部的垂直线落于脚尖前，两臂放松，自然弯曲置于腹前，两眼平视，注意来球，两脚保持微动状态，如图5-48所示。

图5-47　稍蹲　　图5-48　半蹲

（3）低蹲准备姿势。

动作要领：身体重心比半蹲准备姿势更低、更靠前，两脚开立的距离和膝部弯曲的程度较半蹲准备姿势更大。身体重心更靠前，肩部垂直线过膝，膝部垂直线超过脚尖。两手臂置于胸腹之间，如图5-49所示。

图5-49　低蹲

2. 移动

从起动到制动的过程称为移动。

（1）起动。起动是移动发力的开始，其快慢是移动效果的关键，起动的速度取决于准备姿势是否正确、反应能力和腰腿部的速度力量。

（2）移动步法。队员起动后应根据临场战术的需要，灵活地采用各种移动步法进行移动。

① 并步

动作要领：并步如向右移动，则左腿蹬地，右脚向来球方向横跨出一步，左腿迅速跟上做好击球准备，如图5-50所示。

② 跨步

动作要领：跨步如向前移动，则后腿用力蹬地，前脚向来球方向跨出一大步，膝部弯曲，上体前倾，身体重心移至前腿上，如图5-51所示。

③ 交叉步

动作要领：以向右交叉步为例，上体稍向右转，左脚从右脚前面向右交叉迈出一步，然后右脚再向右跨出一大步，同时身体转向来球方向，保持击球前的姿势，如图5-52所示。

图5-50　并步

图5-51　跨步

图5-52　交叉步

> **知识补充**　基础移动步法能够升级为更高效的移动步法，如连续快速并步的滑步，在跨步过程中跳跃腾空的跨跳步。

（3）制动。在移动到预定位置后，为克服身体惯性的冲力，保持稳定的击球姿势，运动员必须运用制动技术。基础的制动技术包括一步制动法和两步制动法。

一步制动动作要领：在移动的最后跨出一大步，同时降低重心，膝和脚尖适当内转，全脚掌横向蹬地，抵住身体重心继续移动的趋势，并用腰腹力量控制上身，使身体重心的投影落在两脚所构成的支撑面内。

两步制动动作要领：以倒数第二步做第一次制动，接着跨出最后一步做第二次制动，同时身体后仰，重心下降，双脚用力蹬地，使身体处于做下个动作的有利姿势。

3. 发球

发球指运动员在发球区内自己抛球，用一只手将球直接击入对方场区的动作。

（1）正面上手发球。

动作要领：队员面对球网，两脚前后自然开立，左脚在前，用手托球于身前，抬高手臂，手掌平托上送，将球平稳地垂直抛于右肩前上方，高度适中。在左手抛球的同时，右臂抬起，屈肘后引，右上臂大致与地面平行，上体稍向右转。击球时，利用蹬地、转体和收腹带动手臂挥动，在右肩前上方伸直手臂的最高点，以全手掌击球中下部。击球时，手指自然张开吻合球，手腕迅速主动地做推压动作，使击出的球呈上旋飞行，如图5-53所示。

发球

（2）正面上手发飘球。

动作要领：正面上手发飘球的准备姿势同正面上手发球，但抛球比正面上手发球稍低、稍靠前。击球前，手臂自后向前做直线挥动。击球时，五指并拢，手腕稍后仰，用掌根平面击球中下部，作用力通过球体重心。击球瞬间手指、手腕紧张，手型固定，不加推压动作，手臂有突停动作，如图5-54所示。

图5-53　正面上手发球

（3）正面下手发球。正面下手发球是正面对网，手臂由后下方向前摆动，在腹前将球击入对方场区的发球方法。

动作要领：发球时，发球队员面对球网，两脚前后开立，左脚在前，两膝微屈。上身稍前倾，重心偏后脚。左手持球于腹前，将球轻轻抛起在体前右侧，离手高度约20cm，在抛球的同时右臂伸直以肩为轴向后摆动，借右腿蹬地力量，身体重心随着右手向前摆动击球而移至前脚上。在腹前以全手掌、掌根或虎口击球后下方，如图5-55所示。

图5-54　正面上手发飘球

图5-55　正面下手发球

（4）勾手飘球。勾手飘球采用侧面对网站位，发球队员可利用身体转动和腰部力量带动手臂的快速挥动击球，比较省力。

动作要领：发球队员应左肩对网，左手将球平衡抛向左肩前上方，抛至相当于击球点的高度。在抛球的同时，右臂伸直向身体右侧后下方摆动，身体重心移至右脚。当球开始上升到最高点时，右脚蹬地，身体向左侧转动，带动手臂沿弧线轨迹挥动，在右肩前上方以掌根或半握拳大拇指根部坚硬平面击球后中下部，击球一瞬间，手腕稍后仰并保持紧张，用力集中，作用力通过球体的重心。击球后，可做突停或下拖动作，但不能有推压的动作，如图5-56所示。

图5-56　勾手飘球

（5）跳发飘球。

动作要领：跳发飘球需要队员面向球网站在距端线2~4m处，利用单手或双手将球抛向前上方，随着抛球离手向前助跑起跳。击球前，手臂自后向前做直线挥动。击球时，五指并拢，手腕稍后仰，用掌根平面击球的中下部，作用力通过球体重心。击球瞬间手指、手腕紧张，手型固定，不加推压动作，手臂有突停动作，如图5-57所示。

图5-57　跳发飘球

（6）跳发球。跳发球是力量最大、速度最快、威胁最大的发球方式。

动作要领：运动员面向球网站在距端线2~4m处，利用单手或双手将球抛向前上方，随着抛球离手向前助跑起跳。起跳时，两臂协调做大幅摆动，利用收腹和转体带动手臂挥动以击球。在身体升至最高点时以全手掌击球的中下部，击球时，手腕要有推压的动作，如图5-58所示。

4. 垫球

运动员通过手臂或身体其他部位，使来球从垫击面上反弹出去的击球动作称为垫球，图5-59所示为正面双手垫球的基本手型。

图5-58 跳发球

（1）正面双手垫球。双手在腹前垫击来球的垫球方法称为正面双手垫球，适合于接各种发球、扣球和拦回球，是各种垫球技术的基础，动作如图5-60所示。

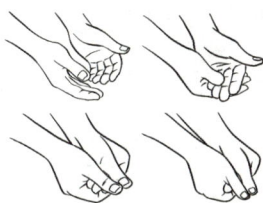

图5-59 垫球手型　　图5-60 正面双手垫球

动作要领：采用半蹲准备姿势，双手成垫球手型，手腕下压，两小臂外翻形成一个平面，当球飞到腹前一臂距离时，两臂夹紧前伸，插到球下，向前上方蹬地抬臂，迎击来球，利用腕关节以上10cm左右处的桡骨内侧平面击球的后下部，身体重心随击球动作前移。

> 使用正面双手垫球时，如果面对中等力量球，运动员击球动作要小，速度要慢，手臂适当放松。如果面对重球，运动员要根据来球的高低和角度，采用半蹲或低蹲准备姿势，击球时要含胸、收腹，手臂要随球屈肘后撤，适当放松，以缓冲来球力量。
>
> **知识补充**

（2）体侧垫球。体侧垫球是在身体侧面垫球的垫球方法，其特点是控制来球面宽，但较难把握垫球的方向、弧度和落点。

动作要领：以右侧垫球为例，运动员以左脚前脚掌内侧蹬地，右脚向左跨出一步，身体重心随即移至右脚，并保持右膝弯曲，两臂夹紧向右侧伸出，右臂高于左臂，左肩向下倾斜，再向左转腰和收腹，配合两臂在体侧截击球的后下部，如图5-61所示。

（3）跨步垫球。向前或向侧跨出一步的垫球方法称为跨步垫球，其能有效应对速度较快、弧线低、距身体1m左右的来球。

动作要领：运动员在判断来球的落点后，迅速向来球方向跨出一大步，屈膝深蹲，臀部下降，两臂夹紧伸直插入球下，用两前臂的内侧平面击球的后下部，对准垫出方向，将球平稳垫起，如图5-62所示。

图5-61 体侧垫球　　　　　　图5-62 跨步垫球

（4）单手垫球。当来球较远、速度快以致来不及或不便用双手垫球时，队员可采用单手垫

球。单手垫球动作快，垫击范围大，但触球面积小，不易控制球的方向和轨迹。

动作要领：单手垫球可采用各种步法接近球，可采用虎口、半握拳、掌根、手背以及前臂内侧击球，如图5-63所示。

（5）背垫球。背垫球是指背对出球方向的垫球，大多用于接应同伴垫飞的球或将球处理过网。

动作要领：背垫球的垫击点通常较高，垫球时，运动员首先要判断来球的轨迹、方向和离网的距离，迅速移动到球的下落处，背对出球方向，两臂夹紧伸直，插到球下，如图5-64所示。

图5-63　单手垫球

图5-64　背垫球

5. 传球

将球传递给队友称为传球，传球是防守和进攻间的必要衔接，良好的传球要求角度、速度、力度精准，使接球队员能够很好地衔接技术动作。

（1）正面传球。面对出球方向的传球动作称为正面传球。正面传球是最基本的传球方法。

动作要领：采用稍蹲准备姿势，当来球接近额头时，开始蹬地、伸膝、伸臂，两手微张，经脸前向前上方迎球。击球点在额头前上方约一球距离处。当手触球时，两手自然张开成半球形，手腕稍后仰，两大拇指相对呈"一"字或"八"字形，两手间有一定距离，用大拇指内侧，食指全部，中指的二、三指节触球的后下部，无名指和小指在球两侧辅助控制传球方向。两肘适当分开，两前臂之间约成90°，传球时主要依靠腿、臂、手指、手腕力量，以及球的反弹力，将球传出，如图5-65所示。

（2）背传球。背对传球目标的传球动作称为背传球。

动作要领：背传球时，队员身体背面要正对传球目标，上体保持正直或稍后仰，身体重心在两脚之间，双手自然抬起，放松置于脸前。迎球时，抬上臂、挺胸、上体后仰。击球点保持在额上方，比正面传球稍高、稍后。触球时，手腕后仰并适当放松，掌心向上，击球的下部，手型与正面传球相同。背传球动作要领是蹬地、展腹、抬臂、伸肘，依靠手指、手腕的弹力，将球向后上方传出，如图5-66所示。

（3）侧传球。侧传球是指身体侧对传球目标并向体侧传出球的传球动作。

动作要领：以向右侧传球的侧传球为例，队员采用稍蹲准备姿势，迎球时蹬地抬臂，重心稍右移。击球点在额右前上方约一球距离处，传球手型同正面传球，全身协调用力，上体和手臂向右侧伸展，左侧手臂动作速度和幅度以及用力的距离大于右侧手臂，如图5-67所示。

AR
启动增强
现实动画

图5-65　正面传球　　　　图5-66　背传球　　　　图5-67　侧传球

（4）跳传。跳传是当来球弧线较高而又接近球网时，所采用的跳起传球技术，通常多用于二传。跳传可起到加快进攻速度和迷惑对方的作用，并且可使进攻战术多样化，扩大进攻范围。

动作要领：起跳时，运动员首先选好起跳点和掌握好起跳时间。起跳后，两臂屈肘抬起，两手放置于脸前，击球点保持在额上方约一球距离处，在身体跳至最高点时，做伸臂动作，用手指、手腕的弹力将球传出。由于人在空中，无法用上伸腿蹬地的力量，因此要提升伸臂的幅度和速度，如图5-68所示。

图5-68　跳传

6. 扣球

扣球是队员跳起在空中，将高于球网上沿的球击入对方场区的击球方法。扣球具有力量大、速度快、冲击力强的特点，是排球竞赛中最有效的进攻方法和得分手段。

扣球

（1）正面扣球。正面扣球是扣球技术中的一种重要方法，是比赛中运用较多的一项进攻性技术，适用于近网和远网扣球，正面扣球技术分为准备姿势、助跑、起跳、空中击球和落地5个步骤，如图5-69所示。

图5-69　正面扣球

动作要领：正面扣球的动作要领包括以下5个方面。

① 准备姿势。运动员助跑前采用稍蹲姿势，两臂自然下垂，站在离网3m左右处，身体转向来球方向，观察来球，做好向各个方向助跑起跳的准备。

② 助跑。助跑开始时，运动员左脚先向前迈出一步，紧接着右脚再快速跨出一大步，左脚及时并上，踏在右脚之前，两脚尖稍向右转。两臂绕体侧向上引摆。

③ 起跳。在助跑跨出最后一步（即第二步），左脚并上踏地制动的同时，两臂自后积极向前摆动，随着双腿蹬地向上起跳，两臂配合起跳有力地向上摆动。

④ 空中击球。运动员起跳后，挺胸展腹，上体稍向右转，右臂向后上方抬起，身体成反弓形。挥臂时，运动员迅速转体、收腹发力，依次带动肩、肘、腕各部位关节向前上方以甩鞭动作挥动。击球时，五指微张，以掌心为主，全掌包满球，在手臂伸直的最高点的前上方击球的后中部，同时主动用力屈腕屈指向前推压球，使扣出的球呈上旋状态。

⑤ 落地。落地时，运动员以两脚前脚掌先着地再迅速过渡到全脚掌着地，同时顺势屈膝、收腹，以缓冲下落的力量，立即做好做下一个动作的准备。

（2）调整扣球。调整扣球是指在接发球或后排防守垫球不到位时，二传队员从后场区将球传到网前所进行的扣球。

动作要领：调整扣球技术动作与正面扣球相同，但由于二传球来自后场区，有近网球也有远网球，有拉开球也有集中球，调整扣球与球网有一定的角度并且弧线不固定，扣球队员难以判断球的轨迹，因此扣这种球难度较大。调整扣球时，扣球队员要准确判断来球的方向、弧线、速度和落点。调整好人和球的关系，选择好起跳点，掌握好起跳时间。根据人和球网的距离，合理地采用不同的扣球方法，控制好扣球的力量、速度、方向、路线和落点，如图5-70所示。

（3）单脚起跳扣球。

动作要领：单脚起跳扣球需要采用与球网成小夹角或顺网的一步、两步或多步助跑。助跑后，队员左脚跨出一大步，上体后倾，在右腿向前上方摆动的同时，左腿迅速蹬地跳起，两臂配合摆动，帮助起跳，起跳后扣球动作与正面扣球动作一致，如图5-71所示。

图5-70　调整扣球

图5-71　单脚起跳扣球

（4）扣半高球。

动作要领：扣半高球的技术方法和正面扣球基本相同，但在传球的高度上有所区别，半高球的高度一般在网上1m左右，需要二传队员和扣球队员密切配合，扣球队员需要提前预判球的轨迹，快速上步，将球击出，如图5-72所示。

（5）扣快球。扣快球是运动员在队友传球前或传球的同时起跳，并迅速将队友传球击入对方场区的扣球。这种扣球的特点是速度快、力量大、时间短、落点近、突然性强、牵制能力强。

动作要领：扣快球的技术动作方法较多，有近体快球、半快球、短平快球、平拉开快球、背快球、背平快球、调整快球等。最常见的是扣近体快球，这种球是在传球队友体前或体侧50cm左右扣出的快球。扣近体快球时，运动员应助跑到网前，当队友传球时，在队友体前或体侧近网处迅速起跳，起跳后快速挥臂，将刚刚高过球网的球扣入对方场区。击球时，运动员应利用收胸动作，带动前臂和手腕迅速挥出，以全手掌击球的后上部，如图5-73所示。

图5-72　扣半高球

图5-73　扣近体快球

7. 拦网

拦网指运动员靠近球网，将手伸向高于球网处阻挡对方来球的动作。拦网既能够使进攻方的来球减速、减力、变向，使后排防守队员能够起球，为本方创造防守反击机会；还可以直接将球拦回对方半区甚至直接得分。

拦网

（1）单人拦网。单人拦网的动作结构分为准备姿势、移动、起跳、空中动作和落地5个互相衔接的部分，如图5-74所示。

动作要领：单人拦网的动作要领介绍如下。

① 准备姿势。队员面对球网，两脚左右开立，约与肩同宽，距网30~40cm。两膝微屈，两臂屈肘置于胸前。

② 移动。常用步法有一步、并步、交叉步、跑步等。无论采用哪种移动步法，队员都要做好制动动作，以保证向上起跳，避免触网和冲撞同队队员。

③ 起跳。原地起跳时，两腿屈膝，重心降低，随即用力蹬地，两臂以肩发力，于体侧近身处，做弧形或前后摆动，帮助身体迅速跳起。移动后的起跳，起跳动作与原地起跳一样，但要注意制动并使移动与起跳动作紧密衔接。

④ 空中动作。起跳时，队员两手从额前沿球网向上方伸出，两臂伸直并保持平行，两肩上提。拦网时，两臂应伸过球网去接近球。两手自然张开，屈指屈腕成半球状。当手触球时，两手要突然收紧，手腕下压盖在球的前上方。

⑤ 落地。拦球后，队员要做含胸动作，以保持身体平衡。手臂要先后摆或上提，从网上收回至本方上空，再屈肘向下收臂，以保持身体平衡。同时屈膝缓冲，双脚落地，随即转身面向后场，准备接应来球或准备做下一个动作。

（2）双人拦网。双人拦网是由前排两名运动员互相靠近、同时起跳的拦网方式。

动作要领：双人拦网时，应以一人为主拦者，另一人为配合者。主拦者并不固定，通常距对方扣球点近的运动员应为主拦者。主拦者必须抢先移动到正对扣球点的位置，做好起跳准备；配合者则迅速移动靠近主拦者，准备同时起跳。双人拦网起跳时，两名运动员之间的距离一定要合适，距离太远，跳起后将出现"空门"；距离太近，起跳时易互相干扰，致使双方都跳不高，如图5-75所示。同时，两人的手臂应该在体前画小弧向上摆伸，身体要尽量垂直向上起跳，防止两人互相碰撞或干扰。手臂在空中既不能重叠，造成拦击面缩小；又不能间隔太宽，造成中间漏球。

（3）三人拦网。三人拦网的动作方法与双人拦网相同，关键在于移动迅速，取位恰当，配合密切，如图5-76所示。

动作要领：三人拦网中，无论对方从哪个位置扣球，一般都以3号位运动员为主拦者，2号、4号位运动员为配合者。由于三人拦网对队员间配合的要求高，加之减弱了防守、保护的力量，故只在对方扣球进攻力强，路线变化多时采用。同时，拦网者要在瞬间从防守转为进攻，从被动转为主动，而这些都要在空中进行，这就要求拦网时积极主动，做到判断准、起动快、跳得高、下手狠。

图5-74　单人拦网　　　　　图5-75　双人拦网　　　　　图5-76　三人拦网

知识补充　　双人拦网和三人拦网合称集体拦网，能够有效扩大拦网面积，能够应对力量大、速度快、轨迹难以判断的扣球，但对队员间的默契和配合有较高的要求。

四、排球运动基本战术

在比赛中，运动员需要根据规则要求和排球运动规律，以及对手的情况，有意识、有目的、有组织地进行个人和集体配合行动，执行各种战术，以取得最后的胜利。

1. 阵容配备

排球比赛中，一队需有6名队员上场比赛。球员最常见的角色分配包含攻手（主攻手和副攻手）、二传手和自由防守球员3种。排球场的一方区域可以划分为6个区，每个区中有一名队员，如图5-77所示。

（1）"四二"配置。由4名进攻队员（主攻和副攻队员各两名）和2

4	3	2
5	6	1

图5-77　排球队员位置

名二传队员组成，分别站在对角的位置上，如图5-78所示。"四二"配置的优点是每一轮次前排都有一名二传队员和两名进攻队员，便于组织"中二三""边二三"进攻，战术配合有一定的稳定性；缺点是前排进攻点相对较少。

（2）"五一"配置。由5名进攻队员和1名二传队员组成。位置的安排与"四二"配置基本相同，只是由一名进攻队员站在与二传对应的位置上作为接应二传，以应对某些二传队员来不及到位传球所形成的被动局面，但主要还是承担进攻任务，如图5-79所示。"五一"配置的优点是加强了拦网和前排进攻力量，全队的进攻队员只需适应一名二传队员的技术特点，有利于统一指挥、相互配合，能够更好地控制比赛的节奏，使进攻战术富于变化；缺点是担当"接应二传"的队员需要兼顾攻守两端，技术要求高。

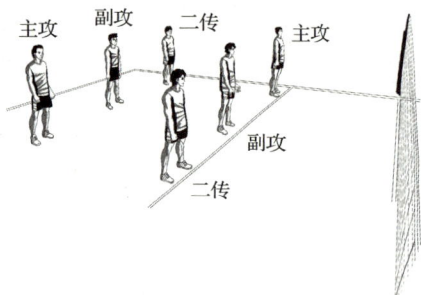

图5-78 "四二"配置

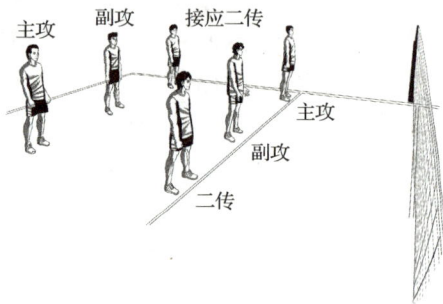

图5-79 "五一"配置

2. 进攻战术

进攻是队伍得分的直接手段，合理的进攻战术能够帮助球队取得胜利。

（1）"中一二"进攻。"中一二"进攻是由前排中间的3号位队员作为二传队员，其他5名队员将来球垫传给二传队员，再由二传队员将球传给4号位或2号位队员扣球进攻的战术形式，如图5-80所

图5-80 "中一二"进攻战术

示。其特点是组织容易，但战术变化较少，进攻点位只有两个，战术意图容易被识破，进攻的突然性和隐蔽性小。其变化形式有扣球队员通过二传队员传出的集中、拉开、背传和平快等各种球，采用斜线助跑、直线助跑和跑动的方式变步起跳扣球等。

（2）"边一二"进攻。"边一二"进攻是由前排2号位队员担任二传，其他5名队员将来球垫传给二传队员，再由二传队员将球传给4号位、3号位队员进攻的战术形式，如图5-81所示。其特点是形式简单，容易掌握。其变化形式除"中一二"战术形式变化外，还可组织"快球掩护拉开""前交叉""围绕""快球掩护夹塞""梯次""短平快掩护拉开""掩护活点进攻"等战术变化。

（3）"插上"进攻。"插上"进攻是在对方发球后，由后排一名队员插上到前排担任二传，把球传给前排4号位、3号位、2号位队员进攻，如图5-82所示。用其特点是保持前排3人进攻，充分利用网的全长，发挥每个队员的特点，组成快速多变的各种战术变化。这种进攻的优点是突破点多，突然性大，使对方难以有效地组织集体拦网和防守。

图5-81 "边一二"进攻战术

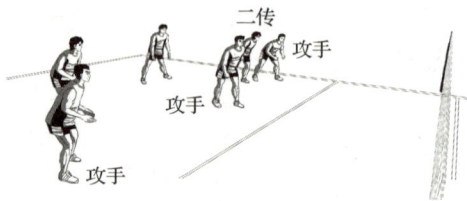

图5-82 "插上"进攻战术

3. 防守战术

　　当对面掌握球权组织进攻时，队伍就需要进行整体防守，避免失分。常用的防守战术包括用于接发球的5人接发球站位阵形和4人接发球站位阵形，用于接扣球的单人拦网的防守阵形、双人拦网的防守阵形、3人拦网时的防守阵形。

　　（1）5人接发球站位阵形。除一名二传队员不接发球，站在网前或从后排插上准备二传外，其余5名队员都担负一传任务的接发球站位阵形，如图5-83所示。其优点是队员均衡分布，每人接发球的范围相对减小；接发球时，已站成基本的进攻阵形，组织进攻比较方便，适合接发球水平有限的球队。

图5-83　5人接发球站位阵形

　　（2）4人接发球站位阵形。二传队员与同列的前排队员均站在网前不接发球，其他4人站成弧形接发球的站位阵形，如图5-84所示。其特点是便于后排插上和不接发球的前排队员及时换位。

图5-84　4人接发球站位阵形

　　（3）单人拦网的防守阵形。当对方扣球威胁不大、路线变化不多、轻打中吊球较多时，队伍可以主动采用单人拦网的防守阵形。通常前排一人拦网，其他队员形成阵形，如图5-85所示。拦网队员拦扣球对手的主要进攻路线，不拦网队员及时后撤防守前区或保护拦网队员，后排队员后撤加强后场防守。

　　（4）双人拦网的防守阵形。双人拦网的防守阵形主要应对进攻力量较强且路线变化较多的对手，通常为2人拦网、4人接球的阵形，如图5-86所示。

图5-85　单人拦网防守阵形

图5-86　双人拦网防守阵形

　　①"心跟进"。本方拦网能力强，对方采取打吊结合战术时，宜采用"心跟进"防守战术。当攻方4号位队员进攻时，守方2号、3号位队员拦网，后排中心的6号位队员在本方拦网时跟在拦网队员之后进行保护，其余3名队员组成弧形在后排防守。其优点是加强了前区的防守能力，缺点是后排防守队员之间的空隙较大。

　　②"边跟进"。对方进攻较强、吊球较少时，多采用"边跟进"防守战术。当攻方4号位队员进攻时，守方2号、3号位队员拦网，其他4个队员组成半圆弧形防守。如遇攻方吊球到前场区，由边上1号位队员跟进防守。

（5）3人拦网时的防守阵形。3人拦网的防守阵形主要应对扣球对手进攻实力很强但不善吊球的情况，通常为3人拦网、3人后排接球的防守阵形，如图5-87所示。这种阵形加强了拦网力量，但后防的空隙也相对增大。3人拦网时，后排防守的6号位队员可以跟进到进攻线附近保护，也可退至端线附近防守。

图5-87　3人拦网防守阵形

20世纪80年代，中国国家女子排球队（中国女排）实现了"五连冠"的伟业；2016年，中国女排时隔12年再度夺取奥运冠军……有荣耀、有低谷，多年来，中国女排团结奋进、勇于拼搏、永不放弃，不断用行动诠释和丰富着中华民族精神和伟大时代精神结合而成的女排精神。尽管女排队员换了一批又一批，但女排精神一直在激励着这支队伍成长成熟，向新的胜利目标奋进。

女排精神所蕴含的意义已经远远超越了体育的范畴，成为融入各项事业中的宝贵精神财富，已经深深扎根在中国人的心中，它将永远激励着中国人民。

第四节　羽毛球

羽毛球是一项隔着球网，使用长柄网状球拍击打用羽毛和软木制作而成的球的一种小型球类运动项目，其能充分协调和锻炼身体各部分肌肉，是一项集技术和智力于一身的全民健身运动。

一、羽毛球运动概述

相传，在14至15世纪时，最初形态的羽毛球拍在日本出现，但其设计有很大缺陷，所以不久后便消失在人们的视野中。18世纪左右，印度开始出现了一种名为普那的游戏，与最初的羽毛球运动相似。19世纪70年代，在英格兰格拉斯哥郡伯明顿镇的一次社交聚会上，一位退役军官介绍了一种用拍隔网来回打毽球的游戏。游戏趣味横生，引人入胜，此后，这项游戏活动便传播开来，并逐步发展成为人们所熟悉和喜爱的羽毛球运动。伯明顿镇的英文名称Badminton也成为了羽毛球的英文名称。

1934年，国际羽毛球联合会成立，通过了第一部国际公认的羽毛球竞赛规则。1978年，在中国香港成立了世界羽毛球联合会（简称世界羽联），并先后举办了两届世界羽毛球锦标赛。1981年5月，国际羽毛球联合会和世界羽毛球联合会正式合并。2006年，国际羽毛球联合会的正式名称更改为羽毛球世界联合会（简称世界羽联）。1988年，羽毛球被列为第二十四届汉城（今首尔）奥运会的表演项目。1992年，羽毛球被列为第二十五届巴塞罗那奥运会正式比赛项目，设男单、女单、男双、女双4个项目。1996年，在第二十六届亚特兰大奥运会又增设了男女混合双打。1948年，第一届汤姆斯杯羽毛球赛（世界男子羽毛球团体锦标赛）举办；1957年，第一届尤伯杯羽毛球赛（世界女子羽毛球团体锦标赛）举办；1989年，第一届苏迪曼杯羽毛球赛（世界羽毛球混合团体锦标赛）举办。羽毛球运动的赛事不断丰富，得到了新的发展。

现代羽毛球运动大约在20世纪初传入我国，最早在上海、广州、天津、北京和成都等城市的基督教青年会和学校中开展。新中国成立后，党和政府十分关心人民群众的身体健康，各项体育运动蓬勃发展，羽毛球运动也逐渐为广大人民群众所喜爱，并成为我国重点开展的运动项目。1956年，在天津举行了第一次全国羽毛球比赛，1958年9月11日，中国羽毛球协会在武汉成立。

我国羽毛球技术水平从60年代起一直处于世界先进水平。1981年，我国选手在美国举行的第一届世界运动会的羽毛球比赛中夺得了男单、女单、男双和女双4项桂冠，从此拉开了中国羽毛球队称霸世界的帷幕。中国队在奥运会中多次出现包揽羽毛球项目全部金牌的壮举，甚至在汤姆斯杯和尤伯杯比赛中，中国队都以一盘不失的成绩夺得冠军，令世界为之震撼！1999年，全国羽毛球俱乐部联赛推出，这标志着我国羽毛球运动正式进入职业化发展道路，也进一步提高了羽毛球运动在全民健身中的普及率。

二、羽毛球运动比赛的规则要点

羽毛球运动比赛的规则要点如下。

1. 场地与设施

羽毛球比赛需要在特定场地举行，还需使用比赛用球、球拍、羽毛球网和网柱等器材。

（1）羽毛球场。羽毛球场为一块长方形场地，长13.40m，双打球场宽6.10m，对角线长14.723m；单打球场宽5.18m，对角线长14.366m。球场各线宽均为4cm。羽毛球比赛场地横向被中线平分为左右两个半区，纵向可以分为前场、中场和后场。场地外侧的两条边线是双打场地边线，里侧的两条线是单打场地边线。而在端线中，单打和双打的界线都是外面的线，如图5-88所示。按国际比赛规定，羽毛球场上空12m以内，球场四周2m以内（含相邻的两个球场），不允许有任何障碍物。

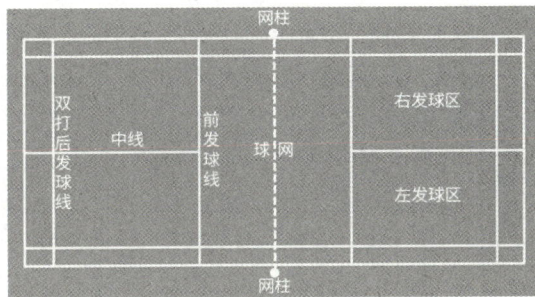

图5-88 羽毛球场地

（2）比赛用球。羽毛球长64~70mm，有16根羽毛固定在球托部，每一个羽毛从托面到羽毛尖的长度应一致。羽毛顶端围成圆形，直径为58~68mm，球托直径为25~28mm，底部为圆形，羽毛球重4.6~5.5g。非羽毛制成的羽毛球则要求制成裙状，质量和性能的差距不得超过10%。

（3）球拍。球拍拍面应为平面，拍弦穿过框架以十字交叉或以其他形式编织。球拍的框架，包括拍柄在内，总长度不超过680mm，宽不超过230mm。球拍框一般为椭圆形，长度不超过290mm，弦面长不超过280mm，宽不超过220mm。

> 羽毛球拍的技术参数主要有以下几点，运动员要以此选择适合自己的球拍。
> ①G值。G值是指球拍柄的大小，数值越小，球拍柄越粗。
> ②U值。U值是指球拍的质量，3U为85~89g，2U为90~94g，U为95~99g。
> ③平衡点。平衡点是指球拍横放的情况下重心的位置，通常用长度表示。平衡点靠近拍头，则拍头部较重；平衡点靠近拍柄，则拍头部较轻。
> ④磅数。磅数是指拍弦能够承受的重量，磅数越高，拍弦越紧绷。磅数因人而异，大学生需要自主体验并选择。

（4）羽毛球网和网柱。羽毛球球网长6.10m，宽76cm，用优质的深色细线织成。网柱从球场地面算起，高为1.55m，网柱必须稳固地与地面垂直，并使球网保持紧拉状态，网柱应放置在双打边线中点上。

2. 计胜方式和时间、间歇、裁判员

（1）计胜方式和时间。世界羽联规定羽毛球比赛采取21分制，并实行每球得分制，所有单项的每局获胜分皆为21分，最高不超过30分。每场比赛采取三局两胜制，先到21分的一方赢

得当局比赛。当双方比分为20∶20时，一方需超过对手2分才算取胜；双方比分打成29∶29时，那么先到第30分的一方获胜。首局获胜的一方在接下来的一局比赛中先发球。

（2）间歇。任意一方在比赛中得到11分后，比赛将间歇1min；两局比赛之间的间歇时间为2min。

（3）裁判员。裁判长对比赛全面负责。临场裁判主持一场比赛并管理该球场及其周围。临场裁判员应向裁判长负责。发球裁判员负责宣判发球员的发球违例。司线裁判员对球在其分管线的落点宣判"界内"或"界外"。

3. 交换场区

羽毛球竞赛中交换场区的规定如下。

（1）第一局比赛结束时，双方应交换场地。

（2）当局数为1∶1时，在第三局比赛开始前，双方应交换场地。

（3）在第三局比赛中，领先一方得分达到11分时，双方应交换场地。

（4）若应交换场地而未交换，一旦发现应立即交换，已得分数有效。

4. 重发球

出现以下情况之一，需重发球，重发球时，原回合无效，由原发球队员重新发球。

（1）除发球外，球过网后，挂在网上或停在网顶，判重发球。

（2）发球时，发球方和接球方同时被判违例，将重发球。

（3）发球方在接发球方未做好准备时，将球发出，判重发球。

（4）球在飞行时，球托与球的其他部分完全分离，判重发球。

（5）裁判员对该回合不能做出判决时，将判重发球。

（6）出现意外情况时，判重发球。

5. 站位方式

准备发球前，运动员需要站在球场内的适当位置。单打、双打以及混合双打的站位不同。

（1）单打。当发球方的分数为0或偶数时，双方运动员均在各自的右发球区发球或接发球；当发球方的分数为奇数时，双方运动员均在各自的左发球区发球或接发球。

（2）双打。比赛中，当比分为0或偶数时，球由右发球区对角发向对方场地的右接发球区；当比分为奇数时，球由左发球区对角发向对方场地的左接发球区。比赛中，当一方连续得分时，发球方必须在左右发球区交替发球，而接球方队员的位置不变。其他情况下，选手应站在上一回合的各自发球区不变，以此保证发球方的交替。

无论是在比赛开始还是在比赛中，皆为单发球权，也就是说每次一方只有一次发球权。发球方失误不仅丢失发球权还将丢失1分，如果这时得到发球权的一方得分为奇数，则必须由位于左发球区的选手发球，如果此时得到发球权的一方得分为偶数，则必须由位于右发球区的选手发球。

只有接球队员才能接球，若同伴接发球或被球触及则违例，判发球方得分，当发球被回击后，球可由二人中任意一人击回，不得连击，如此往返直至死球。双打比赛发球时，发球队员和接球队员必须站在规定的发球区和接球区内发球和接球，他们的同伴站位不受限制，但不得妨碍对方。发现运动员发球和接球顺序有误时，应纠正方位或顺序，已得比分有效。

（3）混合双打。混合双打站位与双打不同，混合双打中女选手主要站前场，负责封住网前小球，男选手负责中后场的大范围区域，形成男选手在后、女选手在前的基本进攻队形。

6. 犯规行为

羽毛球运动中的犯规行为如下。

（1）过手违例。发球时，在击球的瞬间，发球队员的拍杆应指向下方；否则，将判违例。

（2）过腰违例。发球时，在击球的瞬间，整个球应低于发球队员的腰部；否则，将判违例。

（3）挥拍有停顿。发球开始后，挥拍动作不连贯，将判违例。

（4）脚移动、触线或不在发球区内。自发球开始至发球结束，发球队员或接球队员的两脚都必须有一部分与球场地面接触，不得移动，且都必须站在斜对面的发球区内，脚不得触及发球区或接球区的界线；否则，将判违例。

（5）最初击球点不在球托上或发球时未能击中球，将判违例。最初击球点不在球托上是指发球时，球拍先触及羽毛或同时击中羽毛和球托。

（6）发球时，球没有落在规定的接球区内，将判违例。如发出的球没有落于对角的场区内或不过网，球挂在网上、停在网顶，球从网下或网孔穿过，触及天花板或触及运动员的身体或衣服，将判违例。

（7）球触及球场或其他物体或人，将判违例。击球点超过网的向上延伸面，即在对方场区上空击球，将判违例。

（8）运动员的球拍从网上、网下侵入对方场区导致妨碍对方或分散对方注意力或妨碍对方、阻挡对方靠近球网的合法击球，将判违例。

（9）双打时同一运动员连续两次挥拍击中球，或同方两名队员连续各击中球一次，将判违例。

（10）球停在球拍上，紧接着被拖带抛出，将判违例。

（11）运动员严重违反或屡次违反比赛规定或运动员行为不端，将判违例。如擅自离开比赛场地喝水、擦汗、换球拍、接受场外指导等，或故意改变球形、破坏羽毛球、举止无礼等。

三、羽毛球运动基本技术

羽毛球技术指的是在羽毛球运动中，运动员使用的固定技巧和方法。

1. 握拍

羽毛球运动中的握拍技术主要有正手握拍和反手握拍两种。

（1）正手握拍。

动作要领：运动员右手虎口对准拍柄窄面内侧斜棱，小指、无名指、中指自然并拢，食指和中指稍分开，大拇指的内侧和食指贴在拍柄的两个宽面上将球拍柄握住。握拍时掌心不要贴紧拍柄，要使掌心与拍柄保持一定的空隙，如图5-89所示。

（2）反手握拍。

动作要领：反手握拍是在正手握拍的基础上，运动员将大拇指伸直用其第一指节内侧顶贴在拍柄内侧的宽面上，食指收回，与大拇指同高（或略高），用大拇指和食指将球拍稍向外转，中指、无名指、小指紧握拍柄，拍柄端近靠小指根部。握拍手心与拍柄之间留有空隙，以便能充分利用手腕力量和大拇指的内侧压力击球，如图5-90所示。

图5-89 正手握拍法　　图5-90 反手握拍法

2. 发球

羽毛球运动的发球技术分为正手发球和反手发球两种，按球在空中飞行的弧线又可分为网前球、平快球、平高球和高远球4种，如图5-91所示。

（1）准备姿势。

动作要领：左脚在前，右脚在后，左手将球举在身体右前方，右手开始向前摆动，腕部仍保持后屈，待球落到适当高度时，向前摆臂击球，如图5-92所示。在球与球拍

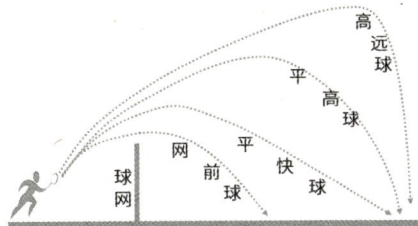

图5-91 发球技术

接触的一刹那，运动员要把球拍握紧，快速将球击出。击球时，运动员身体重心由右脚移至左脚。

（2）正手发网前球。正手发网前球是指把球发至对方发球区内前发球线附近。球的飞行速度较慢，飞行弧度较低，球"贴网"而过。

动作要领：发球时，挥拍幅度较小，击球瞬间无须紧握拍柄，而是利用手腕和手指的力量从右向左横切推送，将球轻轻发出。

（3）正手发平快球。正手发平快球又称发平球，是把球发得又平又快，使球快速落在对方场内端线附近。平快球突袭性强，往往能使对手措手不及而处于被动或出现失误。

动作要领：击球瞬间需紧握球拍柄，利用小臂挥动力量带动手腕、手指力量快速向前击球，球的飞行路线与地面形成的仰角小于30°。

（4）正手发平高球。平高球主要是把球发得又高又平又远，使球飞行到接近对方底线上空时，小角度向前下落。

动作要领：发平高球时，发球队员重心由后脚前移至前脚，带动转腰，同时右手持拍沿着从下而上的弧线自然地沿着身体向前上方挥摆。球拍触球前刹那，小臂带动手腕向前上方闪动发力，手紧握拍柄，利用手腕、手指爆发力及拍面的前半部击球。击球瞬间，小臂加速带动手腕向前上方挥动，拍面要向前上方倾斜，以向前用力为主。

（5）正手发高远球。

动作要领：正手发高远球的动作过程与发平高球大致相同，但在击球瞬间，拍面需正对出球方向，击球点在发球员的右前下方，如图5-93所示。高远球出球飞行弧度与地面仰角一般大于45°。

（6）反手发平快球。

动作要领：运动员左手放球的同时，右臂以肘为轴，前臂内旋，展腕由后向前弧形挥动。击球时屈指收腕发力，将球向前上方击出，如图5-94所示。

图5-92　发球准备姿势　　　　　图5-93　正手发高远球　　　　　图5-94　反手发平快球

（7）反手发网前球。

动作要领：准备击球时，运动员手腕内屈，击球瞬间利用小臂带动手腕、手指力量向前横切推送，将球击出。发球时，挥拍较慢，力量较轻，球的落点近网，球"贴"网而过后即往下坠落在对方发球区内前发球线附近。

3. 接发球

单打接球站位一般在离发球线1.5m处，站在右发球区靠近中线的位置；在左发球区则站在中间的位置。双打发球多以发网前球为主，所以双打的接球站位要在靠近前发球线的地方。

接发球

（1）接高远球。接高远球通常是进攻的机会，回击得好就能掌握主动权。

动作要领：接高远球时，运动员后退到合适的击球点，根据来球轨迹用平高球、吊球或杀球进行回击。图5-95所示为接高远球的动作。

（2）接网前球。

动作要领：接网前球时运动员可以用平高球、高远球、放网前球或平球进行回击。如果对方发球质量不高，或球离网顶较高过网，则可采用扑球进攻。若对方企图发球抢攻，而自己防守能力较差，则以放网前球或平球为

图5-95　接高远球

宜，落点要远离对方站位，控制住球，防止对方进攻，如图5-96所示。

4. 后场击球

球场中双打后发球线后的区域称为后场，后场距离球网远，运动员能够充分发力击球，回球不易出界。

（1）正手击高远球。

动作要领：用后场退步法迅速向来球方向移动，调整好身体与来球间的位置，使球恰好位于右肩稍前方上空。当球落到一定的高度时，右手肘上抬，手臂后倒引拍，以肩为轴做回环动作，同时身体左转，前臂充分向后下方摆动并外旋，手腕充分伸展。击球时，前臂迅速内旋带动手腕加速向前方挥动，屈手腕，收手指，屈指发力，将球击出，如图5-97所示。

（2）反手击高远球。

动作要领：右脚在前，身体背向球网，持拍臂向上抬举，身体稍向左转，含胸收腹，左腿微屈，同时握拍臂回环内旋引拍，手尽量放松，手腕稍向外展。当球下落至右肩前上方一定高度时，以上臂、前臂迅速外旋带动手腕加速，由左下方经胸前向右前上挥动。击球时手腕由伸展至屈收，快速屈指发力，用反拍面击球，如图5-98所示。

图5-96　接网前球

图5-97　正手击高远球　　图5-98　反手击高远球

> **知识补充**　高远球飞行弧度高、速度慢，主要是迫使对方离开中心部位去击球；或当自己位置错乱时，利用高远球来争取回位时间，所以比赛中在被动情况下常采用高远球进行过渡。

（3）击平高球。击平高球与击高远球一样，可分为正手、头顶和反手3种击球技术，是一种进攻性的击球技术。

动作要领：击平高球的技术动作与击高远球基本相同，不同的是，击平高球的引拍、击球动作较击高远球来说小而快，击球的瞬间运用前臂内旋带动手腕，向前快速发力击球。

（4）正手杀球。

动作要领：正手杀球的准备姿势、击球动作与正手击高球大致相同，不同的是正手杀球在击球瞬间需用全力，充分利用右腿蹬力、腰腹力、手臂腕力及重心转移，快速将球向前下方击出。球拍触球时拍面前倾向前下方用力，手握紧球拍，击球点在右肩稍前上方。

（5）头顶杀球。

动作要领：头顶杀球的准备姿势和动作要领与正手后场击高远球相同，不同点是击球点在偏左肩上方，击球瞬间全力击球。

（6）反手杀球。

动作要领：反手杀球的准备姿势和动作要领与反手击高远球相同，不同点是击球前挥拍力度要大，击球瞬间球拍与杀球方向的夹角需小于90°。

> **知识补充**　羽毛球员运动中的杀球是把对方击来的球在尽量高的击球点上斜压下去，因此也叫扣杀。杀球力量大，弧线直，落地快，对对方的威胁很大，是进攻的主要技术。从动作结构上，杀球可分为重杀、点杀、劈杀。

（7）正手吊球。

动作要领：正手吊球的准备姿势和前期动作与正手后场击高远球相同。只是击球时拍面稍向内斜，手腕做快速下压动作，击球托的后部和侧后部。

（8）头顶吊球。

动作要领：头顶吊球的准备姿势和前期动作大致同正手后场击高远球。头顶吊斜线球时，中指、无名指和小指屈指外拉拍柄，使球拍内旋，拍面前倾，以斜拍面击球托左侧部位。头顶吊直线球时，球拍击球托的正中部位。

（9）反手吊球。

动作要领：反手吊球的准备姿势和前期动作同反手击高远球，不同点在于击球时对拍面的掌握和力量的运用。吊直线球时，用球拍反面切削球托的后中部，向对方的前右半场发力；吊斜线球时，用球拍反面切削球托的左侧，朝对方前左半场发力。

> **知识补充**
>
> 按球的飞行弧线和击球动作的不同，吊球分为劈吊、轻吊和拦截吊，其准备姿势与击高球、杀球相似，但击球时用力不同，击球瞬间，前臂突然减速，快速闪动手腕击球托偏右侧（头顶吊球及反手吊球击球托偏左侧）。打对角吊球，当来球较高时，手腕向下切削的角度和力量稍大；当来球较平时，手腕向前推的动作稍大，向下切削的力量要小一些。吊直线球，拍面正对前方，向前下压。

5. 前场击球

球场中，球网到前发球线为前场，前场击球时，球飞行距离较短，落地快，易使对手措手不及而直接得分，但前场位置居前且距离球网近，容易击球触网或出界。前场击球技术主要有放球（放网前球）、搓球、推球、勾球、扑球、挑球等。

> **知识补充**
>
> 放球即放网前球，要求是球恰好过网，且一过网就朝下坠落。
> 搓球是指运动员用球拍搓击球的一侧下部与球托底部，使球一侧旋转与翻滚过网。
> 推球是指运动员将对方击来的网前球推击到对方的后场两底角，其弧线较低平，速度较快，是从前场攻击对方后场底线的一种有威力的进攻技术。
> 勾球是指运动员将来球击到与自己成对角线位置的对方网前区域内的击球技术动作。
> 扑球是指当来球在网顶上方时，运动员以最快速度上网扑压来球。
> 挑球是指面对吊球或网前球时，运动员将球挑高回击到对方后场。

（1）正手放球。

动作要领：运动员准确判断来球路线和落点，跨步上网，最后一步右脚在前左脚在后成弓箭步，上体前倾重心在右脚，侧身对网。右手正手握拍向前下方伸臂，小臂外旋展腕，左臂自然后伸，起平衡作用，拍面几乎朝上迎击来球。击球瞬间，手腕稍内屈轻轻闪动，食指和大拇指控制拍面角度和用力大小，球拍向前上方轻轻一托，把球轻击送过球网，如图5-99所示。

（2）反手放球。

动作要领：运动员快速向前左侧上网，右脚前跨成弓箭步，侧背对网，上体前倾重心在右脚。右手反手握拍向前下方伸臂，小臂内旋展腕，左臂自然后伸，起平衡作用，拍面几乎朝上迎击来球。击球瞬间，伸腕轻闪动，食指和大拇指控制拍面角度和用力大小，球拍向前上方轻轻一托，把球轻击送过球网，如图5-100所示。

（3）正手搓球。

动作要领：运动员用正手上网步法迅速向来球方向移动，当右脚向前跨出时，持拍手向来方向伸出，争取在高点击球，如图5-101所示。非持拍手于身后拉举与持拍手对称，以保持身体的平衡。正手搓球有两种击球方式：一种是手腕动作由展腕至收腕发力，由右向左以斜拍面切击球托的右后侧部位，此时球呈下旋翻滚过网；另一种是手腕动作由收腕至展腕发力，由左向右以斜拍面切击球托的左后侧部位，球则呈上旋翻滚过网。

（4）反手搓球。

动作要领：运动员用反手上网步法迅速向来球方向移动，其余动作与正手搓球相同，如图5-102所示。反手搓球有两种击球方式：一种是手腕动作由展腕至收腕发力，由左至右切击球托左后侧部位；另一种是手腕动作由收腕至展腕发力，由右向左切击球托的右后侧部位。

图5-99 正手放球　　　图5-100 反手放球　　　图5-101 正手搓球　　　图5-102 反手搓球

（5）正手推球。

动作要领：运动员站在网前，球拍向右前侧上举，在肘关节微屈回收时，前臂稍外旋，手腕稍向后，球拍随之往右下后摆，拍面正对来球。这时，小指和无名指稍松开，使拍柄稍离开鱼际肌（手掌部位，大拇指和小指一侧的肌肉），大拇指和食指向外捻动拍柄，拍面后仰。推球时，身体稍往前移，右前臂往前伸并带内旋，手腕和手指控制拍面角度，手腕由后伸至伸直并闪腕，食指向前压，小指和无名指突然握紧拍柄，将球拍急速由右经前上至左挥动推球，使球沿边线飞向对方后场底角。

（6）反手推球。

动作要领：运动员站在网前，采用反手握拍，前臂往前上方伸举。在前臂稍向左胸前收引、肘关节微屈、手腕外展时，变成反手推球的握拍法，球拍松握，反拍面迎球。持球臂前伸并外旋，手腕由外展到伸直闪腕，中指、无名指和小指突然握紧拍柄，大拇指顶压，往右前方挥拍，推击球托的左侧后部，使球沿对角线方向飞行。

（7）正手勾球。

动作要领：运动员以并步、跨步上到网前，球拍随持球臂往右前斜上举。持球臂前伸时稍外旋，手腕微后伸，握拍手将拍柄稍向外捻动，使大拇指贴在拍柄的宽面，食指的第二指关节贴在拍柄背面的宽面上，拍柄不触掌心。球拍向右侧前挥动，拍面朝着对方前场右侧。击球时，靠前臂稍内旋并往左拉收，手腕由稍后伸至内收并闪腕，挥拍拨击球托的右侧下部，使球向对方网前坠落，如图5-103所示。

图5-103 正手勾球

（8）反手勾球。

动作要领：运动员身体前移，球拍随手臂下沉，成反拍勾球握拍动作，拍面正对来球。当来球过网时，肘部突然下沉，同时前臂稍外旋，手腕由稍屈至后伸并闪腕，大拇指内侧和中指向右侧拉拍柄，其他手指突然握紧拍柄，拨击球托的左侧后部，使球沿对角线飞越过网。击球后，球拍经右侧前回收，如图5-104所示。

（9）正手扑球。

动作要领：来球距网较高时，运动员快速跨步上网，身体向右前倾，手臂充分伸展，同时迅速变换握拍手法，使拍面与球网平行、正对来球。击球时，中指、无名指、小指突然紧握拍柄并闪腕，将球向前下方击出。击球后，随前动作甚微，右脚落地制动，如图5-105所示。

（10）反手扑球。

动作要领：反手握拍于左侧，身体向左侧前方跃起，持拍手小臂前伸上举，手腕外展，拍面正对来球。击球时，手臂伸直，手腕由外展到内收并闪腕，手握紧拍柄，大拇指顶压，加速挥拍扑击球。击球后即刻屈肘，球拍回收，以免球拍触网违例，如图5-106所示。

图5-104　反手勾球　　　　图5-105　正手扑球　　　　图5-106　反手扑球

（11）正手挑球。

动作要领：运动员右脚向网前跨出一大步，左脚在后，侧身向网，重心在右脚上。同时右臂向后摆，自然伸腕，使球拍后引。以肘关节为轴，屈臂内旋，并捏紧球拍。用食指及手腕的力量从右下经右前方至左上方挥拍击球，将球向前上方击出，如图5-107所示。

（12）反手挑球。

动作要领：运动员右脚跨步向前并形成弓箭步，重心在右脚，侧身背对球网。反手握拍，手臂向左前方伸出，小臂内旋，屈肘屈腕，左臂自然后伸起平衡作用。击球时，以肘关节为轴，小臂带动手腕、手指快速由左下方向前上方成半圆形挥拍击球，如图5-108所示。

图5-107　正手挑球　　　　图5-108　反手挑球

6. 中场击球

中场指球场上前发球线到双打后发球线间的区域，介于前场和后场之间，既没有前场击球的突然性，也不具备后场击球的发力条件，其技术主要以抽球和挡球为主。

（1）正手抽球。

动作要领：运动员两脚平行开立稍宽于肩，重心投影落于两脚间，微屈膝收腹，正手握拍举于右肩前。击球前肘关节前摆，前臂稍往后外旋，手腕稍外展至后伸，引拍至体后。击球时前臂内旋，手腕伸直闪动，手指握紧拍柄，球拍由右后方往右前方高速平扫盖击来球。击球后手臂左摆，左脚往左前方迈一步，右脚跟一步回到原来位置，如图5-109所示。

（2）反手抽球。

动作要领：运动员右脚前交叉在左侧前方，重心落于左脚，右手反手握拍在左侧前方。击球前，肘部稍上抬，前臂内旋，手腕外展，引拍至左侧。击球时，在髋的右转带动下，前臂外旋，手腕由外展到伸直闪动，挥拍击球托的底部。击球后，球拍随身体的回动收回到右侧前方，如图5-110所示。

图5-109　正手抽球

图5-110　反手抽球

（3）正手挡球。

动作要领：运动员向右侧移动，身体右倾，手臂右伸，前臂外旋，手腕外展。击球时前臂内旋，带动球拍由右下方向前上方推送击球，将球直线推向网前，如图5-111所示。

（4）反手挡球。

动作要领：运动员向左侧移动，身体稍左转并前倾，右肩对网。击球时根据来球速度，大拇指发力，以前臂带动球拍，由左下方向左前方挥动，轻击球托，将球直线挡回网前，如图5-112所示。

图5-111　正手挡球

图5-112　反手挡球

抽球能够使球产生很强的旋转，回球路线呈弧形，有利于干扰对方判断。
挡球多用于应对杀球，可以将球回击到对方的网前，以创造得分机会。

7. 基本步法

步法是羽毛球运动中一项很重要的基本技术，在比赛中如没有快速、准确的到位步法，运动员的其他技术就会失去其尖锐性与威胁性。羽毛球运动的基本步法可以分为上网步法、中场移动步法和后退步法，每种步法又有不同的技术动作。

从中心位置移动到网前击球的步法，称为上网步法。不论正手或反手，根据来球远近，上网步法可采用三步、两步或一步上网击球。

（1）交叉步上网（正、反手）。

动作要领：交叉步上网步法又称三步上网步法，运动员右脚先向前迈出一小步，左脚立即跟上，左脚落地后，脚内侧用力蹬离地面，右脚向网前跨一大步成弓步，重心在前脚。击球后，前脚朝后蹬地，利用小步、交叉步或并步退回，如图5-113所示。

交叉步上网（正手）　　　交叉步上网（反手）

图5-113　交叉步上网

（2）并步上网（正、反手）。

动作要领：运动员右脚向前（或向后）移动一步后，左脚向右脚跟并一步，紧接着右脚再向前（或向后）移动一步，如图5-114所示。

向两侧移动的步法多用于接对方的杀球和半场低平球，其站位和准备姿势与上网步法基本相同。

并步上网（正手）　　　　　　　　　　　并步上网（反手）

图5-114　并步上网

（3）向右侧移动步法。

动作要领：运动员两脚左右开立，脚跟稍提起，根据来球调整重心，上体稍倒向左侧，左脚掌内侧用力起蹬，右脚同时向右侧转跨大步，如图5-115所示。如距离来球较远，左脚向右垫一小步再起蹬，右脚同时向右侧转跨大步。

（4）向左侧移动步法。

动作要领：运动员根据来球调整重心，上体稍倒向左侧，右脚掌内侧用力起蹬，左脚同时向左侧转跨大步，如图5-116所示。如距离来球较远时，左脚先向左侧移半步，上体向左转身的同时右脚向左前交叉跨大步，做反手击球。

图5-115　向右侧移动步法（正手）　　　　　图5-116　向左侧移动步法（反手）

从中心移动到后场各个击球点位置上击球的步法，称为后退步法。

（5）正手后退步法。

动作要领：运动员在对方击球刹那，判断来球轨迹，迅速调整重心至右脚。接着右脚蹬地快速向右后撤一小步，上体右转侧身对网，以交叉步或并步移动到接近击球点的位置，如图5-117所示。在移动的同时，必须完成举拍准备动作，最后一步利用右脚（或双脚）蹬地起跳并在空中转体，击球后左脚后撤落地缓冲，右脚前跨以利于迅速回动。

（6）反手后退步法。

动作要领：运动员调整重心后，右脚后撤一步，接着上体左转，左脚随即向左后退一步，右脚再跨出一步，背对网，做底线反手击球，如图5-118所示。反手击球后的退步法应根据来球距离远近调整。如距离来球较近，可采用两步后退步法，上体向左后转，左脚同时后撤一步，右脚再向左后跨一步，做底线反手击球。如距离来球

图5-117　正手后退步法　　图5-118　反手后退步法

较远，则采用三步或五步后退步法：右脚先垫一步，而后左脚向后方跨一步，再按右、左、右的步法向后退。无论退几步，反手击球后退步法的最后一步应右脚在后，重心在右脚上。

四、羽毛球运动基本战术

战术是羽毛球运动参与者提高竞技水平、调控技能、节约体能的重要内容，合理运用战术也是羽毛球比赛中决胜的关键。

1. 单打

单打中，运动员可以采用发球抢攻、攻前击后、打四方球、打对角线和压底线等战术。

（1）发球抢攻战术。发球抢攻战术是指运动员利用发球使对方被动，为自己创造进攻机会的一种战术，一般用发网前球结合平快球、平高球过渡，以争取在第三拍时获得主动进攻的机会。运动员使用这一战术，可以打乱对方的战略部署，使对方措手不及。此战术要求运动员具有高质量的发球，否则难以成功。

（2）攻前击后战术。攻前击后战术是指运动员先以吊球、放网前球、搓球吸引对方到网前，然后用推球、平高球或杀球突击对方的后场底线的一种战术，一般用于对付上网步法较慢或网前球技术较差的对手。此战术要求运动员具有较好的网前击球技术。

（3）打四方球战术。打四方球战术是指运动员以快速、准确的落点攻击对方场区的4个角落，逼迫对方前后奔跑、被动应付，并在对方回球质量下降或露出破绽时乘虚而攻之的一种战术。打四方球战术多用于对付体力差、反应和步法移动慢的对手。

（4）打对角线战术。打对角线战术是指运动员无论是进攻还是防守均以打对角线为主，从而迫使对方在移动中多做转体，多走曲线的一种战术。打对角线战术用于对付身体灵活性差、转体较慢的对手。

（5）压底线战术。压底线战术是指运动员反复用快速的高球、平高球、推球将球击至对方底线附近，特别是对手反手的后场区域，这样就容易造成对手失误，或者引导对手将注意力集中在后场，再以快吊或突然的点杀进攻对手前场空当区域的一种战术。压底线战术多用于对付羽毛球初学者。

2. 双打

双打中，运动员需与自己的队友紧密配合，采取攻人、攻中路、软硬兼施、后压前封等战术。

（1）攻人战术。攻人战术是双打比赛常用的一种战术，即"二打一"或避强击弱战术。由于对方两个队员的技术水平一般是不均衡的，因此集中力量攻击对方较弱的队员，可达到使对方的特长得不到发挥，充分暴露对方的弱点的目的。两个人对付对方的强者，消耗强者体力，减弱强者进攻威力，伺机突击空当，也是"二打一"。

（2）攻中路战术。攻中路战术是指当对方队员分边站位时，要尽可能将球攻到对方两人之间的空隙区，使对方争相回击或相互让球而出现失误的一种战术。该战术适用于一些配合较差的对手。当对方成前后站位时，可将球还击到两人之间靠边线的位置上。

（3）软硬兼施战术。软硬兼施战术是指运动员先用吊网前球或推半场球迫使对方被动防守，而后大力扣杀进攻的一种战术。若硬攻不下，则重吊网前球，待对方挑球欠佳时，再度强攻。此时，攻击对象最好选择对方刚后退而立足未稳者。

（4）后压前封战术。后压前封战术是指当己方取得主动并欲采取攻势时，站在后场的运动员见高球则强攻杀或吊网前球，迫使对方被动还击；站在前场的运动员则应立即积极移位，准备封网扑杀的一种战术。这种战术要求己方打法比较积极，前半场技术要好，步伐移动要快，配合要默契。

3. 混合双打

混合双打是由一名男选手和一名女选手搭配组成的双打，基本技术、基本战术同双打相似。但在具体运用战术的方式上与双打有所不同，突出表现在两点。

（1）站位与双打不同，混合双打中女选手主要站前场，负责封住网前小球，男选手负责中后场的大范围区域，形成男选手在后、女选手在前的基本进攻队形，如图5-119所示。

（2）混合双打中女选手往往是被攻击的目标，女选手可采用回击对角线球来限制和摆脱对方的强力进攻。

图5-119　混合双打站位

由于政治因素，我国加入国际羽联较晚，因此长期无法参加世界性锦标赛，但在国际相互的交往中，中国羽毛球队（国羽）多次与当时的世界强队进行过较量并取得优异的成绩，在20世纪60年代就赢得了"无冕之王"的美誉。

1981年，国际羽联重新恢复我国在国际羽联的合法席位，国羽迅速取得了一系列世界冠军。1981年第一届世界运动会上，国羽包揽男女单、双打的4项冠军；次年，国羽第一次参加"汤姆斯杯"赛即夺冠；两年后，国羽女队又夺得了第十届"尤伯杯"冠军。

20世纪90年代初，中国羽毛球人才出现了断层，我国的羽毛球运动陷入低谷。1992年第二十五届巴塞罗那奥运会上，我国羽毛球项目未能得到一枚金牌。困难当前，重建的国羽开始了新一轮的奋斗。1995年，国羽在不被看好的情况下在"苏迪曼杯"夺冠，1996年的亚特兰大奥运会上，国羽赢得女子双打金牌。之后的每一届奥运会，国羽都能收获3枚以上的金牌，2012年的伦敦奥运会更是包揽了全部5枚金牌。

第五节　乒乓球

乒乓球运动在全世界十分流行，在我国的普及程度极高，而且我国在国际乒乓球赛场上取得了极好的成绩。乒乓球因其节奏快、技巧性强、变化多的特点深受人们喜爱，有着"国球"的美誉。

一、乒乓球运动概述

乒乓球运动起源于英国，是由网球派生和发展起来的，欧洲人将其称为"table tennis"，意为"桌上的网球"。19世纪末的欧洲盛行网球运动，由于场地和天气的限制，人们便把网球移到室内，以餐桌为球台，以书为球网，以羊皮纸为球拍，在餐桌上打球，形成了乒乓球的雏形。大约在1890年，英格兰人詹姆斯·吉布从美国带回了一种空心玩具球，并逐步用于"桌上网球"运动。这项运动后来由于该玩具球触拍、触桌时发出"Ping Pong"的声音而得名，我国将这项运动称为"乒乓球"。

20世纪50年代，我国在全国范围内开展了群众性的乒乓球运动。1952年10月，第一次全国乒乓球锦标赛在北京举行。1959年，我国优秀运动员容国团在第二十五届世界乒乓球锦标赛中获得第一个男子单打世界冠军，这标志着我国乒乓球运动在世界乒坛的崛起。1981年，中国队在第三十六届世乒赛上用一支队伍囊括了7项锦标并包揽了5个单项的冠亚军。

1988年汉城奥运会上，乒乓球成为正式比赛项目，中国队夺得女子单打和男子双打冠军。1999年，第一届中国乒乓球超级联赛开赛，这标志着我国乒乓球职业化的开始。

截至2021年4月，中国乒乓球队在世界3大赛事中共获得244枚金牌，其中奥运会金牌28枚，世乒赛金牌145枚，世界杯金牌71枚。

二、乒乓球运动比赛的规则要点

乒乓球运动比赛的规则要点如下。

1. 场地与设施

乒乓球比赛需要在特定场地举行，还需使用球台、球网、比赛用球、球拍等器材。

（1）乒乓球场。乒乓球的比赛场地为长方形，其长不得小于14m，宽不得小于7m，天花板高度不得低于4m。在正式的比赛中，场地周围不能有明亮的光源，且场地的地面不能呈白色，以免影响运动员的视线。理想的乒乓球比赛场地应用弹性的木材拼接而成或采用塑胶地板。

（2）球台与球网。乒乓球球台长274cm，宽152.5cm，离地面76cm，沿每个274cm的比赛台面边缘各有一条2cm宽的白色边线，沿每个152.5cm的比赛台面边缘各有一条2cm宽的白色端线，台面中央有一条3mm宽的白色中线，将两个台区各分为左右两个部分。

球网装置由球网、悬挂网绳、网柱及夹钳4部分组成。球网的高度是15.25cm。整个球网的底部应尽量贴近台面，球网两端应尽量贴近网柱。球台与球网如图5-120所示。

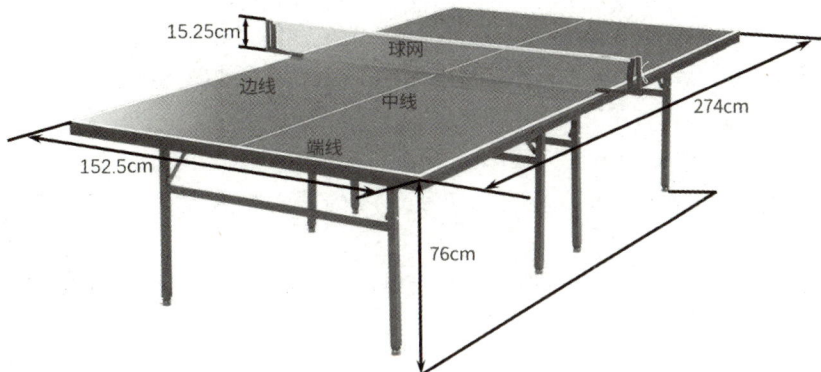

图5-120 乒乓球台和球网

（3）比赛用球。乒乓球的直径为40mm，重2.7g，颜色为白色或橙色，无光泽。

（4）球拍。正式比赛关于乒乓球拍的规定如下。

① 球拍的大小、形状和重量不限，但底板应平整、坚硬。

② 底板厚度至少应有85%的天然木料，加强底板的黏合层可用诸如碳纤维、玻璃纤维或压缩纸等纤维材料，每层黏合层不超过底板总厚度的7.5%或0.35mm。

③ 用来击球的拍面应用一层颗粒向外的普通颗粒胶覆盖，连同黏合剂，厚度不超过2mm；或用颗粒向内或向外的海绵胶覆盖，连同黏合剂，厚度不超过4mm。

④ 普通颗粒胶是一层无泡沫的天然橡胶或合成橡胶，其颗粒必须以每平方厘米不少于10颗、不多于50颗的平均密度分布整个表面。

⑤ 海绵胶，即在一层泡沫橡胶上覆盖一层普通颗粒胶，普遍颗粒胶的厚度不超过2mm。

⑥ 覆盖物应覆盖整个拍面，但不得超过其边缘。靠近拍柄部分以及手指执握部分可不予以覆盖，也可用任何材料覆盖。

⑦ 底板、底板中的任何夹层、覆盖物及黏合层均应为厚度均匀的一个整体。

⑧ 球拍两面不论是否有覆盖物，必须无光泽，且一面为鲜红色，另一面为黑色。拍身边缘上的包边应无光泽，不得呈白色。

2. 赛制计胜方式和时间、间歇、裁判员

（1）计胜方式和时间。在一局比赛中，先得11分的一方为胜方；10平后，先多得2分的一方为胜方。一场单打或双打（男、女双打和混合双打）比赛的淘汰赛采用七局四胜制，团体赛中的一场单打或双打采用五局三胜制。

（2）间歇。在局与局之间，有不超过1min的休息时间；在一场比赛中，双方各有一次不超过1min的暂停时间；每局比赛中，每得6分后，以及决胜局交换方位时，运动员有短暂的擦汗时间。

（3）裁判员。乒乓球比赛一般配备两个裁判员，一个主裁判员一个副裁判员。原则上主裁判员全权负责本场比赛所有事务，副裁判员配合并决定处于比赛状态中的球是否触及距离他最近的比赛台面的上边缘。此外，副裁判员还负责翻分和纪录。在正式的乒乓球比赛中，设置有场外裁判席，其负责处理运动员的申诉。

3. 发球

运动员在发球时，需遵守以下规则。

（1）发球开始时，球自然地置于不持拍手的手掌上，手掌张开，保持静止。

（2）发球时，发球员须用手将球几乎垂直地向上抛起，不得使球旋转，并使球在离开不执拍手的手掌之后上升不少于16cm，球下降到被击出前不能碰到任何物体。

（3）当球从抛起的最高点下降时，发球员方可击球，使球首先触及本方台区，然后越过或绕过球网装置，再触及接发球员的台区。双打中，球应先后触及发球员和接发球员的右半区。

（4）从发球开始，到球被击出，球要始终在台面以上和发球员的端线以外，而且不能被发球员或其双打同伴的身体或衣服的任何部分挡住。

（5）在运动员发球时，球与球拍接触的一瞬间，球与网柱连线所形成的虚拟三角形之内，以及一定高度的上方，不能有任何遮挡物，并且其中一名裁判员要能看清运动员的击球点。

4. 击球

对方发球或还击后，本方运动员必须击球，使球直接越过或绕过球网装置，或触及球网装置后，再触及对方台区。

5. 失分

出现下列情况之一，运动员失1分。

（1）未能合法发球。

（2）未能合法还击。

（3）击球后，该球没有触及对方台区而越过对方端线。

（4）阻挡。

（5）连击。

（6）用不符合规则条款的拍面击球。

（7）运动员或运动员穿戴的任何物件使球台移动。

（8）运动员或运动员穿戴的任何物件触及球网装置。

（9）不执拍手触及比赛台面。

（10）双打运动员击球次序错误。

（11）执行轮换发球法时，发球一方被接发球一方或其双打同伴，在包括接发球一击内完成了13次合法还击。

6. 次序和方位

乒乓球运动中的发球次序和方位变化规则如下。

（1）在得2分后，接发球方变为发球方，以此类推，直到该局比赛结束，或直至双方比分为10平，或采用轮换发球法时，发球和接发球次序不变，但每人只轮发1分球。

（2）在双打中，每次换发球时，前面的接发球员应成为发球员，前面的发球员的同伴应成为接发球员。

（3）在一局比赛中首先发球的一方，在该场比赛的下一局中应首先接发球，在双打比赛的决胜局中，当一方先得5分后，接发球一方必须交换接发球次序。

（4）一局中，在某一方位比赛的一方，在该场比赛的下一局应换到另一方位。在决胜局中，一方先得5分时，双方应交换方位。

三、乒乓球运动基本技术

乒乓球运动技巧性极强，拥有成熟的技术体系，其基本技术包括握拍、基本站位、基本姿势、基本步法、发球、接发球、攻球、搓球、推拨球、弧圈球等。

1. 握拍

握拍姿势对技术动作影响很大，乒乓球的握拍方式分为直拍和横拍两种。

（1）直拍。直拍握法正、反手都用球拍的同一拍面击球，一般情况下不需要两面转换，出手较快；正手攻球快速有力，攻斜线、直线球时，拍形变化不大，对手不易判断，便于从速度、球路和力量上取得主动权；手腕动作灵活，发球可做较多变化。但反手攻球时，受身体阻碍，其技术较难掌握，且不易起重板；攻削交替时，手法变化大，影响击球速度和准确性；防守时照顾面积较小。

动作要领：运动员用大拇指和食指握住球拍拍柄与拍面结合部位，拍柄右侧贴在食指的第三关节；食指的第二关节压住球拍右肩，第一关节自然弯曲；大拇指的第一关节压住球拍左肩，其他三指自然弯曲斜形重叠，并以中指第一关节贴于球拍上端，如图5-121所示。

（2）横拍。横拍握法照顾面较大，攻球和削球时握拍的手法变化不大；反手攻球不受身体阻碍，便于发力；削球时，用力方便，易发挥手臂力量和掌握旋转变化。但在还击左右两面来球时，需变换击球拍面；攻斜线、直线球时，调节拍形的幅度大、动作明显，易被对方识破；台内正手攻球较难掌握。

动作要领：运动员以中指、无名指、小指自然地握住拍柄，大拇指在球拍正面轻贴在中指旁边，食指自然伸直斜于球拍的背面，虎口轻微贴拍，如图5-122所示。

图5-121　直拍握法　　　　　　　　图5-122　横拍握法

2. 基本站位

乒乓球运动员应根据不同类型的打法、个人技术特点和身体特点确定站位方式，基本站位的一般形式如下（以右手持拍为例）。

基本站位

（1）左推右攻打法的站位在近台偏左，距球台30~40cm。

（2）两面攻打法的站位在近台中间偏左，距球台40~50cm。

（3）弧圈球打法的站位在中台偏左，距球台约50cm；两面拉弧圈球的站位在中台略偏左。

（4）横板攻削结合打法的站位在中台附近；削球打法的站位则在中远台附近。

3. 基本姿势

动作要领：击球前，运动员身体的基本姿势应是两脚平行站立，距离略比肩宽，保持身体平稳，重心置于两脚之间；两脚稍微提踵，前脚掌内侧着地，两膝微屈内扣，上体含胸略前倾；右手握拍腹前，手臂自然弯曲，持拍手腕放松，左手协调平衡；下颌稍向下收，两眼注视来球，如图5-123所示。

乒乓球基本姿势的关键是要做到重心低，起动快。两脚略比肩宽和屈膝内扣是为了保持身体重心的稳定；脚掌内侧着地和稍微提踵是为了保证能快速起动。横握球拍时肘部向下，前臂自然平举即可，其余与直握拍相同。

图5-123　基本姿势

4. 基本步法

在乒乓球运动中，运动员需要保持灵活的步法，对来球做出敏捷的反应。乒乓球运动中的基本步法包括单步、跨步、跳步、并步、交叉步。

（1）单步。单步的特点是移动简单，范围小，身体重心平稳，适用于球离身体较近时的情况。

动作要领：运动员以一只脚为轴，另一只脚向前、后、左、右不同方向移动，身体重心随之落到移动脚上，挥拍击球。

（2）跨步。跨步的特点是移动范围比单步大，适用于球离身体较远时的情况。移动速度快，多用于借力回击。

动作要领：运动员用来球方向的异侧脚蹬地，同侧脚向来球方向跨出一大步，身体重心随即移到同侧脚，异侧脚迅速跟上。

（3）跳步。跳步的特点是移动范围比单步和跨步大，移动速度快，适用于来球离身体较远较急时的情况。

动作要领：运动员以来球方向的异侧脚蹬地为主，两只脚发力同时离地，异侧脚先落地，同侧脚随即着地并立即挥拍击球。跳移过程中，身体重心起伏不宜过大，落地要稳。

（4）并步。并步的特点是移动时脚步不腾空，身体重心平稳，移动范围不如跳步大。

动作要领：运动员用来球方向的异侧脚向同侧脚并一步，然后同侧脚再向来球方向迈一步，挥拍击球。

（5）交叉步。交叉步的移动范围大，适用于来球距身体较远时主动发力进攻的情况。

动作要领：运动员来球方向的同侧脚发力，异侧脚迅速从体前做平行交叉横跨一大步，同侧脚迅速跟上落地还原，挥拍击球。

5. 发球

乒乓球对抗由发球开始，运动员需使用发球技术，将球击到对方台面，并尽量使对手难以接回。

（1）平击发球。平击发球速度慢，力量轻，几乎不带旋转，是初学者比较容易掌握的发球技术，也是掌握其他发球技术的基础。平击发球分为正手平击发球和反手平击发球两种。

发球

动作要领：正手平击发球时，运动员站在近台处（身体距离端线50cm以内），抛球的同时，向右侧后方引拍。当球下降至稍高于网时，上臂带动前臂向前平行挥动，拍形稍前倾（或接近垂直），击球的中上部。击球后，手臂继续向左前上方顺势挥动，并迅速还原，如图5-124所示。反手平击发球时，运动员站位近台，抛球的同时，向左侧后方引拍。当球下降至稍高于网时，上臂带动前臂向前平行挥动，拍形稍前倾（或接近垂直），击球的中上部。击球后，手臂继续向右前上方顺势挥动，并迅速还原，如图5-125所示。

图5-124　正手平击发球

图5-125　反手平击发球

（2）正手发转和不转的球。正手发转和不转的球是用相似的动作迷惑对方，发出旋转差异较大的球，这往往能够取得主动权。

动作要领：正手发转和不转的球的准备姿势与正手平击发球相似，运动员左手将球抛起，拍面后仰，同时握拍手略向外展，向身体右后方引拍，右臂从身体右后上方向左前下方挥动，触球瞬间手腕放松，摩擦球的中下部，如图5-126所示。发转球时，用球拍下半部靠左的一侧去摩擦球的底部。发不转球时，拍面的后仰角度小一些，用球拍上半部偏右的一侧碰击球的中下部，将球向前推出。

（3）反手发转和不转的球。

动作要领：反手发转和不转的球的准备姿势与反手平击发球相似，运动员左手将球抛起，拍面后仰，同时握拍手略向外展，向身体右后方引拍，右臂从身体左后上方向右前下方挥动，触球瞬间手腕放松，摩擦球的中下部，如图5-127所示。反手发转球和不转球，其击球的位置与正手发转球和不转球一致。

图5-126　正手发转和不转的球　　　　　图5-127　反手发转和不转的球

（4）发短球。发短球是指把球发至对方距球网约40cm范围内的球，且球反弹的第二跳不出台。短球具有动作小、出手快、落点短等特点。正反手均可发短球。

动作要领：在抛球时，运动员向身体右后方引拍，手腕放松。当球从高点下降至稍高于网时，前臂向前下方稍用力，拍面后仰，击球瞬间以手腕发力为主，触球中上部并向底部摩擦。

（5）正手发侧上、侧下旋球。正手发侧上、侧下旋球是指用近似的发球方法发出两种旋转方向完全不同的球，其极易迷惑对手，并具有较大的威胁性，是极常用的发球技术。这种发球方法所发出的球均具有较强烈的左侧旋。

动作要领：发球时，运动员通常右脚在后。抛球时，持拍手向右上方引拍，手腕略向外展。当球下落时，手臂迅速向左前下方挥动，在球与网同高时触球，触球瞬间拍面略微立起，手腕快速内收向左上方挥动，使球拍从球的中部略偏下处向左上方摩擦，如图5-128所示。发侧下旋球时，手腕快速向左下方转动，使球拍从球的中下部向左下方摩擦。

（6）反手发侧上、侧下旋球。反手发侧上、侧下旋球与正手发侧上、侧下旋球的作用相似，所发出的球均具有较强烈的右侧旋。

动作要领：发球时，运动员通常左脚在后，抛球时，持拍手向左后上方引拍，手腕略向外展。当球下落时，手臂迅速向右前下方挥动，在球与网同高时触球，触球瞬间拍面略微立起，手腕快速内收并向右前下方挥动，使球拍从球的中部略偏下处向右上方摩擦，如图5-129所示。发侧下旋球时，手腕快速向右前下方转动，使球拍从球的中下部向右侧下部摩擦。

图5-128　正手发侧上、侧下旋球　　　　　图5-129　反手发侧上、侧下旋球

6. 接发球

将对方发球击回对方球台即为接发球，在乒乓球竞技中，运动员首先需要判断对方的发球类型，然后"对症下药"，采取针对性的接发球技术。

（1）接正手短上旋球。上旋球会快速向自身方向旋转，上升力强，触碰桌面和球拍时弹起幅度高，很容易回球出界。

动作要领：正手短上旋球一般用正手台内攻球回接，运动员接球时，拍面应前倾，右脚在前，左脚在后，用较小动作往右侧后方引拍。球拍在高点时击球，击球的中上部，触球后往左前上方用力挥拍，如图5-130所示。

图5-130　接正手短上旋球

（2）接正手长上旋球。

动作要领：正手长上旋球一般用正手拉球回接，运动员接球时，拍面应前倾，左脚在前，右脚在后，用较大动作往右侧后方引拍。球拍在上升期间击球的中上部，触球后往左前上方用力挥拍，如图5-131所示。

（3）接反手短下旋球。下旋球的旋转方向与上旋球相反，下坠力强，很容易回球触网。

动作要领：反手短下旋球一般用搓球回接，运动员接球时，拍面应后仰，左脚在前，右脚在后，用较小动作往腹部位置引拍。球拍在上升或下降期间触球的中下部，触球后往前下方挥拍，如图5-132所示。

（4）接反手长下旋球。

动作要领：反手长下旋球一般用拉球回接，运动员接球时，左脚在前，右脚在后，用较大动作往左侧后下方引拍。球拍在高点或下降期间击球的中上部，触球后往右前下方用力挥拍，如图5-133所示。

图5-131　接正手长上旋球　　　图5-132　接反手短下旋球　　　图5-133　接反手长下旋球

（5）接旋转不明发球。

动作要领：当发球旋转判断不明时，运动员站位应稍远，运用慢搓，在球下降中期时接，这样有利于增加判断时间，降低来球旋转强度，赢得接球的技术选择时间。

（6）接短球。

动作要领：由于对方发来的球是台内近网短球，运动员回接时，要注意及时上前，以获得适合的击球位置。同时要控制好身体的前冲力量，接发球后要迅速还原，准备回接下一拍来球。无论采用搓、削、挑、带哪一种方法回接短球，运动员都应特别注意，来球是在台内，台面会影响引拍，因此要充分依靠前臂和手腕发力，同时要根据来球的旋转性调节拍面角度、击球部位、击球时间和用力方向。

7. 攻球

攻球通常具有速度快、力量大、角度刁钻等特点，是乒乓球比赛中争取主动和得分的重要手段。其中正手攻球具有站位近、动作小、速度快、攻击性强的特点；反手攻球则具有站位近、动作小、速度快、变化多等特点。

（1）正手快攻球。

动作要领：运动员站球台中间，左脚稍前，呈基本姿势站立。引拍至身体右侧下方，球拍呈半横状，且不得低于球台。击球时，在上臂带动下，前臂和手腕由右侧方向左前上方挥动，大拇指压拍，食指放松，拍面稍前倾，在来球弹起的上升期，击球中上部。击球后，手臂随势向前挥摆，迅速还原成击球前的准备姿势，如图5-134所示。

图5-134　正手快攻球

（2）正手台内攻球。

动作要领：运动员站位近台，右方大角度来球时，右脚上步；中间或偏左方向来球时，左脚上步。上步时上臂和肘部前移，前臂伸进台内迎球。当来球跳至高点，下旋强时，拍面稍后仰，前臂和手腕向前上方发力，击球的中下部；下旋弱时，拍面接近垂直，前臂和手腕以向前发力为主击球的中部；来球上旋时，拍面稍前倾，前臂和手腕向前发力，击球的中上部。

（3）正手中远台攻球。

动作要领：运动员左脚稍前，身体离球台较远。以较大幅度向右后方引拍，拍面接近垂直。击球时，右脚蹬地、向左转体，同时上臂带动前臂由右后方加速向左前上方发力挥动，手腕边挥边转，使拍形逐渐前倾，在来球弹起至下降前期，击球中部或中上部。

（4）正手扣杀攻球。扣杀能够最大限度地发挥全身力量，正手扣杀攻球具有非常强的攻击性，是还击半高球的有效手段。

动作要领：运动员攻球时，前臂内旋使拍面稍前倾，身体向右转动，同时引拍于身体右后方。右脚蹬地，身体左转，同时持拍手上臂带动前臂加速向左前上方发力挥动，拍面稍前倾，在来球弹起至高点时，击球的中上部。正手扣杀攻球的击球点通常在胸前50cm处为宜。

（5）反手快攻球。

动作要领：运动员左脚稍后，身体离球台较近。持拍手臂自然弯曲并外旋使拍面前倾，上臂与肘关节自然靠近身体，引拍至腹前偏左的位置。击球时，前臂和手腕在上臂带动下向右前上方挥动，同时配合外旋转腕动作，使拍面稍前倾，在来球弹起上升时，击球中上部，如图5-135所示。

图5-135 反手快攻球

（6）反手中远台攻球。

动作要领：运动员右脚稍前，身体离球台较远。身体左转的同时，持拍手的上臂和肘关节靠近身体，前臂向左下方移动，引拍至身体左侧下方，拍面稍前倾。击球时身体右转，同时手臂由左后方向前挥动，前臂在上臂带动下，向前上方用力，并配合向外转腕，使拍面稍倾，在来球弹起下降期，击球中下部。

（7）正手拉球。正手拉球可以发挥出较大的力量和较快的旋转优势，是一种具有较大威力的攻球技术。

动作要领：运动员左脚在前，右脚在后，并降低重心，然后身体向右转动，增大向右下方引拍的幅度，球拍低于球台，右肩下沉，重心落在右脚。击球时蹬右脚，随之转髋转腰，快速收小臂，当球落到身体的右前方时，往左前上方挥拍击球，击球点离身体稍远，在来球下降时击球的中部或稍偏下部。击球后，手臂顺势挥动，重心快速移到左脚，如图5-136所示。

（8）反手拉球。反手拉球技术相比正手拉球技术，具有出手速度快、动作小、落点变化多等特点。

动作要领：运动员左右脚平行（或右脚稍靠前），降低重心的同时右肩略沉，身体向左转动，增大向左下方引拍的幅度，球拍低于球台，右肩下沉，将球引至腹前偏左处，尽量低于球台，肘关节略向前顶出。在球位于高点时，前臂以肘关节为轴向前上方挥拍，击球的中上部，如图5-137所示。

图5-136 正手拉球

图5-137 反手拉球

8. 搓球

搓球也称铲球、小削板，具有动作小、弧线低、落点灵活、旋转变化多的特点，是一种近台还击下旋球的技术。

（1）快搓。快搓动作幅度较小，回球速度较快，能借助来球的前进力回击，是对付削球和搓球的一种方法。

动作要领：运动员右脚稍前，身体靠近球台。来球在身体左侧时，可运用反手搓球。击球时，上臂迅速前伸，前臂跟随向前，拍面稍后仰，利用上臂前送力量，在球的上升期击球中下部。来球在身体右侧时，可以运用正手搓球。搓球时，身体稍向右转，手臂向右前上方引拍，然后前臂和手腕向前下方用力，在球的上升期击球中下部。

（2）慢搓。慢搓的动作幅度较大，回球速度较慢，靠主动发力回击，回球有一定旋转强度。

反手搓球动作要领：运动员向左上方引拍，前臂以肘关节为轴，快速向前下方用力挥摆，伸手腕辅助用力，手指配合使拍面后仰，在球的下降前期切击球中下部，如图5-138所示。

正手搓球动作要领：运动员手臂外旋使拍面后仰，前臂提起，向右上方引拍至与肩同高。手臂快速向左前下方挥摆，屈手腕辅助用力，在球的下降前期切击球中下部，如图5-139所示。

图5-138　反手搓球　　　　　　　　　　图5-139　正手搓球

9. 推拨球

推拨球是直拍和横拍反手的主要技术之一。直拍推挡技术中的"挡"着重防守，强调借力，如在接重板或速度较快的球时，多采用"挡"，其主要有平挡、减力挡、侧挡等技术；"推"主进攻，强调主动加力，加快球速。横拍则以反手拨球为主。下面着重介绍平挡（挡球）、快推、加力推、直拍横打、横拍拨球的动作要领。

（1）平挡（挡球）。

动作要领：运动员两脚平行，近台站位。击球前，上臂贴近身体，前臂约与台面平行，球拍置于腹前，略高于台面，呈半横状，拍面近乎垂直。击球时，调整好拍形，在球的上升前期触球中部或中上部，借来球的反弹力将球挡回，如图5-140所示。

（2）快推。

动作要领：运动员近台中偏左站位，右脚稍前，上臂和肘关节靠近右侧身旁。拍面垂直，当球弹起至上升前或中期时，拍面略前倾，上臂带动前臂向前或前上方加速推出，击球中上部。

（3）加力推。加力推动作较大，回球力量重，球速快，主要用于对付反手位速度较慢、反弹偏高的球。

动作要领：在球的上升后期或高点期时，拍面前倾，上臂带动前臂，前臂带动手腕向前或前下方加速发力推出，击球中上部或上中部。加力推时，可以配合髋、腰及身体前移共同发力。

（4）直拍横打。反手直拍横打的推拨球攻击力更强。

动作要领：运动员右脚在前，左脚在后，以肘关节为轴向左下方引拍，腰部向左下方转动，手腕向内，球拍前倾。在球的下降前期击球，摩擦球的中上部，如图5-141所示。

（5）横拍拨球。

动作要领：运动员左脚在前，右脚在后，球拍前倾，球拍引向后下方，肘关节略前倾，右肩略沉。击球时以肘关节为轴，向前上方挥拍，摩擦球的中上部，如图5-142所示。

图5-140　平挡　　　　　　图5-141　直拍横打　　　　　　图5-142　横拍拨球

10. 弧圈球

弧圈球是一种强烈的上旋球，既有强大的攻击力又有很强的稳定性，攻击力强、威力大。按击球的方位来划分，弧圈球可分为正手弧圈球和反手弧圈球。

（1）正手弧圈球。

动作要领：运动员需要根据来球的长短、力度和落点选择站位，左脚在前，右脚在后，降低重心。身体向右转动，球拍引向右下后方，快速收前臂。在球移动到身体右前方时，在球的高点击球，击球时向左前上方挥拍，摩擦球的中上部，如图5-143所示。

（2）反手弧圈球。

动作要领：运动员根据来球的长短、力度和落点选择站位，左右脚平行，降低重心。右肩略沉，球拍从右下后方引至腹下，尽量低于球台，肘关节向前略突出。击球时向前上方挥拍，摩擦球的中上部，如图5-144所示。

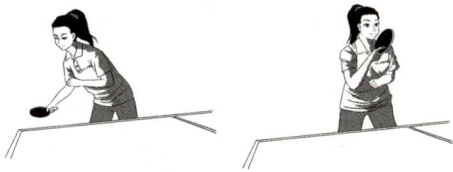

图5-143 正手弧圈球　　　　　图5-144 反手弧圈球

四、乒乓球运动基本战术

乒乓球比赛是技术、战术、体力、智慧、胆量等多种因素的综合对抗，战术的制订和运用是其中的重要一环。

1. 发球抢攻战术

发球方手握主动权，可以凭借发球的旋转、速度、落点灵活变化展开抢攻。发球抢攻战术以发球的旋转、速度、落点灵活变化为主要技术特征，常用的有正手发转与不转球后抢攻，正手发左侧上、下旋球后抢攻，以及反手发右侧上、下旋球后抢攻3种战术。发球抢攻应注意发球要有线路和落点变化，使对方在前、后、左、右走动中接发球；发球后要有抢攻准备，抓住抢攻的机会；自己发什么球，对方可能以什么技术回击，都要在发球前进行预判，这样才能做好抢攻的准备。

2. 接发球战术

接发球抢攻战术一方面要抑制、扰乱或破坏对方运用发球抢攻的战术，降低发球抢攻的质量，形成相持状态；另一方面要在被动中求主动，通过过渡性接发球技术力争在后几板抢先上手，夺过主动权，同时抓住机会采用接发球抢攻直接得分或设法取得明显的战术优势。

（1）正手快攻接发球抢攻战术用于应对上旋球，抢攻时需要判断来球的落点和路线，发力不可过大，回球应该利用落点调动对方以抢占主动权。

（2）正手快拉接发球抢攻战术用于应对下旋球，抢攻时的引拍动作幅度不宜过大，来球若是下旋强度较大，应增加摩擦避免回球下网。

（3）反手快攻接发球抢攻战术则需要注意控制攻球的力量，回球应该利用落点调动对方。

（4）反手快拉接发球抢攻战术则需要根据来球旋转的强弱，调节击球的部位和方向。

3. 对攻战术

对攻战术是运用正手攻球、反手攻球、反手推挡等技术，攻击对方。常用的对攻战术：①压反手，伺机正手侧身攻；②调右压左，转攻两角或追身；③连压中路，突变攻两角。

4. 搓攻战术

搓攻战术主要运用"转、低、快、变"的搓球调动对手，然后找机会采用低突、快点或快

99

拉等技术展开攻势并进行连续攻球；在搓球中遇到机会球时进行扣杀，使对手招架不及，成功得分。运动员在执行搓攻战术时，可采用以下方法。

（1）正、反手搓球结合正手快拉、快点、突击或扣杀。

（2）正、反手搓球结合反手快拉、快点、突击或扣杀。

5. 推攻

推攻战术主要运用正手攻球和反手推挡的速度与力量，并结合落点变化与节奏变化压制和调动对方，以争取主动权或得分。推攻战术是用左推右攻打法对付攻击型打法的主要战术，具有反手推挡能力的两面攻运动员和攻削结合的运动员也时常使用它。常用的推攻战术：①左推右攻；②推挡侧身攻；③推挡、侧身攻后，扑正手；④左推结合反手攻；⑤左推、反手攻后，侧身攻；⑥左推、反手攻、侧身攻后，扑正手。

6. 削攻

削攻战术是利用削球的旋转、节奏、落点变化控制对方的攻势，并为进攻创造机会，达到反击对方目的的一种战术。削攻战术是对付进攻型、弧圈型打法的重要战术。常用的削攻战术：①削转与不转球，伺机反攻；②削长、短球反攻；③削逼两角，伺机反攻；④逢直变斜，逢斜变直，伺机反攻。

> **拓展阅读**
>
> 1959年第二十五届世界乒乓球锦标赛，我国运动员容国团夺得男单冠军，为我国夺得世界体育比赛中第一个世界冠军，也由此开启了我国乒乓球的盛世，打出了乒乓球"国球"的尊称。
>
> 数十年来，国家乒乓球队始终保持着乒乓球领域的绝对统治力，在1981年、1995年、2005年、2007年、2011年、2015年、2019年乒乓球世锦赛上，中国队都包揽全部金牌。奥运会方面，自1988年乒乓球成为奥运会正式项目起，国家乒乓球队每届都至少获得3枚金牌，在2008年北京奥运会上，我国运动员包揽单打项目所有奖牌，并获两项团体冠军。40多年来，国家乒乓球队一共出现了116位冠军运动员，取得120多个世界冠军。

第六节　网球

网球运动孕育在法国，诞生在英国，普及和形成的高潮在美国，因其具有高雅、动作优美的特点，得以与高尔夫球、保龄球和台球并称为"世界四大绅士运动"。

一、网球运动概述

网球运动历史悠久，早在12世纪至13世纪，便盛行于法国、英国的宫廷，被称为皇家网球，和击剑、保龄球、台球并称为"四大绅士运动"。1873年，英国人温菲尔德改进了早期的网球打法，使之成为能在草坪上进行的一项运动，取名为"草地网球"，并出版了《草地网球》手册。温菲尔德因此被人们称为近代网球运动的创始人。

19世纪80年代，网球传到美国，开始由在草地上比赛演变到可以在沙土上、水泥地上、柏油地上举行比赛。1877年7月，在英国的温布尔登举行了第一届草地网球锦标赛，这标志着近代网球运动的开始。1913年，国际网球联合会在法国巴黎成立，总部设在英国伦敦。

1896年，在雅典举行的现代第一届奥林匹克运动会上，网球的男子单打与双打即被列为正式比赛项目，但后来由于国际奥委会和国际网球联合会在"业余运动员"问题上有分歧，网球一度在奥林匹克运动会上被取消。直到1984年的第二十三届洛杉矶奥运会，网球才被重新列为表演项目。在1988年的第二十四届汉城奥运会上，网球重新被列为正式比赛项目。

1881年，美国草地网球协会成立，同年，第一届美国网球公开赛在美国罗德岛新港举行。1891年，第一届法国网球公开赛在巴黎西部罗兰·加洛斯的体育场内举行。1900年，戴维斯杯网球锦标赛（男子团体）在美国波士顿举行。1905年，澳大利亚网球公开赛在墨尔本举行。1963年，联合会杯网球赛（女子团体）在英国伦敦的女网俱乐部举行。

> 澳大利亚网球公开赛、温布尔登网球锦标赛、法国网球公开赛、美国网球公开赛合称网球"四大满贯赛事"，是最重要的网球赛事。其中，澳大利亚网球公开赛与美国网球公开赛为硬地赛，温布尔登网球公开赛为草地赛，法国网球公开赛为红土赛。运动员获得全部四大满贯的冠军即称"大满贯"。后来，大满贯概念也进入其他运动项目。

1885年前后，网球运动传入我国。1906年，北京、上海、南京、广州等地方的一些学校开始举行校际网球赛，促进了网球运动在我国的传播。中华人民共和国成立后，网球运动在起点低、基础差、交往少的情况下逐渐发展，1956年我国举办全国网球锦标赛，后来全国网球等级联赛、全国网球单项比赛等定期举行。这些竞赛对促进我国网球技术水平的提高起到了积极的推动作用。

20世纪80年代以来，我国网球运动水平提高幅度较快，我国网球运动员在1986年第十届汉城亚洲运动会网球比赛中获女子单打冠军，在1990年第十一届北京亚洲运动会网球比赛获得3块金牌、3块银牌和1块铜牌的优异成绩。进入21世纪后，李婷与孙甜甜在2004年雅典奥运会上夺得女子网球双打冠军，李娜在2011年和2014年分别夺得法国网球公开赛和澳大利亚网球公开赛的女子单打冠军，刷新了我国乃至亚洲网球的历史纪录。这些优异的成绩也激起了广大人民群众参与网球运动的热情，从而推动了我国网球运动的进一步发展。

二、网球运动比赛的规则要点

网球运动比赛的规则要点如下。

1. 场地与设施

网球比赛需要在特定场地举行，还需使用比赛用球、球拍、球网和网柱等器材。

（1）网球场。网球场地为长方形，其长不小于36.6m，宽不小于18.3m。在这个面积内，有效网球运动场地是一个长23.77m，单打场地宽8.23m、双打场地宽10.9m的长方形区域。在网球场中，场地线的颜色一般选用白色或黄色。除底线的最大宽度可以达到10cm外，其他所有场地线的宽度均应在2.5~5cm，如图5-145所示。网球场地的材质包括草地、红土、硬

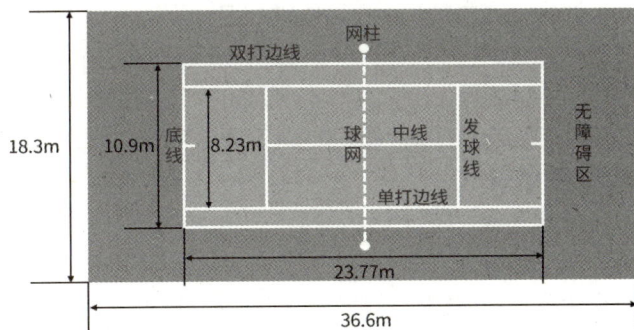

图5-145 网球场地

地等。草地、红土、硬地各有区别，在球速上，草地最快、硬地次之、红土最低；在球跳上，硬地属于规则弹跳，而草地与红土则是不规则弹跳（红土弹跳较高且球向上冲，草地弹跳低且球向前冲）。

（2）比赛用球。网球的比赛用球为黄色，用橡胶化合物制作，外表用毛质纤维均匀覆盖，接缝处没有缝线。球的直径为6.35~6.67cm，质量为56.7~58.5g。

（3）球拍。球拍按材质分为木质球拍、铝合金球拍、钢质球拍和复合物（尼龙、碳素）球拍，均可用于比赛。球拍的击球面必须是平的，由弦线上下交织编制或连接而成。每条弦线必须与拍框连接，拍框和拍柄的总长不超过73.66cm，拍框的总宽度不超过31.75cm。

（4）球网和网柱。球场两侧安装的网柱用于支撑球网，网柱间距为12.80m，网柱顶端与地面距离为1.07m，每侧网柱的中点距场地的距离为0.914m。

2. 计胜方式

一局记录的最小单位是分，然后是局，最后是盘。每一局采用0、15、30、40、平分和Game的记分方法。比赛时先得1分呼报15，再得1分呼报30，得第3分呼报40，得第4分呼报Game，即该局结束。如果比分为40：40则叫平分，一方必须再连得2分才算胜此局。比赛双方谁先胜6局者为胜一盘。如果各胜5局，一方必须再连胜2局才能结束这一盘。

为了控制比赛时间，比赛汇总普遍采用平局决胜制，即当局数为6：6时，只再打一局决胜负。在这一局中，先赢得7分者胜此盘。如果在此局打成5：5平分，一方仍须连得2分才算胜此局，即胜此盘。决胜局计分制在每盘的局数为6平时，有以下两种计分制。

（1）单打。单打中的决胜局计分制如下。

① 先得7分者为胜该局及该盘。若分数成6：6平分，比赛须延长到某方净胜2分时止。决胜局应全部采用数字计分制。

② 该轮及的发球员发第1分球，然后由对方发第2分及第3分球；此后轮流交替发球，每人连发2分球，直至决出该局与该盘的胜负为止。

③ 该轮及的发球员在右区发第1分球后，即改由对方依次在左区和右区发第2、第3分球；此后轮流交替发球，每人连发2分球，其中第1分球均应在左区发球。如果出现从错误的半区发球，在发觉前已得的分数均有效，但在发觉后应立即纠正错误的站位。

④ 运动员应在双方分数相加为6的倍数及决胜局结束时交换场地。

⑤ 更换新球时，决胜局作为一局计算。如逢该局更换新球，应暂缓更换，待下一盘第2局开始时，再进行更换。

（2）双打。单打比赛的规定都适用于双打比赛。轮到发球的运动员发第1分球，此后发球次序仍按该盘比赛中原先的发球次序排定，每人轮流交替发2分球，直到决出该局与该盘的胜负为止。

3. 休息时间

网球竞赛中关于休息时间的规定如下。

分与分之间，运动员捡到球后直至发出的最大间隔为25s；单数局结束交换场地时可休息90s；每盘结束可休息120s；每盘的第1局结束后，交换场地时不能休息；在抢7分比赛中，双方分数相加满6分，交换场地时不能休息。

4. 发球

网球竞赛规则对发球进行了严格的规定。

（1）发球应双脚站在底线后（即远离球网的一侧），中心标志和边线的假定延长线之内，然后用手将球抛向空中的任何方向并在球触地前用球拍将球击出。在球拍与球相接触的那一时刻，整个发送即被认为已经结束。

（2）每一局比赛发球运动员都应该从场地的右区开始，得（失）1分后，应换到左区发球。如果发球是从错误的半区发出的且没有被察觉，由错误发球引起的比赛结果都将有效。

（3）发出的球应该飞越球网，在接发球运动员回击之前触及对角发球区内的地面，或落在任何组成发球区的界线上。

（4）如果发出去的球碰到球网、中心带或网带，但落在界内，或在碰到球网、网带或网绳后，在触地前碰到接发球运动员，或他穿着或携带的任何东西，需要重新发球。

（5）在第一局结束后，接发球运动员应该成为发球运动员，发球运动员应该成为接发球运动员，并按此次序在整个比赛后面所有局中依次交换。

5. 失分

网球竞赛中出现以下情况之一的，即失分。

（1）活球状态下，在球连续两次触地前不能回球过网。

（2）球员在活球状态下的回球触到了对方场地界线以外的地面、固定物或其他物体。

（3）用球拍拖带或接住处于活球状态中的球，或故意用球拍触球超过一次。

（4）在活球状态下的任何时候，球拍（无论是否在运动员手中）及运动员穿戴或携带的任何物品触到球网、网柱、单打支柱、网绳或钢丝绳、中心带或对手场地的地面。

（5）球触到了除运动员手中球拍以外的身体或其穿戴或携带的任何物品。

（6）抛拍击球并且击到球。

（7）在球过网前就截击。

三、网球运动基本技术

掌握网球运动基本技术是开展网球运动的前提，网球运动基本技术包括握拍、基本站位、基本步法、发球、接发球、击球、截击球、削球、上旋球和高压球等。

1. 握拍

正确的握拍是运动员开展网球运动的基础。网球的握拍方式很多，各具优劣，运动员需要根据自己的身体素质、技术水平和战术布置来选择握拍方法。

（1）东方式正手握拍法。东方式握拍法能够提供良好的手腕稳定性。

动作要领：握拍手的虎口对正拍柄右上侧棱，手掌根与拍柄右上斜面紧贴，大拇指垫握住拍柄的左垂直面，食指稍离中指，食指第一关节压住拍柄右垂直面，五指紧握拍柄。拍面与地面垂直，手握拍柄好像与人握手一样，如图5-146所示。

（2）东方式反手握拍法。

动作要领：在正手握拍法的基础上将持拍手向左转动1/4（即转动90°）或拍柄向右转动1/4（即转动90°），虎口对正拍柄左侧斜面。用手掌根压住拍柄的左上斜面，大拇指直贴在拍柄的左垂直面上，食指下关节压住右上斜面，如图5-147所示。

图5-146　东方式正手握拍法　　　　图5-147　东方式反手握拍法

（3）西方式握拍法。西方式握拍法的优点是能击出强有力的上旋球，且稳定性强，但技术难度相对较大，是底线上旋攻击型打法的首选握拍方法，但初学者较难掌握。

动作要领：握拍时，球拍面与地面平行，大拇指与食指几乎成直角，大拇指压住拍上平面，食指第一关节握住右上斜面，与拍底平面对齐，手掌从上面握住拍柄，如图5-148所示。

（4）大陆式握拍法。大陆式握拍法的手型像握着锤子的样子，因此，大陆式握拍法又称为握锤式握拍法。这种握拍法的优点是正、反手击球时都不需要转换握拍，简单灵活。但是底线击球时不容易发力，因此，它是底线攻击型打法不适宜采用的握拍方法。

动作要领：大拇指与食指成"∨"字形，虎口放在拍柄的上平面与左上斜面的交界线上，手掌根部贴住上平面，与拍柄底部平齐，食指与其余3个手指稍分开，食指第一关节紧贴在右上斜面上，如图5-149所示。

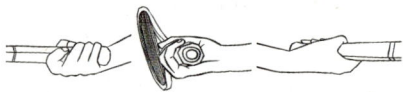

图5-148　西方式握拍法

图5-149　大陆式握拍法

（5）双手反握拍法。双手反握拍法是指左右手一起握拍的方法。

动作要领：双手反握拍法主要是不同手的东方式和大陆式握拍法的组合，包括右手大陆式握拍，左手东方式握拍；右手东方式握拍，左手东方式正手握拍；右手东方式反手握拍，左手东方式正手握拍3种主要方法，如图5-150所示。

（6）半西方式正手握拍法。半西方式正手握拍法的优点是利于打出上旋球和穿越球，且能保证大力击球时的稳定性；缺点是不适合打出有力的低球和下旋球，无法用于发球和截击球，反手击球时需要转换多种握拍方式。

动作要领：半西方式正手握拍法源于西方式握拍法，不同之处在于用半西方式正手握拍法握拍时，食指掌指关节和掌根放在拍柄右下斜面上，如图5-151所示。

图5-150　双手反握拍法

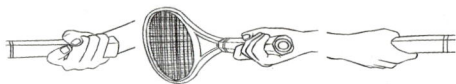

图5-151　半西方式正手握拍法

2. 基本站位

网球运动的基本站位包括底线、网前和中场3个位置。

（1）底线击球站位。两脚开立约同肩宽，两脚平行，脚跟稍提，两膝微屈，上体稍前倾，握拍手轻握球拍，肘关节微屈，肩关节放松，上臂自然贴在身体右侧（右手握拍者），非持拍手屈肘托住拍的中心（拍颈处），球拍稍高于身体横于腹前，两眼注视对方，重心置于前脚掌。

（2）网前击球站位。网前击球站位与底线击球站位的不同点是前者两脚开立幅度稍大，两膝微屈幅度稍小，两手持拍使拍面向前，拍头高于球网。

（3）中场击球站位。中场击球站位的重心稍低，持拍在胸前，拍头位于胸前并与球网高度相同。

3. 基本步法

网球的基本步法包括"封闭式""开放式"、滑步和左右交叉步。

（1）"封闭式"。

动作要领：运动员左脚向来球的方向迈出一步，两脚的假想连线与来球的方向平行。这种步法在底线正反手击球和网前截击中大量运用，如图5-152所示。

（2）"开放式"。

动作要领：运动员击球时两脚平行站立，以前脚掌为轴，转胯转体形成击球步法，如图5-153所示。

（3）滑步。

动作要领：运动员面对球网两脚左右滑步移动。向左移动时，蹬右脚，先移动左脚，再跟右脚；向右移动，则蹬左脚，先移动右脚，再跟左脚。

（4）左右交叉步。

动作要领：向右移动时，运动员脚掌向右转动，左脚先向右前方跨一步，交叉于右脚前，同时向右转体，先移动右脚，再跟左脚。向左移动时，动作相同，方向相反。

基本步法

图5-152　"封闭式"　　图5-153　"开放式"

4. 发球

网球运动的发球技术可以分为平击发球、上旋发球和切削发球3类。

（1）平击发球。平击发球几乎没有旋转，球差不多笔直地落下，力量大，往往贴着网才能进入场内，在绝大多数场地上球反弹较低，一般用于第一发球，发球成功时有机会直接得分，但平击发球失误率较高。

发球

动作要领：平击发球的击球点应在身体的右前上方，击球部位是球的后上部，挥拍时发力要集中，充分向上伸展身体以争取在更高的击球点击球，如图5-154所示。

（2）上旋发球。

动作要领：运动员将球抛于头后偏左上方；拍面的触球部位是球的中部偏下方；击球时身体成弓形，球拍快速从左向右上方挥动，并从下向上擦击球的背面，使球产生右侧上旋，如图5-155所示。

图5-154　平击发球　　　　图5-155　上旋发球

（3）切削发球。切削发球时，球的飞行路线是一条从右向左的弧线，可以提高命中率并把对方拉出场外回击，尤其在右区发球。切削发球的准确率高，常用于二发。

动作要领：切削发球是一种以右侧旋转（稍带上旋）为主的发球方法，运动员将球抛在右侧前上方，球拍击球部位在球的右侧偏上方，整个挥拍动作是从右侧上方至左下方，使球产生右侧旋转。

5. 接发球

网球运动中，运动员在接发球态势上是被动的，受发球方的制约，并且发球在瞬间千变万化，多数发球都指向接球方被动的位置，因此，接发球是网球运动中十分难掌握的技术。

动作要领：运动员接发球的站位通常位于底线附近，最好向前移动击球。同时，需保持两脚平行站位，距离比肩略宽，右手持拍者一般右脚稍前，两膝微屈，上体稍前倾，脚跟提起，将球拍置于体前。在接发球的全过程中，运动员的眼睛要始终注视来球，一直到完成还击动作，同时要观察对手的抛球，这样有利于判断发球的方向和旋转。通常对手第一次发球的力量很足，接发球的站位应偏后一些；第二次发球则常会为了减少失误而省力，因此站位可略向前移，直接利用接发球还击。接大力发球时不要做大幅度的后摆动作，主要是控制好拍面角度，并握紧球拍，以免拍面被震转动。

6. 击球

击球是网球运动中最基础，也是应用最广泛的技术动作，其技术较为多样。

（1）单手正手平击球。单手正手平击球简单易学，适合初学者使用。

动作要领：运动员后摆引拍至头部高度，手腕稍上翘使拍头高于手腕。挥拍时手腕握拍相对固定，以减少拍面挥动过程中球拍的变化。击球时拍面与地面保持垂直并以相同拍面继续前挥。击球后，球拍向前挥动于左肩上方自然收拍，如图5-156所示。

（2）单手反手平击球。反手平击球的特点是球速快，球的飞行路线比较平直，球落地后的前冲力量大。

图5-156　单手正手平击球

动作要领：运动员后摆引拍时右脚向左侧前方跨出并用力踏地，屈膝降低重心。击球时手腕紧张，使球拍与地面垂直。挥拍击球时，从后向前上方比较平缓地挥击，同时左臂自然展开放在身后，保持身体的平衡，如图5-157所示。击球后，球拍应随着惯性挥至右肩上方，持拍手臂伸直。

（3）双手反手击球。

动作要领：双手反手击球的准备姿势与单手反手击球相同，左手在转肩引拍的同时，顺着拍柄下滑至双手相接，形成双手反手握拍，引拍尽量向后，转动上体，使右肩前探，侧身对网，手腕固定球拍，使之稍稍低于击球点，右脚向左前方跨一步，重心落在左脚上，球拍从低向高向前挥出，击球点同腰高，但比单手反手击球点略靠后。重心前移，随上体移动将球拍充分挥至右前上方，拍头朝上，如图5-158所示。

图5-157　单手反手平击球　　　　　　　　图5-158　双手反手击球

7. 截击球

截击球是指凌空击对方来球，即在球落地之前将来球击回对方场区，能够缩短击球距离，扩大击球角度，加快回球速度，是网球比赛中重要的击球方式和进攻手段。

（1）正手截击球。

动作要领：运动员后摆引拍时，左脚立即向右前方跨出，同时转肩，带动球拍向后引，拍头要高于握拍手，手腕紧张，固定球拍。截击球的动作有点像挡击或撞击，在拍面短促向前撞击的同时微微向下做切削球的动作，击球时保持拍头上翘，拍面稍向后仰，如图5-159所

图5-159　正手截击球　　图5-160　反手截击球

示。击球后有一个小幅度向前的随挥动作，随挥过程仍紧握拍。

（2）反手截击球。

反手截击球比正手截击球更容易，更符合人体解剖学中肌肉用力的结构特点。

动作要领：运动员后摆引拍时，右脚立即向左前方跨出，左手扶拍手向后拉拍，同时转肩，做短距离后摆引拍动作，拍头高于握拍手，眼睛注视来球。挥拍击球时，左手松开稍后伸，右手握紧球拍前挥并在身体前方切削来球，如图5-160所示。向前挥拍时，两只手的动作类似在拉长一根橡皮筋，以更好地保持身体平衡。

8. 削球

削球具有下旋和落地后弹跳低的特点，能够迫使对手由下向上拉球，或使其难于借助回球力量击出攻击性强的球。

（1）正手削球。正手削球是指以底线正手切削方法击出下旋球的技术动作。

动作要领：运动员后摆引拍时，直线将球拍引至身体后侧，动作较小。挥拍时手腕紧张，使拍面斜向地面稳定前挥。击球时用斜向地面的拍面以切削动作在身体侧前方击球，如图5-161所示。

（2）反手削球。反手削球的球向下旋转，飘向对方场区后回弹高度较低，落地后还会向前滑行。

动作要领：运动员挥拍不可过于用力，击球后拍面向上，且不能急于提拉球拍，应让球拍平稳向前运动一段距离，如图5-162所示。

图5-161　正手削球　　图5-162　反手削球

9. 上旋球

上旋球便于加力控制，是既能发力重打，又能控制进入场区、减少失误的击球方法。

（1）正手上旋球。正手上旋球飞行弧线高，落地迅速，落地后弹起的角度较小，前冲力强。

动作要领：正手上旋球是从网球的后下方向前上方挥拍，整个球体受摩擦，产生一种从后下方朝前上方的旋转，如图5-163所示。

（2）反手上旋球。反手上旋球通常是双手握拍击球，能产生强烈的旋转，击球稳定性强。

动作要领：反手上旋球需要运动员在击球前将手腕放松，拍头自然下垂，球拍从网球中下部位置由低至高向前挥出，击球高度在髋部与膝盖之间，如图5-164所示。

图5-163　正手上旋球　　图5-164　反手上旋球

10. 高压球

高压球是从头顶上方将球扣到对方半场的击球方法，也是应对挑高球的一项进攻技术。

动作要领：当对方挑高球时，运动员快速侧身，然后用左手指球，持拍手臂动作与发球动作一样且采用大陆式握拍，呈"L"形，如图5-165所示。在判断好球的大概落点后，采用交叉步侧身移动到来球下方，再用小侧步调整，等待击球时机。在击球以前用左手指球，这样既有助于准确判断来球的位置，又有助于保持身体的平衡。

图5-165　高压球

四、网球运动基本战术

网球分为单打和双打两种竞技形式，二者场地规范不同、人数不同，所适用的战术也有很大区别。

1. 单打战术

单打中，运动员可以根据情况，灵活采用变换发球位置、发球上网、接发球破网、攻击对方反手、不上网等战术。

（1）变换发球位置。运动员可以通过改变发球的位置获取得分机会，因为这种战术迫使对手必须从不同角度判断不同旋转的球，回球的难度比较大，容易失分。

（2）发球上网。发球上网是利用发球的力量主动进攻，先发制人，然后上网抢攻的一项主要战术。它是上网型选手在比赛中的主要得分手段。

① 用较大力量发下旋球，目标是对方发球区右区外角，然后上网，根据对手回球路线，利用截击球攻击对方反手区域。

② 发平击球或发上旋球，目标为对方发球区右区内角，然后上网冲至发球线中线，判断来球，利用截击球攻击对方的空当位置。

③ 发平击球或下旋球，发球到对方发球区左区内角上网，冲至中场处，判断来球，利用截击球攻击对方正、反手的底线位置，然后人随球跟进，准备近网二次截击。

（3）接发球破网。接发球破网战术是用来对付发球上网战术的，其方法是挑出靠近对方底线的高球，或是击出大角度的平击球，攻击对手的空当位置。

（4）攻击对方反手。由于绝大部分球员的反手是比较弱的，因此采用攻击对方反手战术，加大力量攻击对方反手，逐步打乱对方节奏，即可掌握比赛主动权。

（5）不上网。不上网战术是指发球或接发球之后，如果自己不上网，应该把对方也控制在

107

底线后面，使对手也难以找到得分的机会。在一次较长的底线来回球中，谁耐不住性子，谁就有可能因失误而失分。

2. 双打战术

双打中，运动员需要与自己的队友紧密配合，采取发球上网、澳大利亚式网前战术等战术。

（1）发球上网。发球上网战术需要队友之间具备足够的默契，网前队友在背后做手势，告诉发球队友应发什么落点和抢与不抢。运用发球上网战术可以干扰对手接发球，为发球上网得分及抢网得分创造条件。发球上网战术成功的一个重要因素就是发球队友的发球质量、成功率和落点的变化。

（2）澳大利亚式网前战术。澳大利亚式网前战术的特别之处是发球方的一名队员以低姿势在贴近网前中线位置积极准备截击，这种站位能给对手造成很大的回球压力，同时也能迷惑对手，逼迫对手在接发球时击出更高质量的球，从而在一定程度上提高了对手的回球失误率。运用这一战术时，要求队友间沟通好发球落点和抢与不抢。另外，第一发球成功率要高，以达到良好的战术效果。

拓展阅读

李娜出身体育世家，受父亲的影响逐渐喜欢上体育。6岁时，李娜便被送到体育学校练习羽毛球。一名网球教练发现李娜移动、回位速度很快，腿部力量也很好，因此将李娜带到了网球队。14岁，李娜进入湖北省网球队；1999年，16岁的李娜进入国家队。

2006年，李娜打进了温网8强，美网16强，创下了当时中国网球的最好成绩，也锁定了中国年终排名第一。2008年，北京奥运会上，李娜获得女子单打第四名，创中国运动员网球女单奥运会的最好成绩。这一赛季，她的国际排名为亚洲第一。

2009年，李娜离开国家队，她建立了自己的教练团队，自己对自己的职业生涯负责。数年间，她艰苦训练，努力奋斗，参加了多项女子网球的国际顶尖赛事，并一步一步向巅峰前进。2011年，李娜获得法国网球公开赛女子单打冠军。2014年，李娜获得澳大利亚网球公开赛女子单打冠军，再次刷新亚洲历史。

15年的职业生涯里，李娜共21次打入WTA（Women's Tennis Association，国际女子网球协会）女单赛事决赛，并共获得了9个WTA和19个ITF（International Tennis Federation，国际网球联合会）单打冠军，职业生涯总战绩为503胜188负，并以世界排名第六的身份退役。2019年，李娜成为国际网球名人堂第255位入选者，是名人堂首个来自亚洲的球员。

课后训练

1. 足球模拟对抗赛

训练目标：掌握足球运动的基本技术，强化学生的大局观、组织能力和战术执行能力，培养学生的团队精神和合作意识。

技术要点：踢球、接球、运球、头顶球、抢断、守门员技术、局部配合进攻战术、局部配合防守战术、整体进攻战术、整体防守战术。

训练方式：14人一组（11人首发、3人替补），两两对抗。

训练内容：全部同学分为14人一组（男女比例一致），并自行决定比赛阵形以及各自的位置。两队在足球场地内开展足球比赛，教师担任裁判员。如比赛结束后比分相同，不设加时赛，而直接进行点球决胜。

训练规则：同足球竞赛规则，但考虑到体能状况，可由教师自主决定比赛时间、间歇及换人次数。

2. 规定运球路线的运球投球训练

训练目标：掌握篮球运动的基本技术，锻炼自身协调能力和身体控制力，培养学生的战术规划能力和执行能力。

技术要点：移动、运球、投篮、抢篮板球。

训练方式：个人练习。

训练内容：在篮球场的两个罚球区间划定若干限定位置（圆圈），要求学生从一个罚球区出发，运球经过所有圆圈，然后到达对面罚球点，投篮。无论投篮中否，都需要自己捡球（或抢篮板球）后从本侧罚球区出发，运球经过所有圆圈，然后到达对面罚球点，投篮。如此往复，直到5min时间结束。规定时间内投中多者胜出。

训练规则：学生需要自行规划运球路线但不能出界。途中若球脱手，需自行捡回，从丢球前的圆圈开始，重新进行训练。学生只能在罚球区投篮，捡到球后必须回到罚球区，才能再次出发。

3. 排球模拟对抗赛

训练目标：掌握排球运动的基本技术，锻炼学生的战术制订和实施能力，培养学生对意外状况的反应能力和应对能力。

技术要点：移动、发球、垫球、传球、扣球、拦网、进攻战术、防守战术。

训练方式：10人一组（6人首发、4人替补），两两对抗。

训练内容：全部同学分为10人一组（男女比例一致，其中一人担任自由人），自行决定发球次序，两队在排球场内进行排球比赛，教师担任裁判员。比赛一共进行3局，赢得2局的队伍获胜。各支队伍进行循环赛，按照胜场数进行排名（胜场一致，则视同分队伍间的胜负关系排名；若胜负关系形成循环，则负场少者获胜）。

训练规则：同排球竞赛规则，但是对换人不做限制，双方在回合间歇，都可以自由换人，不限人数。

4. 羽毛球混双对抗赛

训练目标：掌握羽毛球运动的基本技术，强化学生互相协调配合的能力，锻炼学生的临场反应能力和对同伴的信任。

技术要点：发球、接发球、击球、混合双打战术。

训练方式：两人一组（一男一女），两两对抗。

训练内容：两组在羽毛球场内进行羽毛球比赛，比赛开始前双方猜发球权，获胜者选择发球或接发球，接发球者获得选择场地权，获得发球权方确定第一发球者并先行站位，接发球者随后站位，教师担任裁判员。比赛一共进行1局，胜者晋级，继续两两对抗，直到决出冠军（半决赛采用三局两胜制，决赛采用五局三胜制）。

训练规则：同羽毛球竞赛规则。

5. 乒乓球擂台赛

训练目标：掌握乒乓球运动的基本技术，锻炼学生的判断力、反应力和全局思维。

技术要点：发球、接发球、攻球、搓球、推拨球、弧圈球、发球抢攻战术、接发球战术。

训练方式：多人轮流练习。

训练内容：一人担任擂主，其余人攻擂。擂主和挑战者进行乒乓球对抗，擂主拥有第一球发球权，之后由失分者发球。擂主得到3分即胜利，挑战者得到5分才能胜利。擂主胜利，则继续迎战下一个挑战者并积1分，挑战者胜利则成为新擂主，如此进行轮流练习。训练完后，积分多者为胜。

训练规则：同乒乓球比赛规则。

6. 网球混双对抗赛

训练目标：掌握网球运动的基本技术，培养学生协作互助、团结一致的精神，锻炼学生坚持不懈的拼搏精神。

技术要点：发球、接发球、击球、截击球、上旋球、高压球、双打战术。

训练方式：两人一组（一男一女），两两对抗。

训练内容：两组在网球场内进行网球比赛，比赛开始前双方猜发球权，获胜者选择发球或接发球，接发球者获得选择场地权，获得发球权方确定第一发球者并先行站位，接发球方随后站位，教师担任裁判员。比赛一共进行1盘，胜者晋级，继续两两对抗，直到决出冠军。

训练规则：同网球比赛规则。

Chapter 06

第6章

武术

中华武术历史悠久，大学生学习和传播中华武术，既可以增强体质，还能学习和弘扬民族精神，为我国传统文化的传播和发展提供支持与力量。

本章学习目标

体育目标	• 提升大学生的速度、力量、灵巧、耐力和柔韧等身体素质，使大学生于外能利关节、强筋骨、壮体魄，于内能理脏腑、通经脉、调精神。 • 大学生，特别是女生，可以通过练习武来掌握一定的攻防技法，防身自卫。
德育目标	• 培养勤奋刻苦、顽强勇敢、坚持不屈、勇于进取的良好习性和意志品德。 • 提升大学生的道德涵养，在修身养性的基础上保持积极向上的人生态度，塑造健康向上的独立人格。 • 激发爱国情操，增强人文素养，传承并弘扬民族美德。

第一节　武术概述

中华武术是中华民族的宝贵遗产，在漫长的历史发展过程中，中华武术不但种类丰富、形式多样，还承载着中华民族的传统文化和民族情节，深受广大人民的喜爱。

一、武术的起源与发展

武术的起源要追溯到远古时期，当时的人类为了获取食物需要与野兽搏斗，而武术就萌芽于这个搏斗的过程中。随着人类社会的进步和发展，人们为了保护食物和家园，不断提升和加强个人的攻防格斗技术，并发明和使用刀、剑、钩、钺、戟等兵器，以及战车、机弩等武器，使得武术的技击性进一步提高。在政治、经济、思想、文化和艺术的发展过程中，武术也从单纯的军事技术发展为带有健身色彩的民间体育运动，武术的内容也在不断地变换和充实。到了近现代，我国武术代表团多次出访国外，以精湛的技艺和表演在世界多个国家和地区引起强烈反响，"武术热"风靡全球。1990年，国际武术联合会在北京成立。1994年，国际武术联合会被国际单项体育联合会接纳为会员。2008年，武术在第二十九届夏季奥运会上被列为特别竞赛项目。

二、武术的分类

传统的武术通常以地域、门派等因素进行分类，不能展现出武术的整体内容。现代武术则根据运动形式、时间概念或价值功能进行分类，更能体现武术的应用价值。

（1）现代分类法。现代分类法是一种按照运动形式、时间概念、价值功能为武术分类的方法，具体分类如表6-1所示。

表6-1　武术现代分类

形式	类别	说明
按运动形式划分	套路运动	拳术：长拳类、长击类、短击类、圆柔类、象形类 器械：长器械、短器械、双器械、软器械 对练：徒手对练、器械对练、徒手与器械对练 集体表演：6人或以上的徒手或器械集体演练
	搏斗运动	散打、推手、短兵
按时间概念划分	传统武术	以民间发展为主的武术
	竞技武术	以当代武术竞赛规则为导向的武术
按价值功能划分	健身武术	以普及为基础，旨在强身健体而开展的群众性武术
	实用武术	以军队和公安武警为对象的实用武术
	学校武术	以学校为传播范围，以教育、传承和普及为目的的武术
	竞技武术	为最大限度发挥个人运动潜能和争取优异成绩为目的的武术训练竞赛竞技活动

（2）价值形态分类法。现代武术的竞技价值和健身价值较为突出，价值形态分类法能够较清晰地勾勒出武术发展理论的概况，满足不同人群对武术的需要，具体分类如表6-2所示。

表6-2　武术价值形态分类

类别	内容	特点	价值
技击武术	对抗类武术，例如，短兵、长兵、竞技散打、军警武术	以攻防技能为主，注重技击方法等攻防技能	防身自卫、抓捕违法人员等
技艺武术	各拳种的现代竞技套路，传统武术中艺术演练性的套路	展现具有攻防含义动作的刚健有为的艺术美和惊险动人的难度美，是技术艺术化的展现	娱乐、审美观赏价值等
养身武术	新创编的太极拳、木兰拳系列，传统武术的部分内容等	侧重于整体协调、内外兼修等健身养生方面	增进健康、强身健体、修身养性

三、中华武术文化

中国武术历史悠久，受到古代道家、儒家、释家等思想的影响，得到传统医学、杰出兵法、哲学思辨等理论的熏陶，形成了独特的武学文化，既包括讲礼守信、尊师重道、行侠仗义的道德标准，又富含博大精深、攻防兼备的动作套路。传播与发展中华武术文化，可以弘扬民族精神、提高民族凝聚力，实现社会与武术文化的契合，为中华民族发展壮大提供前进的精神力量。

大学生学习和理解中华武术文化可以提升自己的道德涵养，在修身养性的基础上保持积极向上的人生态度；可以进一步完善自身的人文素质，塑造健康向上的独立人格；可以激发爱国情操，培养谦和、尊师的态度，提升人文精神；还可以感知传统文化，增强人文素养，向着民族美德的方向实施延伸，满足素质教育的需求。

第二节　武术基本功

武术的基本功是练习武术的基本技术动作，也是大学生学习武术的基础和入门动作。武术基本功包括手型和手法、步型和步法、腿功、腰功和肩功。

一、手型和手法

手型和手法基本功是指运用图6-1所示的拳、掌、勾3种手型，结合冲、推、亮、架4种手法来操练上肢的武术基本动作。

1. 拳

动作要领：四指并拢卷握，大拇指紧扣食指和中指的第二指节。拳眼朝上为立拳，拳心朝下为平拳。要领口诀为拳握紧，拳面平，直腕。

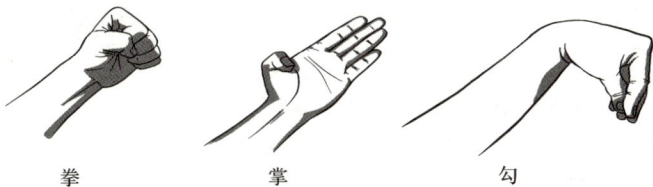

2. 掌

动作要领：四指并拢伸直，大拇指弯曲紧扣于虎口处。手腕伸直为直掌，指尖朝上为立掌。要领口诀为竖指并拢，掌心展开。

3. 勾

动作要领：五指第一指节捏拢在一起，腕屈紧。

图6-1 手型

> **知识补充** 当手型为拳时，拳心是指手心的一面，也就是五指弯曲的一面；拳面是与拳心相对的一面；拳眼则是指虎口处，大拇指、食指屈卷而形成的圆孔。

4. 冲拳

冲拳分为平拳和立拳两种，平拳的拳心向下，立拳的拳眼向上。

动作要领：预备时，双脚开步（两脚平行，脚尖向前）站立，与肩同宽；两手握拳分别抱于腰侧，拳心向上，肘尖向后，目视前方。右拳从腰间猛力向前冲出，肘关节过腰后，前臂内旋，力达拳面，右臂伸直高与肩平，同时左肘向后牵拉，目视右拳。

5. 推掌

动作要领：双脚开步（两脚平行，左右站立）站立，与肩同宽；两手握拳分别抱于腰侧，拳心向上，肘尖向后，目视前方。拳变掌，以掌根为发力点立掌（翘掌、沉腕）推出，力达掌外沿。

6. 亮掌

动作要领：双脚开步站立，与肩同宽；两手握拳分别抱于腰侧，拳心向上，肘尖向后，目视前方。右拳变掌，由腰间经体侧向右、向上划弧至头部右上方，肘微屈，抖腕翻掌；同时头向左转，目视左方。要领口诀为挺胸、收腹、立腰，抖腕翻掌与转头要同时完成。

7. 架拳

动作要领：双脚开步站立，与肩同宽；两手握拳分别抱于腰侧，拳心向上，肘尖向后，目视前方。右拳向下、向左、向上经头前向右上方划弧并在右前上方架起，拳眼向下，目视左方。练习时，左右拳可交替进行。

二、步型和步法

步型和步法主要用于增加腿部力量，提高两腿进行移动的灵活性、敏捷性和稳定性。武术中的步型有弓步、马步、虚步、仆步、歇步和丁步6种，步法有击步、弧形步和垫步3种。

1. 弓步

动作要领：前腿屈膝半蹲，大腿接近水平，脚尖微内扣，与膝垂直；后腿挺膝伸直，脚尖内扣斜向前（约45°）；两脚全脚掌着地，其间距为自身脚长的4~5倍；躯干正对前方，两手抱拳于腰间，平视前方，如图6-2所示。弓左腿为左弓步，弓右腿为右弓步。要领口诀为前腿弓，后腿绷；挺胸、塌腰、沉髋。

2. 马步

动作要领：两脚开步站立，两脚间距约为自身脚长的3倍；屈膝半蹲，大腿接近水平，膝关节不超过脚尖；两手抱拳于腰间，目视前方，如图6-3所示。要领口诀为挺胸、塌腰、直背，膝微内扣，脚跟外蹬。

3. 虚步

动作要领：两脚前后开立，后腿屈膝半蹲，大腿接近水平，脚尖外展约成45°，全脚掌着地；前腿微屈，脚尖前伸虚点地面，脚面绷平并稍内扣；重心落于后腿，目视前方，双手扶腰，如图6-4所示。左脚在前为左虚步，右脚在前为右虚步。要领口诀为挺胸、塌腰、虚实分明。

4. 仆步

动作要领：两脚左右开立，间距约为自身脚长的4倍；一条腿屈膝全蹲，大腿与小腿紧靠，臀部接近小腿，脚和膝稍外展；另一条腿挺直平仆接近地面，脚尖内扣；两脚全脚掌着地，两手抱拳于腰间，眼向仆出腿一方平视，如图6-5所示。仆左腿为左仆步，仆右腿为右仆步。要领口诀为挺胸、塌腰、沉髋。

图6-2 弓步　　　　　图6-3 马步　　　　　图6-4 虚步　　　　　图6-5 仆步

5. 歇步

动作要领：两腿交叉靠拢，屈膝全蹲，前脚全脚掌着地，脚尖外展；后脚脚跟离地，膝部贴近前腿外侧，臀部坐于后小腿接近脚跟处；两手抱拳于腰间，平视前腿方向，如图6-6所示。左脚在前为左歇步，右脚在前为右歇步。要领口诀为挺胸、塌腰、两腿靠拢并贴紧。

6. 丁步

动作要领：两腿并拢半蹲，一只脚用脚掌着地支撑（重心落于该腿）；另一只脚的脚面绷直，脚尖内扣并虚点地面，靠于支撑脚的脚弓处；两手抱拳于腰间，目视前方，如图6-7所示。左脚尖点地为左丁步，右脚尖点地为右丁步。要领口诀为挺胸、塌腰、虚实分明。

图6-6 歇步　　图6-7 丁步

7. 击步

动作要领：预备时，两脚前后开立，同肩宽，两手叉腰。躯干略前倾，前脚蹬地前纵，后脚提起在空中向前碰击前脚跟；两脚依次落地，后脚先落，前脚后落；目视前方。要领口诀为腾空时，躯干保持正直并侧对前方。

8. 弧形步

动作要领：两脚前后开立，同肩宽，两手叉腰。两腿略屈半蹲，沿弧形路线迅速连续行步，脚跟先着地并迅速过渡到全脚掌，步幅略比肩宽，目视前方。向左跨步为左弧形步（或左环绕步），向右跨步为右弧形步（或右环绕步）。要领口诀为挺胸、塌腰，身体重心要平稳。

9. 垫步

动作要领：两脚前后开立，同肩宽，两手可叉腰。后脚离地提起，用脚掌向前脚处落步，前脚立即以脚掌蹬地向上稍跳起，将步位让于后脚，然后屈膝提腿向前落步，目视前方。

三、腿功

腿功主要用于锻炼腿部的力量、柔韧性和灵活性，包括踢腿、劈腿和压腿3种技术动作，每种动作又分为多种不同的姿势。

1. 正踢腿

动作要领：预备时，并步站立，臂侧平举，立掌，目视前方。左脚向前上半步，左腿伸直支撑，右腿挺膝，脚尖勾起向前额处快速踢起；躯干正直，目视前方，左右腿交替练习。要领口诀为收腹、挺胸、立腰；踢腿过腰后加速；踢腿时脚尖勾起绷落或勾起勾落。

2. 斜踢腿

动作要领：并步站立，臂侧平举，立掌，目视前方。一条腿向异侧耳际踢起。

3. 侧踢腿

动作要领：并步站立，臂侧平举，立掌，目视前方。右脚向前上半步，脚尖外展；左脚跟稍提起，身体略右转，左臂前伸，右臂后举。随即左腿挺膝，勾脚向左耳侧踢起；同时右臂上举亮掌，左臂屈肘立掌于右肩前。踢左腿为左侧踢，踢右腿为右侧踢。要领口诀为挺胸、立腰、开髋、侧身、猛收腹。

4. 外摆腿

动作要领：并步站立，臂侧平举，立掌，目视前方。右脚上步支撑，左脚脚尖勾紧向右侧上方踢起，经面前向左侧上方摆动，而后直腿下落，还原成预备姿势。左掌可在左侧上方迎击左脚脚面。左右腿交替练习。要领口诀为挺胸、立腰、收腹、展髋，摆腿成扇形，幅度要大。

5. 里合腿

动作要领：并步站立，臂侧平举，立掌，目视前方。左脚向左上方踢起，经面前向右侧上方直腿摆动。要领口诀为挺胸、立腰、合髋，腿成扇形里合，幅度要大。

6. 弹腿

动作要领：并步站立，两手抱拳于腰间，目视前方。左腿支撑，右腿屈膝提起，右脚绷直，大腿与腰平，迅速挺膝，小腿猛力向前弹击，力达脚尖。大腿与小腿呈一直线，高与腰平。左右腿交替练习。要领口诀为挺胸、直腰、收髋，脚面绷平，弹踢有力。

7. 后扫腿

动作要领：成左弓步，同时两掌从腰侧向前推出，掌指朝上。左腿屈膝全蹲，脚尖内扣，成右仆步，同时躯干右转并前俯，两掌在右腿内侧撑地，随躯干向右后拧转的惯性，以左前掌为轴，右脚贴地向后扫转一周。要领口诀为转体、俯身、撑地，扫转要连贯协调，一气呵成。

8. 竖叉劈腿

动作要领：两臂侧平举或在体前扶地，两腿前后分开成一直线。前腿脚后跟、后侧或内侧着地，后腿脚背、膝盖着地，脚尖指向正后方。要领口诀为挺胸、立腰、沉髋、挺膝。

9. 横叉劈腿

动作要领：两臂侧平举或在体前扶地，两腿左右分开成一直线，两腿内侧着地。要领口诀为挺胸、立腰、展髋、挺膝。

10. 正压腿

动作要领：右腿直立支撑，将左脚跟放在与髋同高或稍高的肋木上，脚尖勾紧，两手扶按在膝关节上（或双手抱脚），立腰、收髋、挺膝，躯干前屈，向前、向下做压振动作。要领口诀为逐渐加大振幅，先以前额、鼻尖触及脚尖，然后过渡到下颌触及脚尖，以提高腿的柔韧性。

11. 侧压腿

动作要领：身体侧对肋木，右腿伸直支撑，脚尖外展。左脚跟放在肋木上，脚尖勾紧，右臂上举，左掌附于右胸前，立腰、展髋，躯干向左侧压振。要领口诀为逐步加大振幅，直到右手握左脚掌、躯干侧卧在左腿上。

12. 后压腿

动作要领：背对肋木，右腿支撑，左脚背放在肋木上，脚面绷直，躯干后仰做压振动作。要领口诀为挺胸、展髋、腰后屈。

13. 仆步压腿

动作要领：右腿屈膝全蹲，左腿挺膝伸直，脚尖里扣。两脚全脚掌着地，两手分别抓握两脚外侧，成仆步向下压振，如图6-8所示。左右腿交替练习。要领口诀为挺胸、塌腰、沉髋，左右移动不宜过快，臀部尽量贴近地面。

图6-8　仆步压腿

四、腰功

腰功同样用于锻炼腰部的力量、柔韧性和灵活性，并以此增加腰部的活动范围，主要有前俯腰、侧俯腰、甩腰和涮腰等具体技术动作。

1. 前俯腰

动作要领：并步站立，两手手指交叉，直臂上举，掌心朝上。躯干前俯，两掌心尽量贴地。也可两手分别抱住两脚跟腱部位，头贴近腿部，持续一定时间后再站立。要领口诀为两腿挺膝伸直，挺胸、塌腰、收髋，尽力向前折体。

2. 侧俯腰

动作要领：基本同前俯腰，但两手手指交叉在脚外侧触地，向左或向右转体。要领口诀为两腿挺膝伸直，两脚不可移动，躯干尽量下屈。

3. 甩腰

动作要领：两脚开步站立，两腿挺膝伸直，两臂上举。以腰、髋关节为轴，躯干做前后屈的甩动动作，两臂也随之摆动。要领口诀为快速、紧凑而有弹性。

4. 涮腰

动作要领：两脚开立，略宽于肩，躯干前俯，两臂向左前下方伸出。然后以髋关节为轴，向前、向右、向后、向左翻转绕环一周。左右交替练习。要领口诀为尽量增大绕环幅度。

五、肩功

肩功能够展示肩部的力量、柔韧性和活动范围，武术的肩功有压肩、单臂绕环、双臂绕环、转肩和吊肩。

1. 压肩

动作要领：开步站立，双脚与肩同宽或稍宽，躯干前俯，手握肋木，下振压肩。也可两人面对面站立，互相扶按肩部，做体前屈振动压肩动作。要领口诀为挺胸、塌腰、收髋，两臂、两腿伸直。

2. 单臂绕环

动作要领：成右弓步姿势，右手按于右膝上（也可两脚开立，右手叉腰），左臂上举，由上向后、向下、向前环绕，为后绕环；左臂由上向前、向下、向后环绕，为前绕环。左右臂交替练习。要领口诀为臂要伸直，肩应放松，贴身划立圆，逐渐加速。

3. 双臂绕环

动作要领：①前后绕环，两臂垂于体侧，依次由下向前、向上、向后做绕环；②左右绕环，左右两臂同时向右、向上、向左、向下绕环；③交叉绕环，两臂直臂上举，左臂前绕环，同时右臂后绕环。数次后，再做反方向绕环。要领口诀为松肩、探臂，画立圆绕环。

4. 转肩

动作要领：前后绕环开步站立，两手正握棍于体前。以肩关节为轴，两臂伸直上举经头顶绕至体后，再从体后向上绕至体前。要领口诀为两臂始终伸直；两手握棍距离应由宽到窄，一般与肩同宽。

5. 吊肩

动作要领：前后绕环并步（两脚内侧相靠）站立，背对肋木，两手反臂抓握，然后下蹲，两臂拉直或悬空吊起。要领口诀为两臂伸直，肩部放松。

中华武术源远流长，中华武术精神也表现为一种自强不息的民族精神。中华民族的先辈凭借自己的习武经验和聪明才智，悉心研究，大胆创新，创作和发展出数不胜数的武术类型和技术，这都是我国人民不断进取、不断创新精神的体现。武术精神在很大程度上可以表现为爱国精神，很多练习武术的人以匡扶正义和保卫国家为目的，精忠报国更是习武之人的理想追求。

第三节　太极拳

　　太极拳是中华武术的主要拳种之一，具有体松心静、缓慢均匀、劲如抽丝、呼吸自然、圆活连贯、虚实分明、刚柔相济、以意导气、以气运身等特点，练习太极拳通常被认为具有强身健体、祛病延年、陶冶性情的保健功效，非常适合大学生。

一、太极拳概述

　　太极拳在我国清朝年间才广泛流传开来，太极拳在道家导引、吐纳等养生之术的基础上，吸收了明朝名家拳法之长，结合了中国古代的阴阳学说和中医经络学说，形成了完整独立的体系。太极拳动作柔和、缓慢、圆活、连贯、自然、协调，迈步如猫行，运劲似抽丝，讲求体松心静、精神贯注、以意导形、上下相随、中正安舒、虚实分明。太极拳的技术动作行云流水，连绵不断，既自然又高雅，既有音乐的韵律、哲学的内涵，又有美的造型、诗的意境。

　　太极拳不仅是我国重要的文化符号，具有深厚的哲学内涵，也是全人类宝贵的精神财富。2020年12月，联合国教科文组织保护非物质文化遗产政府间委员会将"太极拳"项目列入联合国教科文组织人类非物质文化遗产代表作名录。传统太极拳门派众多，常见的有陈式、杨式、武式、吴式、孙式、和式等。1949年后，太极拳被国家体育运动委员会统一改编为简易太极拳，即"二十四式太极拳"。

二、二十四式太极拳

　　与传统太极拳相比，二十四式太极拳的内容更加简练、动作更加好学，整个套路动作分8组，共24个招式。

1. 第一组

　　第一组包括起势、左右野马分鬃、白鹤亮翅3个招式。起势是太极拳的基本姿势。左右野马分鬃分为收脚抱球、转体迈步和弓步分掌3个动作，动作一致但方向相反，动作顺序为"左野马分鬃－右野马分鬃－左野马分鬃"。白鹤亮翅分为跟步抱球、后坐转体和虚步分掌3个动作。

　　（1）起势。

　　动作要领：两脚开立，左脚缓缓提起（不超过右踝的高度）向左横跨半步，与肩同宽，脚尖、脚跟依次落地，成开立步。然后，两臂缓缓向前平举，至高、宽同肩，手心向下，指尖向前。最后，上体保持正直，两腿缓缓屈膝半蹲，两掌轻轻下按，落于腹前，掌膝相对。

　　（2）收脚抱球。

　　动作要领：上体微右转，身体重心移至右腿上；同时，右手向右、向上、向左画弧，右臂平屈于右胸前，掌心向下，手指微屈，左手向下、向右画弧，逐渐翻转至右腹前，掌心向上，两掌心上下相对成抱球状；左脚随即收到右脚内侧，脚尖点地（即脚前掌着地，下同），成左丁步；目视右手。

（3）转体迈步。

动作要领：上体缓缓左转，左脚向左前侧迈出一步，左腿自然伸直，脚跟着地；同时，左、右手分别向左上、右下分开；视线随左手移动。

（4）弓步分掌。

动作要领：随转体左脚全掌逐渐踏实，左腿屈膝前弓，身体重心逐渐前移至左腿，右腿自然伸直，右脚跟后蹬稍外碾，成左弓步；同时两手继续分开，左手高与眼平，掌心斜向上，右手落于右胯旁，掌心向下，指尖朝前；两肘微屈，保持弧形；目视左手。

（5）跟步抱球。

动作要领：上体微左转，右脚脚跟先离地，向前跟进半步，前脚掌着地，落于左脚后（约20cm），身体重心仍在左腿；同时，左手翻掌向下，左臂平屈于左胸前，右手翻掌向上，向左上划弧至左腹前，与左手成抱球状，目视左手。

（6）后坐转体。

动作要领：上一动作不停（表示动作与动作之间的连贯性），上体稍右转，右脚全脚掌踏实，右腿屈蹲，重心移至右腿；同时，左、右手分别向左下、右上分开；视线随右手移动。

（7）虚步分掌。

动作要领：上一动作不停，上体稍向左转，面向前方（前进方向），左脚稍向前移，脚尖点地，膝微屈，成左虚步；同时，右手继续向右上划弧至右额前，掌心向内，指尖稍高于头，左手下按至左胯前，掌心向下，指尖略朝前；目视前方。

2. 第二组

第二组包括左右搂膝拗步、手挥琵琶、左右倒卷肱3个招式。搂膝拗步分为转体摆臂、弓步搂推两个动作，左右搂膝拗步动作一致、方向相反，动作顺序为"左搂膝拗步–右搂膝拗步–左搂膝拗步"。手挥琵琶分为跟步展臂、后坐引手和虚步合臂3个动作。倒卷肱分为转体撤掌、提膝屈肘和退步推掌3个动作，左右倒卷肱动作一致、方向相反，动作顺序为"右倒卷肱–左倒卷肱–右倒卷肱–左倒卷肱"。

（1）转体摆臂。

动作要领：上体微左转再右转，左脚收至右脚内侧，脚尖点地；同时，右手经体前下落，由下经右胯侧向右肩外侧划弧，至与耳同高，掌心斜向上，肘微屈；左手由左下向上，经面前再向右下划弧至右肩前，肘部略低于腕部，掌心斜向下；目视右手。

（2）弓步搂推。

动作要领：上一动作不停，上体左转，左脚向左前方迈出，成左弓步，身体重心移至左腿；同时，右手内旋回收，经右耳侧向前推出于右肩前方，高与鼻平，掌心向前，指尖朝上；左手向下经左膝前搂过（即向左划弧搂膝），按于左胯侧稍前，掌心向下，指尖朝前；目视右手。

（3）跟步展臂。

动作要领：右脚跟进半步，以前脚掌着地，落于左脚后约20cm处。同时，右臂稍向前伸展，腕关节放松；目视右手。

（4）后坐引手。

动作要领：上体后坐，右脚全脚掌踏实，身体重心移至右腿；上体稍向右转，左脚跟离地，随转体左手由左下向前上弧形挑举，高与鼻平，肘微屈，掌心斜向下；左手屈臂后引，收于左肘里侧，掌心斜向下；目视左手。

（5）虚步合臂。

动作要领：上体微向左回转，但仍保持稍向右侧身状；左脚稍向前移，脚跟着地，膝微屈，成左虚步；同时，两臂外旋，屈肘合抱，左手与鼻相对，掌心向右，右手与左肘相对，掌心向左，犹如怀抱琵琶；目视左手。

（6）转体撇掌。

动作要领：上体右转，两手翻转向上，右手向下撇引，经腰侧向右后上方划弧，至与耳同高，掌心斜向上，肘微屈；目随转体先右视，再转视左手。

（7）提膝屈肘。

动作要领：上体微向左回转，左腿屈膝提起，脚尖自然下垂；同时，右臂屈肘卷回，右手收向右耳侧，掌心斜向前下方；目视前方。

（8）退步推掌。

动作要领：上一动作不停，上体继续微向左回转至朝前，左脚向后略偏左侧退一步，脚前掌先着地，然后全脚掌踏实，屈膝微蹲；身体重心移至左腿，右脚跟离地，并随转体以前脚掌为轴随转体将脚扭正（脚尖朝前），膝微屈，成右虚步；同时，右手经耳侧向前推出，高与鼻平，左臂屈肘收至左胯旁，掌心向上；目视右手。

3. 第三组

第三组包括左揽雀尾、右揽雀尾两个招式。左揽雀尾有转体抱球、弓步掤臂、转体伸臂、转体后捋、弓步前挤、后坐收掌和弓步按掌等动作。除转体抱球外，右揽雀尾的基本技术动作和左揽雀尾一致，只不过方向相反。

（1）转体抱球。

动作要领：上体右转，左脚收至右脚内侧，脚尖点地，成左丁步，重心落于右腿；同时，右手由胯侧向右后上方划弧屈臂于右胸前，掌心向下；左手由体前划弧下落至右腹前，掌心向上，两手相对成抱球状；目视右手。

（2）弓步掤臂。

动作要领：上体左转，左脚向左前方上步，屈膝，右腿自然蹬直，身体重心前移至左腿，成左弓步；左臂向左前方平屈掤出（左臂平屈成弧形，用前臂外侧和手背向左侧推出），高与肩平，掌心向内；右手向右下方划弧落按于右胯旁，掌心向下，指尖朝前；目视左前臂。

（3）转体伸臂。

动作要领：上体稍向左转，左前臂内旋，左手前伸翻掌向下，右前臂外旋，右手翻掌向上，经腹前向前上伸至左前臂下方；目视左手。

（4）转体后捋。

动作要领：上一动作不停，上体右转，右腿屈蹲，上体后坐，左腿自然伸直，身体重心移至右腿；同时，两手经腹前向右后上捋，直至右手掌心斜向上，高与耳平，左臂平屈于胸前，掌心向内；目视右手。

（5）弓步前挤。

动作要领：上体微左转，左腿屈膝前弓，右腿自然蹬直，重心前移成左弓步；同时，右臂屈肘回收，右手经面前附于左腕内侧，掌心向内，左掌心向外，双手同时向前慢慢挤出，与肩同高，两臂呈半圆形；目视左腕。

（6）后坐收掌。

动作要领：左前臂内旋，左掌下翻，右手经左腕上方向前伸出，掌心向下，两手左右分开，与肩同宽；然后，上体后坐，屈右膝，左腿自然伸直，脚尖翘起，身体重心移至右腿；同时，两臂屈肘，两手划弧回收至腹前，掌心均向前下方；目视前方。

（7）弓步按掌。

动作要领：上体动作不停，左脚掌踏实，左腿屈膝前弓，右腿自然蹬直，身体重心前移成左弓步；同时两手向前、向上推按，与肩同宽，腕高与肩平，掌心向前，指尖朝上，两肘微屈；目视前方。

（8）转体抱球（右揽雀尾）。

动作要领：上体右转并后坐，屈右膝，左腿自然伸直，脚尖内扣，身体重心后移至右腿；同时，右手经面前平摆右移，掌心向外，两臂成侧平举；视线随右手移动。随后，上体微左转，屈左膝，右脚收至左脚内侧，脚尖点地，成右丁步，重心回移到左腿；同时左臂平屈胸前，掌心向下，右手由体侧右下向上翻掌划弧至左腹前，掌心向上，两手相对成抱球状；目视左手。

4. 第四组

第四组包括单鞭、云手、单鞭3个招式。单鞭的动作包括转体扣脚、丁步勾手和弓步推掌。云手招式需要左右各做3次，动作次序为"转体扣脚-收步云手-开步云手-收步云手-开步云手-收步云手"。除转体扣脚外，后一个单鞭招式的基本技术动作和前一个单鞭招式相同。

（1）转体扣脚（单鞭）。

动作要领：上体左转并后坐，左腿屈膝微蹲，右膝自然伸展，右脚尖翘起内扣，身体重心移至左腿；同时，左手经面前至身体左侧平举，肘微垂，掌心向左，指尖朝上，右手向下经腹前向左划弧至左肋前，臂微屈，掌心向后上方；视线随左手移动。

（2）丁步勾手。

动作要领：上体右转，屈右膝，左脚收至右腿内侧，脚尖点地，身体重心移至右腿；同时右手逐渐翻掌，并向右上方划弧，经面前至身体右侧时变勾手，勾尖朝下，腕高与肩平，肘微垂，左手向下经腹前向右上划弧至右肩前，掌心转向内；视线随右手移动，目视右勾手。

（3）弓步推掌。

动作要领：上体左转，左脚向左前方迈出，成左弓步，身体重心移至左腿；同时左掌经面前翻掌向前推出，掌心向前，腕与肩平，左掌、左膝、左脚尖上下相对；视线随左手移动，最后目视左手。

（4）转体扣脚（云手）。

动作要领：身体渐向右转，右腿屈膝半蹲，左脚尖翘起、内扣、着地，身体重心回移至右腿；同时，左手下落经腹前向右上划弧至右肩前，掌心斜向后；右手松勾变掌，掌心向右前方；目视右手。

（5）收步云手。

动作要领：上体左转，身体重心随之左移；右脚提起，收至左脚内侧（相距10~20cm），前脚掌先着地，全脚掌逐渐踏实，两脚平行，两膝微屈；同时，左手划弧经面前向左运转，至身体左侧时，内旋外撑，掌心向外，腕与肩平；右手下落经腹前向左上方划弧，至左肩前，掌心斜向里；目视左手。

（6）开步云手。

动作要领：上体右转，左脚向左横跨一步，脚尖向前，前脚掌先着地，全脚掌逐渐踏实，身体重心移至右腿；同时，右手经面前向右划弧，至身体右侧时，内旋外撑，掌心向外，腕与肩平；左手向下经腹前向右上方划弧，至右肩前；目视右手。

（7）转体扣脚（单鞭）。

动作要领：上体右转，左脚跟离地，身体重心移至右腿；同时，右手经面前向右划弧至身体右侧，内旋、五指屈拢变成勾手，勾尖朝下；左手向下经腹前向右上划弧至右肩前，掌心斜向内；视线随右手移动，最后目视右勾手。

5. 第五组

第五组包括高探马、右蹬脚、双峰贯耳、转身左蹬脚4个招式。高探马有跟步翻掌和虚步推掌两个动作。右蹬脚分为弓步分掌、收脚抱手、蹬脚分掌3个动作。双峰贯耳分为屈膝并掌、迈步落手、弓步贯拳3个动作。转身左蹬脚分为转体分掌和蹬脚分掌两个动作。

（1）跟步翻掌。

动作要领：上体微右转，右脚跟进半步，前脚掌先着地，全脚掌逐渐踏实，屈膝后坐，身体重心移至右腿，左脚跟提起；同时右勾手变掌外旋，两掌心翻转向上，两肘微屈；目视左手。

（2）虚步推掌。

动作要领：上体微向左转，左脚稍向前移，脚尖点地，膝微屈，成左虚步；同时，右臂屈肘，右手经耳侧向前推出，腕与肩平，掌心向前，左手收至左腰前，掌心向上；目视右手。

（3）弓步分掌。

动作要领：左脚提起向左前侧方迈出，脚尖稍外撇，成左弓步，身体重心前移至左腿；同时，左手前伸至右腕背面，两腕背对交叉，腕与肩平，左掌心斜向后上，右掌心斜向前下；随即两手分开，经两侧向腹前划弧，肘微屈；目视前方。

（4）收脚抱手。

动作要领：上一动作不停，右脚跟进，收至左脚内侧，脚尖点地；同时，两手下落经腹前由外向内上划，相交合抱于胸前，右手在外，掌心均向内；目视右前方。

（5）蹬脚分掌。

动作要领：右腿屈膝上提，右脚向右前方慢慢蹬出，脚尖朝上，力贯脚跟；同时，两手翻掌左右划弧分开，经面前至侧平举，肘微屈，腕与肩平，掌心均斜向外；右臂与右腿上下相对；目视右手。

（6）屈膝并掌。

动作要领：右小腿回收，屈膝平举，脚尖自然下垂，左手摆至体前，两手并行由体前向下划弧，落于右膝上方，掌心均翻转向上；目视前方。

（7）迈步落手。

动作要领：右脚向前方落下，脚跟着地，两手继续下落至两胯旁，掌心均斜向上；目视前方。

（8）弓步贯拳。

动作要领：右脚掌逐渐踏实，右腿屈膝前弓成右弓步，身体重心移至右腿；同时，两手继续向后划弧，并内旋握拳，从两侧向前、向上弧形摆至面部前方，高与耳齐，宽约与头同，拳眼斜向下，两臂微屈；目视右拳。

（9）转体分掌。

动作要领：上体向左后转，左腿屈膝后坐，右脚尖内扣（约90°），身体重心移至左腿；同时，两拳变掌，向左右两侧分开平举，掌心斜向外，肘微屈；目视左手。紧接着收脚抱手，右腿屈膝后坐，左脚收至右脚内侧，脚尖点地，身体重心回移至右腿；同时，两手下落经腹前向上划弧，交叉合抱于胸前，左手在外，两掌心皆向内；目视前方。

（10）蹬脚分掌（转身左蹬脚）。

动作要领：动作同右蹬脚中的蹬脚分掌，但方向相反。

6. 第六组

第六组包括左下势独立、右下势独立两个招式。左下势独立包括收腿勾手、仆步穿掌、弓步立掌和提膝挑掌4个动作。除收腿勾手外，右下势独立的动作同左下势独立，但方向相反。

（1）收腿勾手。

动作要领：左腿回收平屈，小腿稍内扣，脚尖自然下垂，随之上体右转；同时，右掌变勾手，勾尖朝下，左手向上、向右经面前划弧下落，立于右肩前，掌心斜向后；目视右勾手。

（2）仆步穿掌。

动作要领：右腿慢慢屈膝下蹲，左脚向左侧偏后伸出，脚尖内扣，成右弓步，上体左转，右腿继续向下全蹲成左仆步；同时，左手外旋下落，向左下沿左腿内侧向前穿出，掌心向左；目视左手。

（3）弓步立掌。

动作要领：左脚以脚跟为轴，脚尖外摆，左腿屈膝前弓，右脚尖内扣，右腿自然蹬直，身体重心前移；上体微向左转并随步型转换向前起身，左臂继续前伸，立掌挑起，掌心斜向右，右勾手内旋下落于身后，勾尖转向后上方，右臂伸直成斜下举；目视左手。

（4）提膝挑掌。

动作要领：身体重心继续前移，右腿慢慢屈膝提起，与腹同高，脚尖自然下垂，左腿微屈支撑，成左独立式，右勾手变掌，下落经右腿外侧向体前弧形挑起，屈臂立于右腿上方，肘膝相对，掌心斜向左，指尖朝上，腕与肩平，左手下按落于左胯旁，掌心向下，指尖朝前；目视右手。

（5）收腿勾手（右下势独立）。

动作要领：右脚落于左脚右前方，脚尖点地，然后以左脚前掌为轴内转脚跟，身体随之左转；同时，左手向左后侧提起，成勾手平举，勾尖朝下，腕与肩平，臂微屈；右手随转体经面前向左划弧至左肩前，掌心斜向后；目视左勾手。

7. 第七组

第七组包括左右穿梭、海底针、闪通臂3个招式。左穿梭包含落脚转体、收脚抱球和弓步架推3个动作，右穿梭仅包括收脚抱球和弓步架推两个动作。海底针仅有一个招式动作，但比较复杂。闪通臂包括提脚提手、迈步分手和弓步推撑3个动作。

（1）落脚转体。

动作要领：上体左转，左脚向左前落地（先以脚跟着地，再全脚掌踏实），脚尖外摆，两腿屈膝，成半坐盘式，身体重心略前移；同时左手内旋屈臂于左胸前，掌心向下，右手外旋摆至腹前，掌心向上；目视左手。

（2）收脚抱球。

动作要领：上体继续左转，右脚收到左脚内侧，脚尖点地，身体重心移至左腿；同时两手左上右下成抱球状；目视左手。

（3）弓步架推。

动作要领：上体右转，右脚向右前方迈出，成右弓步，身体重心前移；同时右手内旋，向前、向上划弧，举架于右额前，掌心斜向上；左手先向左下划弧至左肋前，再向前上推出，与鼻同高，掌心向前；目视左手。

（4）海底针。

动作要领：首先跟步提手，上体稍向右转，右脚向前跟进半步，右腿屈膝微蹲，左脚稍提起，身体重心移至右腿；同时右手下落经体侧向后、向上屈臂提抽至右耳侧，掌心斜向左下，指尖斜向前下，左手经体前下落至腹前，掌心向下，指尖斜向右前方；目视右前方。紧接着上体稍左转；左脚稍向前移，脚尖点地成左虚步；同时右手向斜前下方插出，掌心向左，指尖斜向前下，左手向下、向后划弧，经左膝落至左大腿侧，掌心向下，指尖朝前；目视前下方。

（5）提脚提手。

动作要领：左腿屈膝，左脚微提起；同时右手经体前上提至肩，掌心向左，指尖朝前；左手向前、向上划弧至右腕内侧下方，掌心向右，指尖斜向上；目视前方。

（6）迈步分手。

动作要领：上体稍右转，左脚向左前方迈出，脚跟着地；同时右手上提内旋，掌心翻向外；目视右前方。

（7）弓步推撑。

动作要领：上体继续右转，左脚掌踏实，左腿屈弓成左弓步，重心前移；左手向前推出，掌心向前，高与鼻平，肘微屈；右手屈臂上举，圆撑于右额前上方，掌心斜向上；目视左手。

8. 第八组

第八组包括转身搬拦捶、如封似闭、十字手、收势4个招式。转身搬拦捶包含转体扣脚、坐身握拳、摆步搬拳、转体收拳、上步拦掌和弓步打拳6个动作。如封似闭和十字手都只有一个动作，但都比较复杂。收势是太极拳的结束招式。

（1）转体扣脚。

动作要领：上体右转，右腿屈膝后坐，左脚尖翘起内扣，身体重心移至右腿；两手向右划弧，右手成右侧举，左手至头左侧，掌心均向外；目视右手。

（2）坐身握拳。

动作要领：上体继续右转，左腿屈膝后坐，右脚跟离地，以脚前掌为轴微向内转，身体重心回移至左腿；右手继续向下、向左划弧，经腹前屈臂握拳，摆至左肋旁，拳心向下；左手继续上举至左额前上方，掌心斜向前上；目视右前方。

（3）摆步搬拳。

动作要领：上一动作不停，身体右转至面向前方；右脚提收到左踝内侧（不触地），再向前垫步迈出，脚尖外撇，脚跟先着地，随即全脚掌踏实；右拳经胸前向前翻转搬出（即右手经胸前以肘关节为轴，向上、向前搬打），高与肩平，拳心向上，拳背为发力点，肘微屈；左手经右前臂外侧下落，按于左胯旁，掌心向下，指尖朝前；目视右拳。

（4）转体收拳。

动作要领：上体微向右转，右腿屈膝，重心前移，左脚跟提起；左掌经体侧向前上划弧，右拳内旋回收至体侧，拳心转向下，右臂平屈于胸前右侧；目视前方。

（5）上步拦掌。

动作要领：上一动作不停，左脚向前上步，脚跟着地；左手向前上划弧拦出，高与肩平，掌心斜向右，指尖斜向上；右拳向右摆，内旋屈收于右腰旁，拳心转向上；目视左手。

（6）弓步打拳。

动作要领：身体稍左转，左脚掌踏实，左腿屈弓成左弓步，重心前移；右拳向前打出，高与胸平，拳眼向上，肘微屈；左手微收，附于右前臂内侧，掌心向右，指尖斜向上；目视右拳。

（7）如封似闭。

动作要领：先做穿手翻掌，右拳变掌，两掌心翻转向上，左掌经右前臂下向前伸出；两手交叉，随即向两侧分开，与肩同宽；目视前方。上一动作不停，后坐收掌，右腿屈膝，上体慢慢后坐，左脚尖翘起，身体重心移向右腿；两臂屈肘回收，两手翻转向下，沿弧线经胸前内旋向下按于腹前，掌心斜向下；目视前方。上一动作不停，做弓步推掌，左脚掌踏实，左腿屈膝成左弓步，重心前移；两手向上、向前推出，臂微屈，腕与肩平，掌心均向前；目视前方。

（8）十字手。

动作要领：首先转体分掌，上体稍右转，右腿屈膝后坐，脚尖稍外撇，左腿自然带直，脚尖内扣，成右侧弓步，身体重心移向右腿；右手随转体经面前向右平摆划弧，与左手成两臂侧平举，肘微屈，掌心均向前；目视右手。上一动作不停，紧接收脚合抱，上体稍左转，左腿屈膝，右脚尖内扣，脚跟离地，身体重心移至左脚；随即右脚轻轻提起向左回收，前脚掌先着地，进而全脚掌踏实，脚距与肩同宽，脚尖朝前，两腿慢慢伸直成开立步，身体重心移到两腿中间；两手下落经腹前再向上划弧，交叉合抱于胸前，腕与肩平，两臂撑圆，两掌心均向前下方，右手在外，成十字手；目视前方。

练习太极拳要求大学生学会敬道、敬师、敬友、敬对手。另外，大学生在练习太极拳的过程中，要将自己和太极文化融为一体，并且能够在日常学习和生活中体会太极拳的包容文化，能容纳不同的意见，化解有不同意见甚至意见对立的人和事之间的矛盾，能为自己了解和领略太极文化而自豪。追求"和谐"既能体现太极拳的内在精神，更能体现我国传统文化的核心价值观。所以，大学生要倡导"和谐文明"的学习和生活方式，要努力培养自己的服务意识，提倡服务精神，让"我为人人，人人为我"成为社会的一种新风尚。只有尊重别人，才能得到别人的尊重，全社会之间互敬互爱，彼此尊重，就能形成和谐友好的人际关系，完成和谐社会的伟大目标。

（9）收势。

动作要领：首先翻掌分手，两手向外翻掌，掌心向下，左右分开，与肩同宽；目视前方。随后两臂慢慢下落至两胯外侧，自然下垂，松肩垂肘；目视前方。动作完成后，可进行3~4次深呼吸。

课后训练

1. 武术基本功训练

训练目标：巩固武术基础知识，掌握武术基本技术。

技术要点：挺胸、立腰、开髋、侧身、猛收腹、脚面绷平、摆腿。

训练方式：单人训练或集体训练。

训练内容：包括跑步（耐力训练、提高肺活量）、压腿（正压腿、侧压腿）、蹲马步、站弓步、低踢腿、低扫腿、侧踹腿、低鞭腿、高鞭腿、连环腿、腾空弹跳训练、腿部出击速度爆发力训练、腿部抗击打力训练（辅助训练器材沙袋、木桩、汽车轮胎）等内容，注意压腿时应循序渐进，以防止拉伤韧带。

训练规则：跑步和压腿保证20min左右，其他腿部练习应该在30min左右。

2. 太极拳基本功练习

训练目标：修身养气，让自己的心情完全沉静下来。

技术要点：柔和缓慢、全神贯注、呼吸自然。

训练方式：单人训练或集体训练。

训练内容：先采气，包括捧气通身、拉气进身、合气沉丹田、提气上丹田4个步骤；然后进行站桩或静坐训练，时间为10~30min。

训练规则：技术动作按二十四式太极拳基本动作要领。

第7章
传统体育项目

传统体育项目中凝聚着先民的智慧，是我国传统文化的结晶，在今天仍然具有鲜明的现实意义，适宜广大大学生参与和开展。

本章学习目标

体育目标	• 通过珍珠球运动，培养人体的力量、耐力、灵敏、速度等素质，促进人体呼吸循环功能的改善。 • 通过板鞋竞速运动，提高神经和肌肉系统的协调性和活动能力，培养速度、力量、耐力、灵敏、柔韧等身体素质。 • 通过抛绣球运动，提升身体的力量素质，提高感觉及神经系统的机能，增强机体的灵敏性、协调性和柔韧性。 • 通过陀螺运动，培养和提高人体的速度、力量、协调性、灵敏素质，加强腕部力量，并培养敏锐的观察力。
德育目标	• 开展传统体育项目，了解和体验传统文化，增强民族认同感，自觉传承优秀传统文化。 • 珍珠球、板鞋竞速、背篓绣球能够强化团队意识，增强团队协作能力，培养勇敢、坚毅的意志品质。 • 培养大学生刻苦耐劳的精神和坚毅顽强的意志。

第一节　珍珠球运动

珍珠球原名"采珍珠"，满语为"尼楚赫"，又被称为"踢核""采核""扔核"（这里"核"即"珍珠"的意思），是满族人民十分喜爱的一项特色民俗运动。珍珠球作为一项民族传统体育运动项目在民间流传，已有400多年的历史。

一、珍珠球运动概述

采珍珠是古代满族的传统生产方式之一，在满族人心里，珍珠是光明和幸福的象征，有着特别的意义。珍珠球运动便是模仿满族采珠人的劳动场景逐渐演变而成的。

早期的珍珠球运动在水中进行，是一种象征性地捕捞河蚌的竞赛，两队运动员用绣球代表珍珠往筐里投，同时派两名队员各执两片大河蚌壳，阻止对方将珍珠投入筐中，投中数量多者获胜。后来，珍珠球从水中转到陆地上进行。清代，随着满族人民向全国迁徙，珍珠球运动也被带到了北京、河北、山东等地。

1986年，在新疆维吾尔自治区举行的第三届全国少数民族传统体育运动会上，北京队进行了珍珠球表演赛，受到观众的热烈欢迎。很快，珍珠球运动项目开始得到重视和推广。1989年，满族传统体育研究会在河北承德举办了共有25支男、女子代表队参加的全国珍珠球邀请赛。1990年，国家体育总局、国家民委举办了珍珠球裁判员、教练员学习班，并同时举办第三届全国珍珠球邀请赛。1991年，第四届全国少数民族传统体育运动会将珍珠球列为正式比赛项目。图7-1所示为第八届全国少数民族传统体育运动会男子珍珠球比赛的场景，图中封锁区的持拍队员正与得分区的持网队员奋力争抢珍珠球。

二、珍珠球运动比赛的规则要点

传统珍珠球运动传承至民国初期就已失传，现代珍珠球运动是在1983年由专家学者们对史料进行挖掘、整理，并参考篮球、手球规则所创，经进一步整理后，才成为北京市民族传统体育运动会的比赛项目。

图7-1　珍珠球比赛场景

1. 比赛场地与器材

珍珠球比赛需要在特定场地举行，还需使用比赛用球、球拍和抄网等器材。

（1）比赛场地。珍珠球比赛的球场是一个长28m、宽15m的长方形坚实平面。周围应设置至少3m的无障碍区，场地上空至少7m应无障碍物。场地内设水区、限制区、封锁区、隔离区及得分区，水区的大小为22m×15m，限制区的大小为0.8m×15m，封锁区的大小为1m×15m，隔离区的大小为0.4m×15m，得分区的大小为0.8m×15m。通常，水区为海蓝色，限制区与隔离区为红色，封锁区与得分区为黄色（也可用其他颜色，但限制区与隔离区的颜色应一致，封锁区与得分区的颜色应一致）。

场地所有界线为白色，所有线宽5cm，场地长边界线称为边线，短边界线称为端线。场地中必须画有中圈与中线。中圈画在球场中央，直径为3.6m。中线连接两边线的中点并与两端线平行。罚球点为直径10cm的白色实心圆点。罚球点的中心距端线内沿7m，距边线内沿7.5m，如图7-2所示。

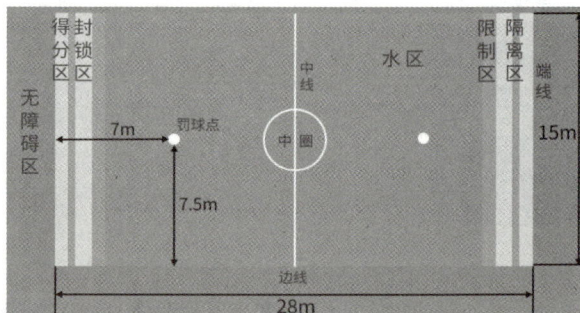

（2）比赛用球。珍珠球的外壳用皮革或橡胶制成，内装有球胆，表面应为珍珠（白）色。球的圆周长为54~56cm，质量为300~325g。一个符合比赛标准的用球是当球充气后从1.8m（从球的底部量起）的高度自由落地时，反弹起的高度不能低于1.2m，也不能高于1.4m（从球的顶部量起）。

图7-2　珍珠球场地

（3）球拍。珍珠球的球拍为蛤蚌形状，用具有韧性的树脂材料制成。球拍部分长35cm，最宽部分为25cm，厚度为0.3~0.5cm。球拍边缘要用橡胶或软质材料包裹，宽度不超过0.4cm，厚度不超过0.2cm。拍柄为椭圆柱形，长为15cm，最大直径为4cm。球拍总长为50cm，质量为390~410g。

（4）抄网。抄网兜口为圆形，网圈用圆形金属条制成。圈条直径为0.4~0.42cm，兜口直径为25cm。网兜用细绳或尼龙绳织成，网深30~35cm，网眼直径为3~3.5cm。网兜颜色应为深色。网柄为圆柱形，长为15cm，直径为3~4cm。抄网质量为180~250g。

2. 比赛通则

珍珠球运动的基本规则如下。

（1）得分与胜利。持网队员在得分区内按规则的规定将水区投射来的或防守队员未挡住的球抄入网内，由裁判员认定为得分。比赛结束时得分多者为胜。

（2）队员分配。每场珍珠球比赛由两个队参加，每队上场7名队员。水区内，双方各有4名队员负责进攻或防守。进攻者可将球向任何方向传、拍、滚、运，目的是向抄网投球得分。防守者可以阻止对方投球得分。每队有1名队员在得分区内活动，手持抄网，抄本方水区队员投射来的球。封锁区内有两名防守队员，手持球拍，用球拍封挡、拦截由水区进攻队员向得分区投射的球，以阻止进攻队得分。

（3）比赛时间。比赛分上、下两个半时，每半时15min，两半时中间休息10min。如果下半时终了时得分相等，则延长3min作为决胜期继续比赛。必要时可延长多个3min，直到分出胜负为止。下半时与第一个决胜期之间休息2min，此后的每个决胜期之间只交换发球权，不休息。

（4）暂停。每队每半时2次暂停，每一决胜期1次暂停。暂停时间为完整的1min并且必须登记，某半时没用的暂停不能挪到另一半时或决胜期使用。

3. 水区队员通则

水区中的队员，需遵守以下规则。

（1）运球。水区队员在场上控制球后可在水区内向任何方向运球。将球掷、拍或滚在地面上并在球触及另一队员之前再触及球为运球开始。运球过程中必须使球与地面接触，运球的手不和球接触时，运球队员走或跑的步数不受限制。

用双手同时触及球或使球在一手或两手中停留的瞬间即运球完毕。运球结束后不能再运球，除非失去了对球的控制，失去对球的控制包括投球、球被对方队员拍击、传球或漏接后球触及了另一队员或被另一队员触及。

（2）带球走。持球的队员可以用同一只脚向任何方向踏出一次或数次（跨步或旋转），但另一只脚不能离开与地面的接触点（称为中枢脚）。队员在持活球进行跨步旋转时必须有中枢脚。

确定了中枢脚后，在传球和投球中，中枢脚可以抬起，但在球离手前不可以落回地面。运球开始时，在球离手前中枢脚不可以抬起。

（3）严密防守。被严密防守（在正常的一步之内）的水区持球队员要在5s内传、投、滚或运球。

4. 封锁区、得分区队员通则

在封锁区、得分区的队员需遵守以下规则。

（1）封锁区队员规则。封锁区队员即持拍队员，比赛双方各有两名。两名持拍队员双手各持一拍，可在封锁区内用球拍封挡、夹接、按压、挑拨由水区队员投射来的球或其他形式的来球，以阻截球达到防守目的。持拍队员身体的基本姿势应正对或侧对水区（不允许面对持网队员），转身或移动的过程中亦不许将身体的正面朝向持网队员。

持拍队员不得用手、臂及膝以下部位主动触球。获球后或将球封挡在封锁区内后，应在5s内将球用球拍抛传给限制区或水区内的同队水区队员。

原地或跳起封挡球时，身体的任何部位（含器械）不得接触封锁区以外的地面，可以在封锁区内起跳封挡飞越边线上空及边线垂直面外的球后落到边线外，但不得在身体和器械落在场外地面的同时触球，且跳向边线外封挡球时仍受两条延长虚线的限制。可以在封锁区用球拍触及处于限制区内和隔离区内的球，不得在落地时触及隔离区地面或落入隔离区内。如落地时踏及封锁线或进入限制区，应迅速返回封锁区。

防守时持拍队员身体的任何部位（含器械）不得越过得分线的垂直面进入得分区空间或触及得分区的地面，更不能进入得分区触及得分区内的球或与持网队员发生身体（含器械）接触。

（2）得分区队员规则。得分区队员即持网队员，比赛双方各有一名。持网队员手持一个抄网，可在得分区内用抄网抄中从水区投射来的或防守队员未挡住的球，球合法抄入网后按规则判给得1分或2分。

127

持网队员不得用手（持网手除外）、臂及膝以下部位主动触球。在得分区内，如不能一次抄球入网，可用抄网的任何部位（含持网的手）连续触球，以控制球并抄入网内。得分区与隔离区之间的界线（得分线）被看作立体的。持网队员身体的任何部位（含器械）不得触及隔离区地面，不得越过得分线的垂直面进入隔离区空间，不得触及处在隔离区内的球。在得分区抄整个球体越过得分线的垂直面进入得分区的球时，只有在不与对方持拍队员发生身体（含器械）接触的情况下，允许抄网的部分兜口和网兜越过得分线的垂直面。持网队员可以在得分区内抄飞越边、端线上空及边、端线垂直面的球。但向边线外抄球时，球的位置仍受得分线延长虚线的限制。持网队员身体及器械的任何部位不得越过得分线的垂直面与对方持拍队员发生身体及器械接触。

三、珍珠球运动基本技术

在珍珠球运动中，队员处在场上的不同位置，即有不同的职责，其技术要求也各具特色，其中尤以水区运动员的技术最为复杂，分为移动、运球、传球、接球、突破和投射。下面详细介绍水区运动员、封锁区运动员和得分区运动员的技术。

1. 水区运动员技术

（1）移动

水区运动员需要通过各种快速、突然的脚步动作，达到进攻时摆脱防守、防守时盯防对手，争取攻防主动的目的。水区运动员的基本技术包括准备姿势、起动、跑、跳、急停、转身、滑步、后撤步、攻击步。

① 准备姿势。准备姿势又称基本站立姿势，能帮助运动员保持身体平衡和较大的应变性，有利于运动员迅速、协调地进行移动。

动作要领：运动员两脚开立约同肩宽，平站和斜站皆可，两膝微屈并稍内收，脚跟稍提起，上体稍前倾，身体重心投影点落于两脚之间，两臂置于体侧，自然屈肘，目视前方。

珍珠球

② 起动。起动是由静转动的第一步，快速起动能及时有效地摆脱防守，占据有利位置。

动作要领：以准备姿势为基础，向前起动时，上体前倾，一只脚蹬地发力，另一只脚迅速向前跨出。向体侧起动时，向起动方向转身，异侧脚蹬地发力，并向起动方向跨出。

③ 跑。跑具有速度快，速度可控，方向灵活，便于急停、转身、起跳等特点，在跑的过程中，运动员可以自如地控制球。

动作要领：两膝自然弯曲（不需要充分蹬伸动作），重心稍微下降，用脚前掌或全掌（由脚跟先着地过渡到全脚掌）着地，上体微向前倾，两臂自然摆动，眼睛注意观察场上情况。加速时，用脚掌短促有力地向后蹬地，上体稍向前倾，以短小的两三步加快跑的频率；减速时，步幅可以稍大，上体直起，以脚前掌用力抵住地面来减缓向前的冲力。

> 知识补充
>
> 在跑步中变向可以应用技巧，以从右向左变向跑为例，运动员最后一步屈膝着地同时脚尖稍向内扣，右脚脚前掌内侧用力蹬地，腰部随之扭转，上体向左前倾，转移重心，左脚向左前方跨出一小步用力蹬地，右脚迅速随着向左侧前跨出一大步，继续加速跑。

④ 跳。跳是运动员在场上争取高度及远度的一种动作方法，其要求是起跳快、跳得高、滞空时间长。双脚起跳和单脚起跳在技术上有所区别。

双脚起跳动作要领：起跳前，运动员两脚开立约同肩宽，两膝快速弯曲下蹲，两臂相应后摆，上体稍前倾。起跳时，两脚用力蹬地，伸膝，提腰，两臂迅速向前上方摆，使身体向上腾起。上体在空中自然伸展，腰部用力保持平衡。落地时，用脚前掌先着地，并屈膝缓冲下落的重力，保持身体平衡。

单脚起跳动作要领：起跳时，踏跳脚脚跟先着地，迅速过渡到脚前掌用力蹬地，同时提腰摆臂，另一腿快速屈膝上提，当身体达到最高点时，摆动腿自然伸直与起跳腿合并。落地时，双脚要稍分开，注意屈膝缓冲。

⑤ 急停。急停是跑动中突然制动的方法，也是各种脚步动作衔接和变化的过渡动作。常用的急停有跨步急停（两步急停）和跳步急停（一步急停）。

跨步急停动作要领：运动员在快速跑动中先向前跨出一步，用全脚着地抵住地面，迅速屈膝，同时身体稍向后仰，转移重心，减缓向前的冲力；然后再跨出第二步，着地时脚尖稍向内转，用脚前掌内侧蹬地，两膝弯曲，身体侧转（右脚跨出第一步，身体右转），微向前倾，重心在两脚之间的上方，两臂自然张开，协助维持身体平衡。

跳步急停动作要领：运动员在近距离慢跑中，用单脚或双脚起跳（离地不高），上体稍向后仰，两臂自然摆动，两脚同时平行（略比肩宽）落地。落地时用全脚掌着地（或先用脚跟着地，然后迅速过渡到全脚掌着地）。两膝弯曲，两臂肘微张，保持身体平衡。

⑥ 转身。转身是运动员改变身体方向和站位以及改变与对手位置关系的一种方法。

动作要领：转身前，两膝微屈，上体稍向前倾，重心落于两脚之间。转身时，移动脚的脚前掌蹬地跨出的同时，重心移向中枢脚，以中枢脚的前脚掌为轴用力碾地，腰部转动带动上体随着移动脚转动，向前或向后改变身体的方向。在身体转动过程中，要保持身体重心平稳，不要起伏。转身后，重心仍回到两脚之间的上方。

⑦ 滑步。滑步是一种防守移动的方法，能够让运动员在保持身体平衡的前提下，向任何方向移动。滑步可分为侧滑步、前后滑步两种。

侧滑步动作要领：运动员两脚左右开立，略宽于肩，保持屈膝降低重心的姿势，上体微向前倾，两臂张开，抬头注视对手。向左侧滑步时，左脚向左迈出的同时，右脚蹬地滑动，跟随左脚移动，如此连续移动。向右侧滑步时，方法同上，但方向相反。

前滑步动作要领：由两脚前后站立开始，运动员向前滑步时，前脚向前迈出一步，着地的同时，后脚前掌内侧蹬地，紧随着向前滑动，保持前后开立姿势，注意屈膝降低重心。后滑步动作方法与前滑步相同，但方向相反。

⑧ 后撤步。后撤步是运动员在不转身的情况下向背后方向移动的技术，主要用于防守。

动作要领：运动员用前脚的脚前掌内侧蹬地，同时腰部用力向后转动，后脚碾蹬地面，前脚快速后撤，紧接滑步，调整防守位置。

⑨ 攻击步。攻击步是防守队员突然跨步前蹿，进行攻击性行为（抢断、拦截等）的步法。

动作要领：运动员后脚猛力蹬地，前脚迅速向前跨出逼近对手。落地时，重心略前移，前脚同侧手臂前伸做干扰和抢截性防守动作。

（2）运球

运球是控制球的队员一次或多次按拍从地面反弹起来的球的动作方法。运球可分为直线运球和变向运球。

动作要领：两眼平视，五指分开，以肘为轴，手心向下，手用力向前下方按拍，球的落点在身体侧前方，球的反弹高度在胸腹之间。直线运球时，拍球的后上部，跑动时，手脚配合协调有节奏地向前运行。变向运球时，拍球的侧后部，向对应方向变向。

（3）传球

传球是运动员为将球交予队友，有意识地将球投出的动作方法。准确度和隐蔽性是传球的关键。

① 单手肩上传球

动作要领：以右手肩上传球为例，运动员左脚向前迈出半步，右手持球于肩上，身体向右转将球引至右肩后上方，上臂抬起与肩平，出球时，右脚蹬地，迅速转体带动右臂，主动摆动前臂，手腕前扣，手指拨球，将球传出。

② 单手体侧传球

动作要领：以右手体侧传球为例，运动员右手持球自然放松下垂置于体侧，两脚前后左右开立，膝稍屈，身体重心落于两脚之间，身体正对前方。传球时肘关节微屈，将球提起置于体前，然后以上臂带动前臂由左向右水平挥摆。手腕外旋，使手掌对准传球方向，利用手臂的挥摆和手腕最后的甩动将球传出。

> **知识补充**　向内线队员传球时，为避免防守队员的封拦，运动员可以采取头后传球、背后传球或跨下传球等隐蔽性的传球方法。

（4）接球

接球是指接队友传球。运动员如果没有良好的接球技术，则不仅难以完成球的传递，还可能失去球权。传球与接球是两名队员之间连贯地配合。

① 双手接球。珍珠球体积小、球速快，所以在珍珠球比赛中，处理长传球、快速转移球时大多采用双手接球。

动作要领：以双手接平球为例，接球时，两眼注视来球，两臂向球伸出迎球，五指自然分开，稍向上翻。两大拇指相对成"八"字，手掌向前成半球状。在球触及手指的瞬间，两臂迅速随球向后回收缓冲把球接牢。同时要保持好身体平衡，以便衔接下一个动作。

> **知识补充**　接高球的动作方法与接平球基本相同，只是在接球时，运动员两臂要伸向前上方对准来球（有时还需跳起）向后缓冲，且动作要和来球方向基本一致。

② 单手接球。单手接球易失误，但是控制范围大、衔接动作快，在必要时可以使用。

动作要领：接球时，运动员主动伸出单臂迎球，五指自然分开，在手掌与球接触后，顺势往回撤，同时另一手快速护球。

（5）突破

突破是持球运动员超越防守者的方法，可以打乱正常防守，为同伴创造进攻机会。根据突破的方向和动作结构的不同，突破可分为同侧突破、异侧突破、跳步突破和转身突破。

（6）投射

投射指运动员向得分区投球，以求得分。投射是珍珠球运动的唯一得分手段。根据出球的角度，投射可分为高手投射、低手抛射和反弹投射。

① 高手投射。高手投射飞行距离远、易得分，但对角度和落点要求高。高手投射动作幅度较大，强调手腕和手指对球的控制能力，以通过封锁区上方时其高度在3m以上、落点在端线外1m左右为好。

② 低手抛射。低手抛射是利用边线和限制线结合处外空中的防守"死角"进行的投射。低手抛射动作幅度不大、球速不快，但要求占据"死角"，充分利用强侧手无防守的优势，低手持球由下向斜上抛射。

③ 反弹投射。反弹投射是将球击向地面，使其反弹后进入得分区，反弹球的击地点应在封锁区内，高度应在抄网队员的腰部位置。其特点是动作隐蔽、幅度小，出其不意，球往往易避开对方的抄网队员，进入得分区。

2. 封锁区运动员技术

封锁区运动员只可在封锁区内移动，他们双手持拍，是阻止对手得分的最后一道障碍，同时也是后场进攻的发动者。

（1）封挡球。封挡球技术是指在移动选位的基础上封挡对方投射向抄网的球，破坏对方得分机会。封挡球技术有捅球、挡球、双拍球夹接球等。

动作要领：以双拍球夹接球为例，持拍队员快速移动或起跳，用单拍或双拍挡、夹对方投射的球，如果来球速度快、弧度高，就采用捅球技术改变球的飞行路线，破坏对方抄网。

（2）双拍夹发球。掷后场端线界外球由封锁区持拍队员用双拍夹发球恢复比赛。此外，持拍队员挡、夹到球后，也需将球夹抛传给本方水区接应队员，因此，使用双拍进行夹发球是持拍队员必须掌握的技术。

动作要领：持拍队员持双拍（前宽后窄）夹起球，并向前抛发球。发球时，持拍队员应正对传球方向，双手均匀用力，将球从正前方抛出。

3. 得分区运动员技术

得分区运动员只可在得分区内移动。他们手持抄网参与比赛，在水区队友投射球后，抄网队员需要用抄网接住球，以成功得分。

（1）位置选择。位置选择决定了抄网队员能否避开对方持拍队员的封挡，向水区队友指示投射位置与角度。抄网队员通常应站在端线前1m处并且远离对方持拍队员的地方。

（2）抄高抛球。抄高抛球是指处理弧线较高的来球。

动作要领：如果来球落点在端线外，抄网队员采用侧身站位抄球，不断判断落点，主动修正抄网位置，使球落入网内。如果来球落点在得分区和封锁区，抄网队员应主动出击，抢先起跳，占据空间，用侧抄技术将球在高点抢先抄入网内。

（3）抄中平球。

动作要领：抄网队员把握移动错位的时机和时间差，网面迎向来球方向，主动修正抄网位置，用手腕和手指控制好网面，主动向前抄球。

（4）抄反弹球。

动作要领：抄网队员掌握时机，主动指示水区队员射球的方向，网面斜向下方迎着球反弹来的方向抄反弹球。

四、珍珠球运动基本战术

在比赛中，为了达到预定目的，球队必须采取一定的战术。由于在珍珠球运动中，不同区域的运动员只能在本区域内活动，所以珍珠球运动对各区域运动员的战术动作要求也不同。

1. 水区进攻战术

水区是范围最大、队员最多的区域，其战术也最复杂。就进攻而言，水区队员除了可使用摆脱、纵切、横切、掩护等个人进攻技术，还能和队友进行各种规模的配合。

（1）传切配合。持球队员面对贴近的对方防守队员，把球传给队友，同时趁着防守队员注意力被转移，向某侧做假动作，然后快速启动从另一侧切入。

（2）侧掩护配合。无球队员合理利用自己的身体挡住对方队员贴近持球队友的路线，或持球队员利用队友的身体和位置使自己摆脱防守。

（3）突分配合。持球队员首先进行个人突破，然后利用对方补位、换防所产生的混乱和纰漏，将球传给无人盯防的队友，队友接球后即可在无人防守的情况下进行下一步进攻。

（4）策应配合。处于内线的队员背对进攻方向接球后，与外线队员的空切相结合，达到里应外合的目的。

2. 水区防守战术

水区具有宽阔、易攻难守的特点，在防守上基本上均采用人盯人的防守战术。

（1）半场人盯人防守。半场人盯人防守需贯彻"以球为主，人、球兼顾"的防守原则，即对持球者严密紧逼，对近球区对手紧密防守，对远球区对手适当防守。半场人盯人防守的执行要求如下。

① 回防时迅速找到自己的对手，并保持好防守距离。

② 防守持球对手时应卡住其运球行进线路上的对手，并迫使持球对手停球。同时要上前紧逼，以防止其投球。

③ 防无球队员时要防其接球和切入，如果对方空切，要堵住其线路，让他走远离球的一侧。

④ 当对方做掩护或其他配合时，应相互提醒，破坏对方意图。

⑤ 根据对方的进攻特点，加强对重点人、重点得分手段的防守。

（2）全场人盯人紧逼防守。全场人盯人紧逼防守是半场人盯人防守的升级，将人盯人防守的范围从本方半场扩展到了全场，对队员的体力、移动技术、配合默契程度都提出了更高的要求。

① 由攻转守时，全队思想统一、行动一致，每名队员要迅速找到自己的防守对象，抢占有利防守位置，盯住各自的防守对象，不让对方传、接球。

② 防无球队员时，在近球区，队员采用内侧脚在前的防守步法，迫使对手走外线或远离球一侧。如对方摆脱或掩护，应积极卡堵或挤过防守，尽量不换防；在远球区，队员在防对方接球的同时，还要注意协防和补防。防无球队员应做到"以球为主，球、人、区兼顾"的防守原则。

③ 防守有球队员时，队员应紧逼持球者。如果对方还未运球，应采用"堵中放边"的防守方法防其运球突破，并运用假动作或拼速度等方式迫使对方早停球。在前场，应注意防运球、防突破、防传球和防投射，也可以采用平步紧逼的防守步法，迫使其远传球。

④ 全队防守要有重点。尽量让对方控制球能力差的队员持球；尽量延缓对方的推进速度，延误对方的推进时间；尽量让对方在边角停球，割断持球队员与接球队员的联系；尽量破坏对方的战术配合。

3. 封锁区战术

封锁区仅有两名队员，因此，封锁区战术也分为个人战术和两人配合战术。

（1）个人防守。封锁区队员应加强防守位置的选择，做到人（对方抄网队员）、球（来球的线路）兼顾，最大可能地干扰对方抄网队员的视线和判断，并识破对方的假动作，及时移动，熟练运用侧跨步、侧滑步、侧向跳、后仰跳等移动技术防守。

（2）两人集体防守。持拍队员的集体防守主要是通过分工合作、同步移动、多层次起跳、合理安排位置来增大对对方抄网队员的防守面。

具体而言，当一名持拍队员从中路侧跨跳防守时，另一名持拍队员就要从同伴身后跨跳挡后远球，后仰跳挡高球。当对方抄网队员向一侧边线移动时，同侧持拍队员要抢先移动挡住抄网队员以防其在边线外抄球，另一持拍队员要同步移动挡住错位快球。

（3）发动快攻。持拍队员同样有发球的职责，在本方后场发端线球时，持拍队员可与水区队员配合，或直接封挡来球传给本方水区队员，发动快攻。

（4）重新组织进攻。当在本方后场发端线球或直接封挡下来球但不能发起快攻时，或者本方进攻受阻、接水区队友回传球后，持拍队员可将球双拍夹抛给水区来接应的队友，重新组织进攻。

> 珍珠球作为一种特色传统体育项目，流传至今，历史悠久。珍珠球也有着辉煌的竞技历史，在清朝，珍珠球一直是球类比赛的"领军"项目，对弘扬民族传统体育项目和充实、丰富中华民族体育内容意义重大。2008年6月7日，珍珠球经国务院批准列入第二批国家级非物质文化遗产名录。

第二节　板鞋竞速运动

板鞋竞速是一项在广西、云南较为流行的民族传统体育项目，距今已有400余年历史。

一、板鞋竞速运动概述

板鞋竞速运动起源于古代军事训练，相传在明朝，主持田州（今广西田阳县）土州军政的瓦氏夫人在练兵中，为了让士兵步伐整齐，步调一致，于是下令每3名士兵同穿一副木板鞋，齐步走或跑。这种训练方法取得了很好的效果，被称为"瓦氏夫人同步练兵法"并流传开来。随后，由于3人穿木板鞋齐步走或跑具有健身性和娱乐性，其在漫长的历史过程中发展成了人们休闲时自娱自乐的活动项目，也成为壮族群众民族节日、传统集会中的重要活动内容。

近现代，随着现代文化娱乐、现代竞技体育的发展，传统体育项目的生存空间受到挤压，板鞋竞速运动也受到影响。1986年，在国家弘扬民族传统体育文化的背景下，板鞋竞速被列入了广西民族传统体育运动会竞赛项目，从民间走向体育赛场，实现了由民间娱乐向体育竞技项目的转变。中国邮政发行的《少数民族传统体育》系列特种邮票中就包含了板鞋竞速项目，生动再现了这项运动的场景，如图7-3所示。

图7-3　板鞋竞速邮票

1997年，在广西第五届少数民族传统体育运动会上，原河池地区代表队表演了趣味木板鞋竞技，获得观众的好评和大会表演一等奖，这是木板鞋运动首次从民间走上现代体育舞台。2003年9月，在宁夏召开的第七届全国少数民族传统体育运动会中，板鞋竞速成为表演项目。2007年，板鞋竞速成为第八届少数民族传统体育运动会的正式比赛项目。2008年，板鞋竞速运动参加由中国民族博物馆在法国举办的"多彩中华在法国"演出活动，走出了国门。

目前，板鞋竞速正式比赛项目主要有男子60m、女子60m、男子100m、女子100m、男女2×100m混合接力5个项目。

二、板鞋竞速运动比赛的规则要点

板鞋竞速运动比赛是由多名运动员一起将脚套在同一双板鞋上，在田径场上进行的比赛，依据同等距离内所用时间的多少决定名次。其规则要点如下。

1. 比赛场地与器材

板鞋竞速运动比赛在标准的田径场上进行，场地线宽均为5cm，跑道分道宽2.44~2.50m。

板鞋竞速运动比赛用板鞋如图7-4所示。板鞋用长度为100cm、宽度为9cm、厚度为3cm的木料制成（以三人板鞋为例）。每只板鞋配有3块宽度为5cm的护足面皮，分别固定在板鞋规定的距离上，护皮以套紧脚面为宜。第1块护皮前沿距板鞋前端7cm，第2块护皮在第1块护皮与第3块护皮的中间，第3块护皮后沿距板鞋末端15cm。

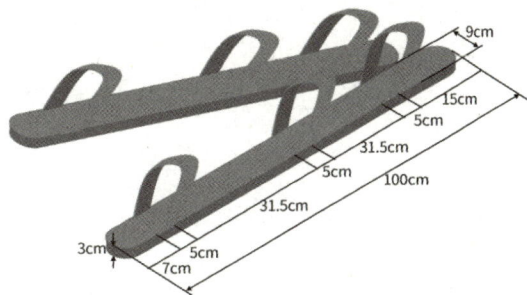

图7-4　板鞋

2. 竞赛办法

当发令员发出"各就位"口令时，运动员将板鞋置于跑道起跑线前，运动员共同套好板鞋，任何一只板鞋不得触及或超过起跑线。当发令员鸣枪时，听到枪响后，运动员方可起跑。

运动员在比赛过程中，应自始至终在各自道次内进行，如果某一队员的脚脱离板鞋，脚触地或摔倒，需在触地（落地）处重新套好板鞋继续比赛。

以第一名运动员身体躯干任何部位（不包括头、颈、臂、脚和腿）抵达终点线后沿垂直面瞬间记录成绩，运动员的身体和板鞋须全部超过终点线后才能分离。

3. 犯规与判罚

出现以下行为，运动员将被判犯规，并加以一定的处罚。

（1）鸣枪前跑进起跑线，第一次给予警告，第二次取消犯规者该项目比赛资格。

（2）运动员在比赛过程中脱离本跑道，取消犯规者该项目比赛资格。

（3）比赛中运动员的脚脱离板鞋触地，未在原地穿好板鞋，取消犯规者该项目比赛资格。

（4）运动员抵达终点时，两只板鞋的一部分仍未过线，脚与板鞋分离，取消犯规者该项目比赛资格。

（5）运动员在比赛过程中，有阻挡或妨碍其他运动员跑进的行为，取消犯规者该项目比赛资格。

三、板鞋竞速运动基本技术

板鞋竞速是以速度快慢来决定输赢的项目，其技术与短跑有一定的共通性，由准备姿势、起跑、加速跑、途中跑和终点跑5个紧密联系的部分组成。同时，对板鞋竞速接力赛运动员而言，弯道跑技术和交接棒技术也是必须掌握的技术。

1. 准备姿势

板鞋竞速的预备姿势分为"齐头并进式"和"前后开立式"两种。

（1）"齐头并进式"。"齐头并进式"姿势能够使队员低、小、平、快地跨出第一小步，但起跑时队员之间整体重心的下降、前移控制难度加大，易导致起动不同步，出现失误。

动作要领：队员听到"各就位"口令后，迅速穿好板鞋并行至起跑线前，两只板鞋前端尽量靠近起跑线，两腿弯曲，双手扶在同伴肩上或腰部，上体稍前倾，两眼平视前方，身体保持稳定姿势，集中注意力听枪声或跑的口令，做好起跑的准备。

（2）"前后开立式"。"前后开立式"姿势与短跑类似，队员也可很好地控制住整体重心，便于同步起动，稳定性好。但所跨出的第一步短于"齐头并进式"。

动作要领：队员在听到"各就位"口令之后，采用类似蹲踞式起跑的技术动作，一前一后置两只板鞋于起跑线前，后面板鞋前端距起跑线控制在30~50cm，身体重心置于前脚，双手扶在同伴肩上或腰部，上体稍前倾，两眼平视前方，身体保持稳定姿势，集中注意力听枪声或跑的口令，准备踏步。

（3）上肢姿势。板鞋竞速中，所有队员下肢通过板鞋连成一个统一体，上肢搭配方式主要有腰式和肩式。

动作要领：腰式中，最前面的运动员双手自由摆动，中间及最后的运动员均将双手置于前一人的腰部两侧髂嵴位，四指并拢，大拇指张开，虎口朝上。

动作要领：肩式中，最前面的运动员双手自由摆动，中间及最后面的运动员均将双手置于前一人的肩部两侧，四指并拢，大拇指张开，虎口朝内。

> 板鞋竞速的队员最好下肢长度相同，因为其同时蹬摆时，髋、膝、踝角度相同，有利于协同。若身高相异，则让身高、体重、力量较大的队员排在最前面，稍矮队员居后，以最大化发挥高壮队员的能力。
>
> 知识补充

2. 起跑

起跑是由预备静止姿势进入运动状态的动作过程。

动作要领：以"齐头并进式"姿势，腰式、右脚做后蹬脚为例。听到"各就位"口令，运动员身体重心应逐步过渡到身体左边并前移至起跑线前。发令枪响后，3人右脚同时迅速用力蹬离地面，向前快速地迈出第一步，力争做到低、小、平、快。在此过程中，3人动作各有不同。居前队员略勾脚尖起到牵引、拉带作用，居中队员也略勾脚尖，起稳定和拉送并举的作用，最后一名队员主动向前推送板鞋前行。与此同时，居前队员积极摆动手臂，整体重心稍稍抬起。在紧密衔接的第二步加速过程中，3人右脚带动板鞋同时用力蹬离地面后，以大腿带动小腿，膝领先，在脚掌离地面较近处向前摆出并积极下压。迈出第一步的同时，左脚充分蹬离地面。右腿向前摆动结束时，大腿积极下压，用脚掌着地，在右腿积极下压的同时，左腿迅速前摆，右腿迅速蹬地，继续向前跑出。配合两腿的动作，居前队员躯干逐渐抬起，两臂用力前后摆动，后面两名队员双手呈腰式，身体略向前倾出，积极向前伸腿送髋。

> **知识补充**
>
> 掉鞋是板鞋竞速中的重大失误，以下情况容易导致掉鞋，应注意避免。
> ① 起动后的第一步，后两位队员前送的力量过猛，导致居前队员脚部脱离板鞋护足面皮，出现掉鞋。
> ② 板鞋面前端低、后端高，板鞋滑落。
> ③ 运动员脚尖朝下，不能勾住护足面皮，导致掉鞋。

3. 加速跑

加速跑技术是在起跑后，速度逐渐加快，直到进入最大速度的过程。良好的加速跑能使运动员尽快达到最大速度。由于受到板鞋的限制，3人均无法全力做到最大频率和步幅的跑进，因此3人之间要适当控制好自己的步频和步长，最大限度地发挥自己的加速度。

动作要领：在起动后，居前队员必须全力全速充当"火车头"，拉动队友向前加速；后面队员起着前送并控制板鞋在空中摆动的作用；居中队员则起着控制、稳定整体重心和协调前、后作用力及方向的作用，要稳定用力，控制板鞋方向；最后一名队员则髋部前送，用力推动前面的队员。3人同心协力，通过发出有韵律的口号，促使在最短的时间达到最大的加速。

4. 途中跑

途中跑是运动员保持最快速度持续前进的过程，途中跑速度主要取决于3名队员跑动过程中对技术动作的熟练程度，以及3名队员的默契程度、耐力、协调性和稳定性。

动作要领：居前队员应积极后蹬腿，加强摆动腿的摆动效果，同时躯干适度前倾、两臂协调有力摆动，以充分发挥两腿的作用。总体而言，居前队员的技术动作类似短跑运动，不同之处主要体现在4个方面：其一，身体前倾的程度更大，达到15°~20°，这是两腿动作平衡的要求，且躯干前倾增大能减小后蹬角度；其二，当蹬地腿离地时，摆动腿的大腿摆至几乎与地面平行，小腿顺惯性向前摆动，脚掌保持自然的姿势，在即将着地时用前脚掌做"扒地"动作的同时，迅速向前勾脚尖；其三，在着地时先全脚着地，再过渡到脚尖；其四，着地及支撑时间较短跑长。

对中间和最后一名队员而言，他们的技术动作和短跑有很大的不同。其一，在身体前倾的程度上，居中队员身体前倾程度达到30°~35°，几乎贴近前面队员的后背，而最后一名队员的身体前倾程度则达到40°~45°，面部轻贴在中间队员背上，以达到较大的步幅；其二，由于受前倾程度的影响，后面两名队员只能侧视前行，并尽量使躯干姿势固定，以利于两腿的肌肉用力；其三，中间队员积极前送以增大或保持现有的步长，后面队员则尽全力向前推动并送出，来协同中间队员完成整个动作。

为了充分发挥肌肉力量，运动员在整个跑程中必须做到用力与放松相互交替。后蹬与摆动腿向前上方摆动阶段，全身要做到集中用力，在腾空阶段则应该进行短暂的放松，这样有利于下一步更多更快地用力。

5. 终点跑

终点跑又称冲刺跑，是全程的最后一段，一般在距离终点15~20m的时候应用，其任务是减小速度下降的幅度，尽量保持高速跑过终点。

动作要领：终点冲刺跑的技术与途中跑的技术基本相同，队员应保持自然放松的跑法，防止动作变形。在临近终点时，队员要目视前方，两小腿惯性前摆，同时加强后蹬，积极带动两脚前抬，加大腿摆动时的幅度和频率，加大加快两臂摆动的速度和力量，快速向前摆动，快速跑过终点。跑过终点后逐渐减慢跑速。准备撞线时，居前队员上体适当加强前倾，后面两位队员仍然保持原有的技术动作。到离终点最后一步时，居前队员上体迅速前倾，用胸部和肩部撞终点线。

冲刺时，由于队员体力下降，很容易出现队员的跑动节奏紊乱甚至摔倒的情况，因此在该段任务的完成中，队员必须整齐划一地喊号子，保持节奏一致。

6. 弯道跑

与短跑的弯道跑技术相比，板鞋竞速由于板鞋的限制，弯道跑难度更大。板鞋竞速弯道起跑和弯道跑的技术不同。

动作要领：在弯道上起跑时，队员应将板鞋置于所在跑道的起跑线前的中点附近，并尽量保持板鞋前端正对的方向处在该点与跑道内侧分道线的切点的连线上，这样可形成直线起跑，以便更好更快地发挥起跑技术，提升起跑速度。在接近、到达切点之前，3人躯干逐渐向左侧倾斜，居前队员右臂摆幅大，稍向前，左臂摆幅小，稍向后；右腿向前上方摆动时，膝稍内扣，用脚内侧先着地；左脚向前上方摆动时膝稍外展，用脚的外侧先着地。

弯道跑技术，以左转为例，进入弯道时，队员需保持身体重心，克服转弯的倾斜度，走动时整个身体有意识地内倾，右肩高于左肩，右臂摆动幅度稍大且稍向外，左臂摆幅稍小，右脚前抬时稍向内扣，用前脚掌的内侧扣紧板鞋，左脚稍向外，脚外侧稍用力，加大外侧腿摆动幅度，外侧腿的膝关节稍向内，内侧腿前摆时稍向外。在转弯后整个身体逐渐过渡到正常姿势，快速向前跑。

7. 交接棒

与田径项目中的接力跑不同，板鞋竞速的接力赛只设置了10m长的接力区。由于交接区域较短，交接棒时，第一棒队员进入接力区时，第二棒队员起动的时机要把握好。

动作要领：第二棒队员应站在接力区外的起跑区，并稍靠近外道内侧缘，并在起跑区根据情况提前起动，宜采用小步跑调整节奏，力争在达到一定速度的情况下和高速行进的第一棒队员在接棒区内前3~4m处完成交接棒，以便使第二棒队员跑距加长而第一棒队员跑距适当压缩，使整体成绩得到提高。同时，第一棒队员在没有完全完成交接时应继续保持原有速度跑进，以保证交接不成功时可以补交一次。

2006年，广西南宁举办了全国首届板鞋竞速邀请赛，该赛事是首次全国性的板鞋竞速比赛，共吸引了河北、江苏、浙江、湖北、广州、贵州等7支区外队伍和广西来宾等4支区内队伍参加。板鞋竞速的5个主要项目也都在这一天亮相。经过一天的激烈角逐，东道主广西成为最大赢家，包揽五金。

第三节 抛绣球运动

在一些以古代为背景的影视剧中，常出现这样的剧情：大户人家的女子手里拿着绣球站在绣楼上，让求婚者集中在绣楼之下，姑娘抛出绣球后，谁得到这个绣球，谁就可以成为这个姑娘的夫婿。这种行为叫"抛绣球招亲"。如今，抛绣球的"招亲"价值已基本消失，转而变成了一种广大人民喜爱的体育运动。

一、抛绣球运动概述

抛绣球来源于古代的军事实践，最初，军队甩投的是青铜铸制的古兵器"飞砣"，并且多在狩猎中应用，2 000多年前的花山壁画上即出现了有关场景。后来，人们将飞砣改制成绣花布囊，互相抛接娱乐。到了宋代，抛绣球逐渐演变成男女青年表达爱情的方式。宋代朱辅所写的《溪蛮丛笑》中记载："土俗岁极日，野外男女分两朋，各以五色彩囊、豆粟往来抛接，名'飞砣'"。宋代周去非所写的《岭外代答》中记载："男女目成，则女爱砣而男婚已定"。这些都体现了抛绣球这一民俗。直到今天，在壮族人民的春节、"三月三"、中秋节等传统佳节的歌圩上，抛绣球活动仍然占有一席之地。

随着时代的发展，抛绣球逐渐转变为一种体育竞技运动，广西体委根据投绣球的运动特点，整理并制定出该项运动的规则，使之成为一项对抗性的传统体育项目。目前，抛绣球运动主要包括高杆绣球和背篓绣球两种竞赛形式。2002年10月，高杆抛绣球被正式列为第七届广西少数民族传统体育运动会比赛项目，图7-5所示为广西壮族自治区一所民族中学的学生进行高杆绣球训练的场景。

图7-5 高杆绣球训练场景

二、高杆绣球运动比赛的规则要点

高杆绣球一般在场地内竖一高杆，杆顶有一圆圈。运动员需要将绣球抛投进圆圈。

1. 场地与器材

高杆绣球比赛需要在特定场地举行，还需使用投球架、绣球等器材。

（1）比赛场地。高杆绣球采用长方形的场地，长26m，宽14m，必须有明显的界线，场地长边的界线叫边线，短边的界线叫端线，两条边线中点的连接线叫中线。在中线两侧7m的地方，各画一条与中线平行、与两条边线相接的线，这两条线叫投球控制线。投球控制线到端线之间的地区为投球区。高杆绣球的比赛场地如图7-6所示。

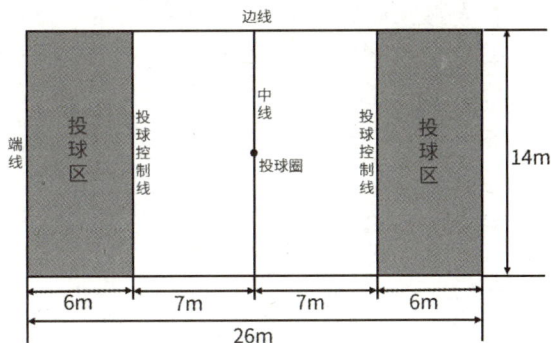

图7-6 高杆绣球场地

（2）投球架。投球架由投球杆和投球圈组成。在中线的中点竖一根高9m的杆，为投球杆；在投球杆的上端固定一个直径1.2m、内空直径为1m的圆圈，为投球圈。

（3）绣球。高杆绣球使用的绣球用绸布或花布制成，直径5~6cm，内装细沙石，重150g。球心系着一条长90cm的绳子。绳子的尾端系着3片长4cm、宽0.5cm的布条，球下部缝上5

片长5cm、宽0.5cm的布条为球穗。比赛时，需备5种不同颜色的绣球各5个以上。

2. 运动员与工作人员

每队运动员10人，由男、女各5人组成，队员上衣必须有明显的号码。

工作人员由裁判长1人、裁判员10人、记录员1人组成。两名裁判员为一组，每组裁判员备好3只同一颜色的绣球，赛前确定自己负责的一名运动员，并发给一个比赛用球。在比赛时间内，分别登记自己负责的运动员的投球数、命中数和违例数。如果在比赛中绣球出现破裂或挂在架上，裁判员应及时补发一个。

3. 比赛方式

比赛开始前，由裁判长带领比赛的运动员入场，交给临场裁判员，由临场裁判员发给绣球，可练投1min。待裁判长发出停止练习令后，运动员分别站在两边的投球区内，做好比赛的准备。裁判长鸣笛，比赛开始。

比赛开始后，运动员可在两边投球区内反复将绣球投进高杆上的圈，在规定的时间内，将绣球每投进圈1次，得1分。当裁判长发出比赛结束的信号时，某场比赛即为结束。在比赛结束的信号发出时，如果运动员投出的绣球已在空中飞行，穿越投球圈算得分；在比赛信号发出后再出手投的绣球，无论结果如何，均判无效。

4. 违例与判罚

投球时运动员踩到控制线或越出投球区，判违例一次，扣1分。运动员错拿别人的绣球时，判违例一次，扣1分。

5. 名次排定

在规定的比赛时间内，5名男运动员或5名女运动员所投球的得分总和为男子或女子团体成绩，得分总和多者名次列前，如得分总和相等，则总和相等的队加赛1min，投中多者名次列前，如仍相等再加赛1min，直至决出胜负为止。

三、高杆绣球运动基本技术

由于需将绣球从投球圈投过才可得分，因此投绣球的准确性是高杆绣球技术的核心。

1. 持绣球

动作要领：正对投球方向，两脚前后开立，左脚在前，重心落在右脚上，左手向前上方伸直，掌心向上，四指托球，右手握住绣球提绳的尾部，平屈于右侧，准备投球。

2. 抛绣球

抛绣球比赛是在无防守、无进攻的情况下进行的，因此，高杆绣球不看重力量和速度，而看重准确度和飞行轨迹，而这则要求运动员掌握抛绣球的基本技术。

（1）惯性抛球法

动作要领：运动员左手稍用力将绣球上抛，同时右手向后拉绳，开臂，使绣球以提绳为半径，以右手握绳处为圆心，在身体右侧按顺时针方向运动。同时蹬腿送髋、伸臂送腕、重心前移，当绣球绕至前上方时，顺着球的惯性将球以合适的角度（45°~50°）抛出。左臂自然平屈于胸前。

（2）侧位站立上抛法

动作要领：以右手抛球为例，运动员侧位站立，左肩对着木杆方向，两脚左右开立约与肩同宽，重心在两脚之间。右手握住绣球的提绳，手腕按逆时针方向做2~3次的绕球预摆动作。绕球时要屈肘、手腕放松、运转柔和，使球速均匀。当球绕到最低点与地面垂直时，身体重心前移，转体面对投球圈，同时蹬地，伸臂侧绕到最高点，顺着球的惯性，以合理的角度用力抖腕送指，把球抛出。

（3）背向抛球法

动作要领：运动员身体背对木杆，两脚左右开立，距离约与肩同宽，让重心落在两脚之间。

右手握住绣球的提绳，手腕带球做2~3次"8"字绕环的预摆，当球获得一定的速度后，上体后仰成反弓形，当球提绕到右侧最高点时，伸臂、抖腕、送指，把球抛出去，两眼注视球的走向，球在空中的走向为大抛物线。

四、背篓绣球运动比赛的规则要点

背篓绣球运动项目的运动员应在规定的场地、时间内，将绣球投进本队队员身背的背篓内。

1. 场地与器材

背篓绣球比赛需要在特定场地举行，还需使用背篓、绣球等器材。

（1）比赛场地。背篓绣球的比赛场地规格为长21m、宽2m的平坦地面。相隔15m的一端为投球限制线，另一端为接球限制线，限制线外分别设长3m、宽2m的投球区和接球区，如图7-7所示。

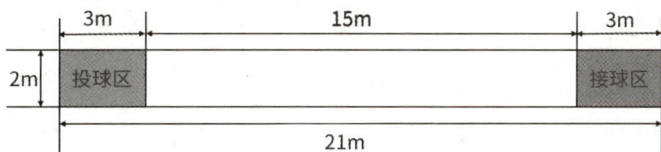

图7-7 背篓绣球场地

（2）背篓。背篓是用竹或塑料制成的圆形筐，上口开，下底封，篓口直径35cm，篓底直径25cm，高60cm，并配有背带，使运动员能舒适地背在背上。

（3）绣球。比赛用绣球用绸或布料制成，直径为5~6cm，内装细沙，实心，重150g。球心穿系一条长90cm，尾端系三片长4cm、宽2cm布条的绳子。球底有长5cm、宽0.5cm的5片布条为球穗。

2. 运动员

每队运动员5人，其中4人为投球手，1人为接球手。比赛中，投球手需站立在投球区内，将球投入接球手背后的背篓里。

3. 比赛方式

比赛只进行男、女团体赛。比赛时间每组分别为3min。比赛开始前，检录员将比赛运动员带入场地内，交给临场裁判员。接球手站在自己的接球区内，投球手须依次站在投球区内，由临场裁判发给每人6个绣球，可练投1min。比赛开始后，投球手必须按顺序每次投出一个绣球给接球手，接球手只能用背篓直接接球，姿势不限。

当裁判长发出比赛结束的信号时，或比赛队将最后一个绣球投出，并向裁判员示意后，本场比赛即为结束。在比赛结束的信号发出时，投球手投出的绣球已在空中飞行，且接球手接到的绣球算作有效。在比赛信号发出后再出手投的绣球，均判无效。

4. 违例与判罚

背篓绣球比赛的违例行为及其判罚如下。

（1）投球手越过投球区或踏上投球限制线投球，接球手越过接球区或踏上接球限制线接球，均判违例，投进背篓的球均为无效球。

（2）投球手不按顺序投球，也判违例，所进球为无效球。

（3）接球手只能用背篓直接接球，不能用手及头等附加动作将球送入背篓内，否则判违例，所进球为无效球。

5. 名次判定

以每队在3min内投进背篓的绣球多少决定名次，多者名次列前，如投进的绣球数相同，则用时少的队名次列前。

五、背篓绣球运动基本技术

相较于高杆投球，背篓投球更加看重投球队员和接球队员的配合。投球队员需要掌握各种投球技术，而接球队员则需要掌握接球技术。

1. 投球技术

投球队员只有熟练掌握投球技术，投出轨迹合理、速度适中的球，才能够方便接球队员接球，成功得分。

（1）绕圈抛球法

动作要领：以右手投球为例，运动员左手持球、右手握绳侧位站立，向后顺时针摆球，后脚蹬地、转体，身体重心移到前脚，当绳与水平面约成35°时，转体、蹬腿、伸臂、抖腕、送指，让球呈抛物线飞出。

> **知识补充**　在做投球动作时，初学者容易出现手腕不放松、出球时勾指、球走向太直等情况，影响投球质量。初学者应注意加强手腕绕球练习、原地绕球练习等动作，掌握出球的弧度。

（2）下摆上抛法

动作要领：运动员正对接球区，双脚前后开立，约与肩宽，右手持球，在右侧前后预摆1~2次，左手协调配合，当绳与水平面约成35°时，右脚蹬地，重心前移，抖腕、送指，出球。

> **知识补充**　初学者往往会出现出球角度不当的失误，出球角度太高，绣球容易飞过接球区；出球角度太小，绣球则可能因高度太低飞不到接球区。为此，投球手应该多做持球预摆蹬地练习，掌握出球角度。

2. 接球技术

接球技术是背篓绣球技术的重要组成部分，没有良好的接球技术，就没有可观的得分率。

动作要领：接球队员背背篓侧立站于接球区内，两手握住左右侧背带，眼睛注视投来的绣球，两脚成蹲或半跪准备姿势，根据来球落点，做前后左右的移动，将来球接入篓中。

> **拓展阅读**　关于绣球，壮乡流传着一个凄美的传说。相传，在很久以前，家境贫寒的壮族后生阿水与姑娘阿秀相恋。谁知镇上的一个恶少看上了阿秀，求爱不成而恼羞成怒，诬陷阿水，将阿水打入死牢。阿秀无处申冤，整日以泪洗面，哭瞎了双眼。失明的阿秀决定用绣球来表达自己对心上人的忠贞不渝，她摸索着一针一线地缝制绣球。针扎破了手，血流在了绣球上。被血浸染以后，绣球上的花更艳了，鸟更鲜活了。九九八十一天后，绣球终于做好了。阿秀散尽家财，在地牢里与阿水相见。阿秀取出绣球戴在了阿水的脖子上。奇迹发生了，一股风把他们卷出了牢笼，他们落在一处美丽富饶的山脚下，就此过上了幸福的生活。
>
> 从此，绣球就成了壮乡忠贞爱情与幸福的象征，成为壮乡人民最喜爱的吉祥物。每逢歌圩，壮家男女青年便通过抛绣球的活动传达爱意。今天，抛绣球虽已基本失去了传达好感的作用，但仍作为一项体育运动在壮族文化中占据着重要地位。

第四节　陀螺运动

陀螺是我国一种常见的玩具，深受广大少年儿童的喜欢。同时，陀螺也是一项古老的传统民俗活动，山西夏县西阴村仰韶文化遗址（距今约五六千年）中曾出土陶制小陀螺。今天，陀螺已发展为一项综合性的、具有全面健身价值的体育活动，并登上了竞技体育的舞台。

一、陀螺运动概述

陀螺的起源可以追溯到新石器时代，1973—1978年，我国考古工作者对浙江余姚、慈城平原上的河姆渡遗址进行发掘，共出土42件陀螺，其形体与今日陀螺无异。

宋朝文献中，曾出现"千千""千千车""弄斗"等"玩器"，有学者认为其所指即陀螺。宋朝苏汉臣的传世画作《婴戏图》中也有两个孩童抽打陀螺玩耍的场景。明朝《帝京景物略》记载："陀螺者，木制如小空钟，中实而无柄，绕以鞭之绳而无竹尺，卓于地，急掣其鞭。一掣，陀螺则转，无声也。视其缓而鞭之，转转无复往。转之疾，正如卓立地上，顶光旋旋，影不动也。"这是目前"陀螺"最早的文字出处。

经过长期发展，陀螺运动也发展出了各式各样的玩法，有用鞭子连续抽打陀螺使之在平滑面上不停地旋转，比拼旋转时间的；有将陀螺旋放或抽到一定距离外的规定范围内，看谁放得准、旋得久的；也有先将一陀螺旋放后，其他人站在一定距离之外用旋转着的陀螺去打击它，看谁打得准、旋得久的；还有用鞭子抽着陀螺上斜坡，或抽陀螺越过各种障碍，看谁先到达终点的，玩法多样。阿昌族、白族、布朗族、布依族、傣族、哈尼族、拉祜族、苗族、佤族、瑶族、彝族、壮族等少数民族都有自己的特色陀螺玩法，并发展出了不同的陀螺文化与民俗。

古代陀螺有陶制、石制、木制、竹制及砖瓦磨制等，现代陀螺则在质料、形制等方面取得了飞跃，金属、塑料、有机玻璃等材料被广泛用于陀螺制作，甚至一些陀螺中还安装了电池、灯珠、电机等。同时，现代陀螺在设计、制造工艺上也进行了更新，具有了更优越的性能。2018年，一款名为LIMBO的机械陀螺持续旋转了27h，成为世界上单次旋转最久的陀螺。

1982年，云南省第三届少数民族传统体育运动会首次将陀螺列为表演项目。1989年10月，云南省体委、省民委在昆明召开陀螺规则研讨会。1990年，云南省第四届少数民族传统体育运动会把陀螺列为比赛项目。1991年，第四届全国少数民族传统体育运动会上云南代表团做了陀螺表演。1992年10月，昆明召开了陀螺项目研讨会，在保持民族特色的基础上，借鉴现代体育的竞赛方法制定了规则和打法。1995年，第五届全国少数民族传统体育运动会首次将陀螺列为竞赛项目，设置4枚金牌。

现代陀螺运动的比赛方法和形式主要是依据云南拉祜族的对抗性打陀螺比赛改造而来，其主要特点就是"旋"和"准"，比赛方法是在一块平整的地面上设置放陀区和打陀区，守方将陀螺旋放于放陀区，待陀螺旋转稳定后，攻方站在打陀区扔出自己旋转的陀螺去打击放陀区的守方陀螺。图7-8所示即为2020年"民体杯"全国陀螺比赛现场，

图7-8　陀螺比赛场景

图中运动员正在掷出自己的陀螺，对另一个正在旋转的陀螺进行进攻。

二、陀螺运动比赛的规则要点

陀螺是一项两队在比赛场地上，从守方旋放陀螺开始，由攻方将自己的陀螺抛掷，击打守方

陀螺，将守方陀螺击出比赛场区或击停转，或比守方陀螺在比赛场区内旋转的时间更长为胜的比赛项目。

1. 场地与器材

陀螺比赛需要在特定场地举行，还需使用陀螺、鞭绳和鞭杆等器材。

（1）比赛场地。陀螺比赛的比赛场区为长20m（女子比赛场地长19m）、宽15m的长方形，其四周应有至少2m的无障碍区，比赛场地各条线均为5cm宽，均包括在比赛场区、旋放区、攻击区面积之内。比赛场地的地面必须平整无障碍物，如图7-9所示。

比赛场地界线的长线叫边线，短线叫端线。在场地左边线距端线4.5m的无障碍区内，画一个4m×2m的长方形区域，为守方预备区。在最左侧端线外无障碍区内画一个4.5m×2m的长方形区域，为攻方预备区。由边线中点并垂直于端线向场内8m处画一半径为5cm的实心圆，此圆为死陀置放点。以死陀置放点为圆心，画一半径为0.8m的圆作为旋放区，旋放区可用相同尺寸且弹性小的材质（如橡胶、塑胶类）预埋。以端线中点向两侧3m处各画一条与底线垂直的平行线，线长3m，这两条平行线和端线构成的区域为进攻区，进攻区可向端线外无限延长。进攻线在进攻区内，且平行于端线，男子进攻线距旋放区圆心6m，女子进攻线距旋放区圆心5m。

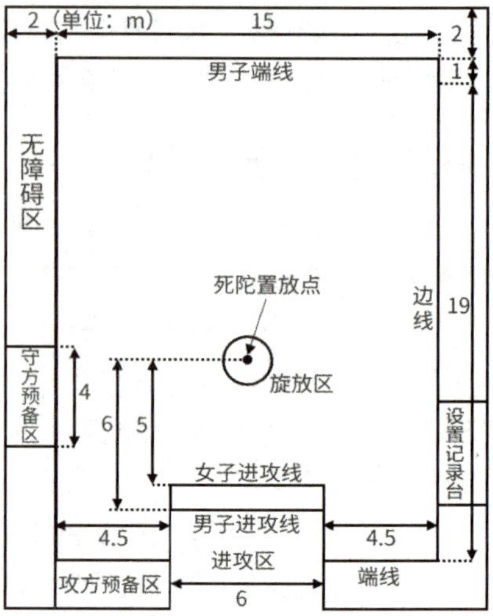

图7-9　陀螺比赛场地

（2）陀螺。比赛一般采用非金属平头陀螺，陀螺不得上色，除锥尖可装置直径不超过0.4cm的金属钉外，不得填充或装饰金属或其他材料。陀螺直径为9~10cm，高度（含钉高度）为10~12cm，陀螺圆柱体高度为5~6cm，质量为800~900g。

（3）陀螺鞭。鞭由鞭绳、鞭杆（无鞭杆亦可）组成，鞭绳不得用金属材料制作，其粗细不限，鞭绳长度为男子6m、女子5m（不得少于2m）。如有鞭杆，鞭杆长度不长于0.6m。

2. 运动员

陀螺运动的单项比赛包括男（女）单打、男（女）双打、团体共5个小项。团体赛中，每队由4名队员组成，其中3名为首发队员，1名为替补队员。团队赛应在场上队员中指定1名队员为场上队长，队长须在上衣佩有明显标志，代表本队在赛前抽签选择攻守权。

3. 比赛顺序

不同的项目，比赛的顺序不同。

（1）单打比赛按抽签顺序攻守。每场比赛中，每名队员攻守各6次（双方运动员进攻或防守一次，并交换位置）。

（2）双打比赛中，守方每人放陀两次，攻方每人进攻两次为一轮；两轮为一节，两节为一场。守方队员按号码顺序轮换放陀，第一节为1、2；第二节为2、1。攻方队员按1、2顺序各连续进行两次攻击。然后双方攻守互换，直至每人完成攻守各4次。

（3）团体比赛中，守方队员按下列号码顺序轮换放陀：第一轮为1、2、3；第二轮为2、3、1；第三轮为3、1、2。攻方队员按1、2、3顺序轮流进攻，各轮攻击顺序不变。守方放陀3次，攻方进攻3次为一轮；三轮为一节；每节比赛结束，双方互换攻守。两节为一局；两局为一场。第一局比赛结束后，按赛前抽签决定的攻守顺序两队互换，局间休息3min。

4. 比赛方式

比赛时，由裁判员鸣哨示意攻守双方队员在各自预备区就位，攻守双方运动员须在预备区内将陀螺用鞭绳缠绕好，缠绕在陀螺上的鞭绳长度不得少于1m。裁判员鸣哨并用明确手势示意守方队员旋放陀螺为比赛开始。守方队员可在旋放区外任何位置旋放陀螺。待守方队员旋放陀螺并退回预备区后，裁判员即鸣哨并以手势发出攻击信号，攻方队员即可对守方陀螺进行攻击。

当裁判员做出判定报分后，该次攻守即结束。攻守双方队员方可进入比赛场区内取回陀螺。

5. 比赛判定

攻方陀螺的首要目的是将守方陀螺击停转（陀螺呈椎尖离地的转动）。除停转外，运动员还要了解其他的判定方式。

（1）死陀。出现死陀，由裁判员将陀螺平头朝下置于死陀置放点上，重新发出攻击信号，由攻方队员进行攻击（死陀被攻方陀螺击中后，均视为停转）。以下情况为死陀。

① 在裁判员明确发出放陀信号后，未用鞭绳将陀螺缠绕好。

② 在裁判员明确发出放陀信号后，器材脱手或松绳掉陀。

③ 陀螺旋放在旋放区外。

④ 陀螺虽已旋放在旋放区内，但在守方队员（含鞭）未退出场外前停转或旋出旋放区。

⑤ 陀螺虽已旋放在旋放区内，但在裁判员发出攻击信号后攻方未实施进攻的有效进攻时间内，守方陀螺停转或旋出旋放区。

（2）无效进攻。以下情况为无效进攻：未用鞭绳将陀螺缠绕好；未直接将陀螺投入旋放区内；直接将陀螺投入旋放区内后，未击中守方陀螺；裁判员发出攻击信号后5s内未完成的进攻；鞭绳触及守方陀螺（缠在陀螺上的鞭绳除外）；裁判员未发出进攻信号且守方陀螺未被判为死陀时即实施的进攻（无论击中与否）。

（3）打停。在有效进攻中，攻方陀螺仍在场地内旋转的前提下，出现使守方陀螺出界、使守方陀螺停转的情况则判为打停。

（4）旋胜、旋平与旋负。在有效进攻中，攻守双方陀螺均在场内旋转，守方陀螺先于攻方陀螺停转，即为旋胜。

在有效进攻中，双方陀螺均出界（不分先后）；双方陀螺同时在场内停转；守方陀螺停转，攻方陀螺出界（攻方陀螺停转，守方陀螺出界）；攻方陀螺击中死陀后停转或出界，即为旋平。

在有效进攻中，攻守双方陀螺均在场内旋转，攻方陀螺先于守方陀螺停转；攻方陀螺停转或出界，守方陀螺仍在场内旋转，即为旋败。

6. 得分与胜负评定

比赛只计攻方得分，打停得4分、旋胜得3分、旋平得2分、旋负得1分。

单项比赛中，一场比赛后双方得分相等，抽签决定攻守顺序，每人再攻守各1次。若得分再相等，则继续加赛，如加赛5次，比分仍相等，则以加赛前的最后一场的4分、3分、2分、1分的多少给予判定。如仍相等，则以倒数第二场的相应得分给予判定。以此类推，直至决出胜负。

团体比赛结束后，若两队得分相等，休息5min，抽签决定攻守顺序，加赛1局。若得分再相等，仍按此方法处理（中间无休息）。如加赛3局比分仍相等，则以加赛前的最后一局中的4分、3分、2分、1分的多少给予判定。如仍相等，则以倒数第二局的相应得分给予判定。以此类推，直至决出胜负。

7. 犯规行为与判罚

比赛中，攻方犯规，判其失去该次进攻机会；守方犯规，判攻方得4分。以下行为为犯规。

（1）守方队员旋放陀螺时身体的任何部位及鞭杆触及旋放区。

（2）攻方队员在进攻时身体的任何部位或鞭杆超越进攻区各条线段而触及比赛场区地面。

（3）攻方队员实施进攻后，可滞留在进攻区内。但在裁判员未做出最后判定和报分前，身体的任何部位及鞭杆超越进攻区而触及比赛场区地面。

（4）在裁判员未做出最后判定和报分前，守方队员身体的任何部位触及比赛场区地面（提前进入比赛场区）。

（5）无效进攻。

（6）顺序错误。比赛中，攻守的一方或双方未按比赛位置表的顺序出场参加比赛。

（7）更换器材的时间超过2min。

（8）在裁判员未做出最后判定前，攻方队员在比赛场区（含进攻区）内触及任何一方的陀螺。

三、陀螺运动攻击技术

对进攻方来说，要想在比赛中得分，首先要保证陀螺的旋转，然后保证攻陀时的准确性。因此，在攻击技术中，旋和准是两个同等重要的要素。

1. 缠线

运动员在比赛中，需要将鞭绳合理地缠绕在陀螺上。由于规则规定，鞭绳不短于2m；由于运动员的身体素质、陀螺的周长等特点，运动员对鞭绳长度的要求也不一样，一般绳长4m左右较为适宜。

动作要领：以左手大拇指、食指和中指抓紧陀螺的柱体下部，无名指屈指贴附于陀螺锥体部位，陀螺底锥朝手掌，将陀螺握稳；右手将鞭绳按顺时针方向从陀螺柱体上部开始逐渐向中部缠绕陀螺，至鞭绳缠完或留20~30cm（随个人习性而定）为止。

> **知识补充**
>
> 缠绕用力要适当，缠得过紧，绳子张力过大，易拉伤绳子；缠得不紧，旋放时力量传递受损，不易旋准旋快，影响进攻效果。

2. 持握陀螺

良好地持握陀螺能够更好地发挥运动员手指对陀螺的感应能力，保持掷出陀螺前的稳定性，便于控制陀螺出手的力量与方向。

动作要领：以右手持陀为例，持陀时，两脚前后开立，重心落在两脚之间，翻腕持陀的后中部位，右手五指自然分开（增大接触陀螺的面积），手指指端贴在陀螺上，手心空出。左手持鞭杆且放少许线，将陀举至胸前右侧位置，目视旋放区，大小臂约成90°，肘关节内收。

3. 助跑

助跑一般分为预跑和攻陀步两个阶段。预跑段的任务是获得最后用力前的预先速度，为最后用力出陀创造良好的条件，攻陀步的任务是在不降低水平速度的前提下完成引陀（将陀螺置于合理的受力位置，处于适当的待发状态）。

（1）预跑。

动作要领：根据个人特点而定，一般3~5步较为适宜，运动员沿直线逐渐加速，要求臂腿配合、平稳协调，步点准、节奏好。初学者可先走后跑。

（2）攻陀步。

攻陀步一般采用三步交叉完成。

动作要领：运动员左脚迈出第一步，同时做向后引陀动作，注意转肩不转髋，左脚着地后脚尖、髋、头仍保持正对攻陀方向。第二步右脚前迈宜小而快，身体侧转，使引陀臂与肩、攻陀方向成一直线，上体不要向右倾斜。第三步是左腿向攻击方向迅速迈出一大步，使下肢快于上体，左脚尖与攻击方向成一直线，为最后用力做准备。

4. 出手姿势

出手姿势的差异主要在于陀螺离手时与地面的高度和陀螺与旋放区死陀置放点的角度。出手姿势对命中率有重要影响。出手姿势可根据运动员的身体素质、技术的高低而定。姿势高低关键在于引陀时持陀臂的高低。

（1）高姿势。攻击的点高并且单一，攻击时是由上向下攻击，力量较大，命中很容易击停，获得高分。但由于攻击点少，力量较大，不易控制攻击点。

（2）中姿势。中姿势同样是由上向下攻，但攻击点适中并且面广，技术动作容易掌握，是一种比较适合初学者的姿势。

（3）低姿势。攻击时，接近于水平攻击。虽然这种攻击点多且面积较大，但是不易发力，难以击停，得分不高。

5. 掷陀螺

掷陀螺是陀螺运动中进攻的"关键动作"，即向防守方陀螺全力掷出陀螺。

动作要领：运动员在攻陀步第三步左脚着地时，以胸带肩、以肩带臂，进行挥臂甩腕的投掷动作，掷出陀螺。陀螺离手的瞬间，手腕手指积极动作，使陀螺沿着纵轴按顺时针方向自转，以保证左手抽线的延续性和稳定性。

6. 拉鞭

拉鞭是陀螺旋转动量的来源，拉鞭技术就是为了使陀螺获得尽可能大的旋转强度，并适当调节陀螺飞行弧线，控制陀螺落点。

动作要领：将陀螺掷出手后，运动员持鞭手顺势左摆，用力拉动鞭绳，使陀螺在快速飞行的同时在鞭绳的带动下产生顺时针方向的旋转，当缠绕的鞭绳全部拉完后，陀螺即按鞭绳拉力结束时的即时速度、方向、角度飞向守方陀螺。鞭绳拉完后迅速收回鞭，防止鞭绳触及守方陀螺和鞭杆触及比赛场区。

7. 缓冲

由于最后力量集中到手腕手指及拉鞭绳上，攻陀出手后，运动员全身要随陀跟送。持陀臂自然前伸，不要在陀出手后马上改变持陀臂动作，以免影响陀螺的飞行和攻击的准确性。右腿向攻击方向跨出一步，以缓解前冲的力量，保持平衡，防止冲出攻击线而违例。

> 陀螺运动的进攻要诀可以归纳为"一跨大步引陀正；二跨小步节奏快；三要转髋转肩鞭打猛；四要指腕柔和用力巧"。即预跑段直线加速，臂、腿配合平稳进入攻陀步时，右腿向前一小步，同时转体，接着迅速上左脚支撑，转体、转髋、转肩，挥臂鞭打掷陀，最后转身换步，保持平衡。
>
> 知识补充

四、陀螺运动防守技术

陀螺运动的防守技术在缠线上与攻击技术是一致的，由于守方队员可在旋放区外任何位置旋放陀螺，因此不必助跑、掷陀螺，只需选定位置旋放即可。对守方而言，陀螺需要旋得稳、旋得快，能够抵挡攻方陀螺的冲击。

1. 持握陀螺

动作要领：缠好陀后，右手大拇指与食指中指握住陀螺柱体，无名指、小指贴于锥体部，将陀握稳。以左手握陀为例，握好陀后，右手握住鞭杆把端，这时由于鞭与陀连成一体，双手、双肩活动方向及幅度亦一致，左臂向左侧前方自然伸出，右臂屈肘随之左摆，将陀和鞭持于身体左侧前方胸腹之间。

2. 准备姿势

动作要领：以左手握陀为例，运动员右肩侧对旋放区，两脚左右开立，稍宽于肩，右脚与旋放区中心点的距离以鞭绳长度减去 1.25（±0.05）m 为宜。两膝微屈，上体前倾，重心落在两脚之间（或稍偏左脚），左手持陀于左侧前方，右手持鞭于腹前。眼睛注视旋放区中心。

3. 旋放

旋放即将陀螺旋转放出，使其平稳地落于旋放区。

动作要领：运动员后脚蹬地，身体重心前移，同时转体两臂前伸，手腕由后向前翻转，靠手指的弹拨将陀抛出，同时左手向右后水平方向用力抽鞭杆。蹬（地）、伸（臂）、翻（腕）、拨（指）、抽（线）动作协调连贯。

4. 拉鞭

动作要领：以左手握陀为例，将陀螺旋出后，右手持鞭顺势前摆。陀螺在向前飞行的过程中，由于受到鞭绳的拉动，产生顺时针方向的旋转，当陀螺飞到旋放区上方距地面20cm左右时，右腿用力蹬地向左转体，右手持鞭向左猛力回拉，使陀螺的旋转获得更大的动力，同时前飞的陀螺受回拉而平稳地落于旋放区内。

通常在下述几种情况下，运动员应果断拉鞭。
① 当陀螺已进入旋放区时。
② 当陀螺已抛过旋放区，需做一些回带进行调整时。
③ 当陀螺即将落地时。
④ 旋放时，陀头不平，需进行调整时。

5. 旋放后的身体姿势

陀螺必须在旋放区内旋转才有效，因此，旋放后运动员的身体姿势尤其重要，否则易造成死陀。

动作要领：拉鞭完毕后，运动员身体可向后旋转，或保持拉鞭完成时的动作，以保证陀螺在旋放区的稳定旋转。

陀螺旋转越快，抗冲击能力越强，加强陀螺旋转的方法如下。
① 绕紧鞭绳，加大鞭绳拉力，鞭绳拉力越大，陀螺旋转速度也越快。
② 增加鞭绳缠绕陀螺的圈数，延长拉力作用时间，以增加动量。
③ 改进陀螺和鞭绳的性能，使用摩擦系数大、柔软、韧性好、无弹性的鞭绳。

五、陀螺运动基本战术

战术是争取比赛胜利的重要手段之一，运动员可根据自己和对手的情况，有目的、有意识地运用各种技术，实现战术意图。

1. 个人战术

个人战术是指运动员在比赛中为了战胜对手，合理运用技术所采用的各种攻守方法。

（1）全力攻。全力攻就是以陀螺作为一个点进行强有力的攻击。攻击时要落点准确，力量适当。全力攻的攻击面为在旋放区内以陀螺旋转所在的点向攻击区方向所延伸的整条直线。进攻时，可根据这一个大目标确定攻击力量和落点。

（2）巧攻。在比赛中，如果遇到守方旋放效果差或死陀等，就不必进行全力攻，而应极力提升陀螺的准度（因为只要命中，基本就能拿到较高的得分），选择轻攻、吊攻等。

（3）"四边式"防守。"四边式"防守是指在旋放过程中，尽可能地将陀螺旋放在旋放区的外围，以加大攻击者的攻击难度。因为外围是距攻击区最近、最远以及最边的地带，对攻击者来说，除了直接命中以外，间接命中的概率相当小，所以不易命中。

但是"四边式"防守要求旋放非常精准，一旦失误，陀螺就可能旋出旋放区，造成死陀。因此，采用"四边式"防守的运动员通常在发力上比较克制，追求高精度，陀螺的旋转不会很有力，容易被击停。

（4）"中间式"防守。"中间式"防守是指在旋放时将陀螺有效地旋放在死陀置放点周围，这个地带面积比较大，容易掌握、控制。旋放时，陀螺的转速可以加到很大，可以有效阻碍进攻者得分。但是这对攻击者来说，攻击面较广，可直接、间接命中，命中率会高一些。

2. 集体战术

无论是团体项目还是双人项目，进攻上每一次轮转顺序都不变，也就是6轮进攻中，运动员都要遇到不同的防守队员。由于防守队员的技术水平、心理素质不可避免地存在一定的差别，因此进攻轮次上，队员的合理配备能有效强化进攻。下面以团体赛为例讲解集体战术。

（1）"二一"式进攻。一般来讲，守方会安排较好的队员担当第一防守任务，因此，攻方可根据本队的实际情况，将技术、心理素质、临场经验较好的两名队员，安排在第一攻击、第二攻击，或者第一攻击、第三攻击的位置上，以避免"弱对强"的局面在第一轮出现，削弱本方士气。

（2）"一二"式进攻。如果本队中只有一名队员较突出，那么在轮次安排上，可以将这名队员安排在第一攻击或者第二攻击位置上，无论对手是强是弱，这样的安排都有利于争取一个好的开局，对接下来的比赛起到鼓舞的作用。

（3）集体防守。由于规则规定，防守轮转顺序第一轮为1、2、3，第二轮为2、3、1，第三轮为3、1、2。为了鼓舞士气，防守队伍需要争取在前两轮防守上阻碍对手得高分，可以将技术、心理素质相对较好的队员放在前列。此外，防守队伍也可以采用"田忌赛马"式的策略，争取能在3轮中的两轮实现"以强击弱"。

以上这些方式、方法都是一些很常规的方法，在赛场上，可能会出现许多意料之外的情况，这就需要运动员对对手做深入的调查研究，以取得对防守阵形的合理配备。

拓展阅读

陀螺运动在我国多个少数民族中流行，各个民族的比赛方法并不同。

阿昌族打陀螺。阿昌语称陀螺为"得螺"，玩耍时，用一根麻绳缠绕起来，手握线头猛力将陀螺放到地上，让其旋转。参与者同时将陀螺放在地上旋转，旋转时间最长者获胜。

白族陀螺。陀螺是剑川白族较普及的游戏活动，尤以集体对抗活动"交圈"最受欢迎。其规则为：在地上画一圆圈，参与者将陀螺抽旋于圈内为靶螺（支靶螺），对方则在一定距离外将陀螺抽旋抛击靶螺，将对方靶螺打出圈外者得胜，若未击中即输，负方继续支靶螺。

达斡尔族打陀螺。达斡尔语把陀螺称为"嘎嘎拉"，用桦木等制作，直径1寸（1寸≈3.33cm）、长2寸左右，底部削尖，在其上涂彩色，用鞭子打陀螺，使之在冰面上旋转。

拉祜族陀螺。陀螺流行于拉祜族苦聪支中，苦聪语称之为"卡扒"，比赛时双方以相同人数出场比赛，每队以一位技能强者为队长。两队轮流将靶螺抽旋于地，不抽靶螺的队则在一定距离以外将陀螺抽旋击打靶螺，以将靶螺击停为胜，反之则败。双方依次一支一击，累计得分。最后为队长出场，队长若未击中靶螺，则全队无分，整队即输。

苗族打陀螺。苗族打陀螺主要流行于滇东南及黔东南的苗族地区。苗族赛陀螺又有两种形式，一种是比陀螺旋转和外加力使陀螺旋转的持续时间；另一种是以陀螺相互撞击，比试陀螺的坚硬程度以及撞击后旋转的持续时间。

课后训练

1. 珍珠球模拟赛

训练目标：掌握珍珠球基本技术，培养团结合作、拼搏进取的精神。

技术要点：水区运动员技术、封锁区运动员技术、得分区运动员技术、水区进攻战术、水区防守战术、封锁区战术。

训练方式：9人一组（7名首发，2名替补），两两对抗。

训练内容：全部同学分为9人一组（男女比例一致），在珍珠球场地内开展珍珠球运动对抗，教师担任裁判员。

训练规则：同珍珠球竞赛规则。

2. 3人板鞋100m迎面接力赛

训练目标：掌握板鞋竞速基本技术，培养协同合作、奋勇争先的精神。

技术要点：准备姿势、起跑、加速跑、途中跑、交接棒。

训练方式：3人一组，若干组一队，各队同场竞技。

训练内容：根据跑道数量，将全班同学分为若干队。每队选出一名队长。队长将本队分为3人小组，各组都穿戴板鞋。各队分别在100m跑道的两端相对列队站立，每边小组数相等。每组右边第一组居前队员持棒（第一棒）。教师发令后，所有组第一棒同时起跑，跑到对面，将接力棒交予该组左边第一组（第二棒）；第二棒接棒后即可起跑，跑到位置后将接力棒交予该组右边第二组（第三棒），以此类推，直到跑完全程。用时最短的小组获胜。

训练规则：比赛中各组不得更换棒次，不得越线接棒，不得以"扔接力棒"的方式完成传接棒，掉棒后可由同组人员捡回。其他同板鞋竞速规则。

3. 背篓绣球大比拼

训练目标：掌握背篓绣球基本技术，培养紧密配合、冷静应对压力的能力。

技术要点：投球技术、接球技术。

训练方式：3人一组，各组同场竞技。

训练内容：3人一组，1人投球、1人接球、1人指挥。每组10个绣球，各组同时开展背篓绣球活动。指挥队员可在投球队员和接球队员之间自由移动，指挥其余两人进行投接，同时可将未进的绣球捡回给投球队员。规定时间内接球最多的队伍获胜。

训练规则：指挥队员不能接触在空中飞行的绣球。其余规则同背篓绣球。

4. 陀螺对抗赛

训练目标：掌握陀螺运动基本技术，锻炼自身的力量素质和协调能力。

技术要点：持握陀螺、旋放、拉鞭。

训练方式：个人训练，6人一组同场竞技。

训练内容：在平坦地面上画一直径为1m的圆圈，6名队员均匀站在圆圈边。教师发令后，所有同学同时旋放陀螺。陀螺停转或离开圆圈即失败，最后仍在圆圈内转动的陀螺胜利。胜利者可以进入下一轮比赛，直至决出冠军。

训练规则：所有同学使用统一规格的陀螺和陀螺鞭。在比赛过程中，任何同学不得干扰其他同学正常比赛，否则取消其比赛资格并重新比赛。在比赛结束前，任何同学不得进入圆圈，也不得拿出圆圈中停转的陀螺。

Chapter 08

第8章

拓展运动

拓展运动是指在常见体育运动的基础上，以身体为运动载体，以锻炼为运动内容，以全面提高大学生的身体健康、心理健康和社会适应能力为运动目标，在管理、游戏和智力活动中融入体育元素的相关运动方式，常见的有健美操、瑜伽、游泳、自行车、棋类和体能训练等。

本章学习目标

体育目标	● 发展运动素质，促进身体健康。 ● 美体塑形，提升人体机能。 ● 活跃脑细胞，健脑防衰，促进思维发展，促进身心健康。
德育目标	● 提供健康、活泼、高雅的休闲娱乐方式。 ● 建立竞争意识，并在领略胜利欢喜或失败痛苦的同时，锻炼自己对享受成功或承受失败的适应性。 ● 形成协作意识和团队精神，提高社交能力。

第一节　健美操

健美操是在音乐伴奏下、以身体练习为基本手段、以有氧运动为基础，以健、力、美为特征，融体操、舞蹈、音乐为一体的体育运动。健美操不仅能帮助大学生强身健体、美体塑形，而且有利于大学生形成协作意识和团队精神，提高社交能力。

一、健美操概述

最早的健美操出现在19世纪欧洲的一些国家，是一种身体活动和音乐伴奏相结合的音乐体操。这种音乐体操被应用到培养音乐体操教师的学校，作为体育教育逐步传播。这种音乐体操也被认为是健美操的雏形。20世纪80年代初，在美、英、法及欧洲一些国家，健美操得到快速推广并蓬勃发展。1980年，国际健美操冠军联合会成立。1983年，国际健美操联合会成立。从1985年开始，美国多次举行全国性的健美操比赛，使健美操具有了竞技性。

在20世纪70年代末，健美操热潮传入我国，以上海、北京为代表的一些城市成立了各式各样的健美操培训班。有的健美操以芭蕾舞基本动作为主，有的健美操以现代舞动作为主，而我国结合国内具体情况创编了徒手健美操、健美球操、棍操等多种形式的健美操。1985年北京体育学院成立了健美操研究组，并开设健美操选修课。1992年，中国健美操协会正式成立，随后健美操运动在我国得到大力推广。

健美操根据练习形式，可分为徒手健美操、器械健美操和特殊场地健美操；根据性别特征，可分为女子健美操和男子健美操；根据年龄特征，可分为幼儿健美操、儿童健美操、少年健美操、青年健美操、中年健美操和老年健美操；根据锻炼部位，可分为颈部健美操、肩部健美操、臀部健美操、胸部健美操、腹部健美操、腰部健美操、髋部健美操和腿部健美操等。健美操根据运动的主要目的和任务可分为竞技健美操、健身健美操和表演健美操3种类型，每种类型下还有具体的细分类型。

（1）竞技健美操。其根据比赛项目可细分为男单、女单、混双、三人和六人等类型。

（2）健身健美操。其根据不同的风格特点可细分为传统有氧健美操、形体健美操、拉丁健美操、爵士健美操、街舞健美操、搏击健美操、瑜伽健美操等类型。

（3）表演健美操。其根据不同的表演器械可细分为脚蹬健美操、哑铃健美操、花球健美操、皮筋健美操、健身球健美操等类型。

二、健美操比赛的规则要点

1. 比赛规则

健美操比赛的场地呈正方形，四周由宽5cm的白色标志带圈定，带宽包括在场地面积之内。场内为地板或铺地毯，男子3人、女子3人、混合6人场地边长为12m；男子单人、女子单人、混合双人场地边长为9m。场地周围至少有1m宽的安全区，裁判员座席靠近赛区一边，排成一排，裁判员之间距离为1m。

（1）比赛内容。规定动作比赛（《全国健美操大众锻炼标准》规定动作）、自选动作比赛。

（2）比赛项目。男子单人；女子单人；混合双人；男子3人；女子3人；混合6人（男3人、女3人）。

（3）年龄与分组。参加成年组竞赛的运动员在竞赛之年不小于18岁，不大于40岁。参加少年组竞赛的运动员在竞赛之年不小于12岁。

（4）参赛人数。规定动作比赛：每队6人，性别不限，或按比赛规程执行。自选动作比赛：每队3~16人，性别不限，或按比赛规程执行。

（5）成套动作时间。规定动作比赛按《全国健美操大众锻炼标准》的规定时间执行。自选动作比赛的成套动作时间为2.5~3min，计时从动作开始到动作结束。

（6）音乐伴奏。规定动作比赛的音乐由主办单位提供《全国健美操大众锻炼标准》规定动作音乐并统一播放。自选动作比赛的音乐由参赛队自备，音乐需刻录至光盘中，并且必须准备2份，其中1份交赛事放音组。自选动作音乐允许有2×8拍的前奏，音乐速度不限，应提供高质量音频文件。

（7）比赛服装。着健身服或运动式休闲服和运动鞋（旅游鞋式，不可穿球鞋、体操鞋等）。服装上可有亮片等装饰物，女运动员可化淡妆；运动员禁止配戴除发带、发卡外任何装饰品（首饰）或手表。

（8）违规动作。健美操中的违规动作包括各种竞技体操和技巧运动的翻转和抛接动作；过度背弓；无支撑体前屈；仰卧翻臀；头绕环和过度头后仰；膝转；足尖起；仰卧直腿起坐、仰卧直腿举腿、仰卧两头起；臀部低于膝关节的深蹲；高难度的托举动作。另外，在成套动作中不鼓励出现难度动作，如出现类似的动作，将不予加分，并对出现的错误动作进行减分。

（9）竞赛程序评分方法。分为"预赛"和"决赛"。凡报名参加竞赛的运动员，均需参加预赛。预赛中取得前6名成绩的运动员可参加决赛。预赛中团体总分为各单项分之和。得分多者，名次列前，总分相等时，以单项中高分多者名次列前；成绩相等，名次并列，下一名为空额。参加决赛的前6组运动员的预赛得分和决赛得分之和，为决赛总分。以预赛总分多者名次列前；成绩相等，名次并列，下一名次为空额。采取公开示分的方法，成套动作满分为10分，裁判员的评分精确到0.1分。评分计算方法是去掉1个最高分和1个最低分，中间3个分数的平均分即为得分，再减去裁判长减分即为最后得分。

2. 特殊情况

运动员在遇到以下特殊情况时，应立即停止做动作并向裁判长反映，并在问题解决后重新开始比赛，在成套动作结束后提出的要求将不被接受：播放错音乐；由于音响设备而出现的音乐问题；由于舞台、会场的设备问题而出现的干扰；其他任何异物进入比赛场地；由运动员责任外的特殊情况而引起的弃权。

三、健美操基本技术

健美操的基本技术通常根据人体部位进行划分，主要包括手型和手臂等上肢动作、躯干动作和多种基本步法。掌握这些基本技术不但可以增加健美操的观赏性，还能提升运动的安全性。

1. 手型

健美操的上肢动作主要是吸收了芭蕾舞、现代舞等运动的技术动作发展演绎而来的。手掌随手臂的姿态而灵活变化，一般而言，手臂伸展时，手指和手腕随之伸展，手背呈反弓形；手臂弯曲时，手指、手腕放松，从肩至手指成一柔和弧线。恰当地运用各种手型，能使手臂动作更加丰富。健美操常见手型有以下 9 种，如图 8-1 所示。

基本手型

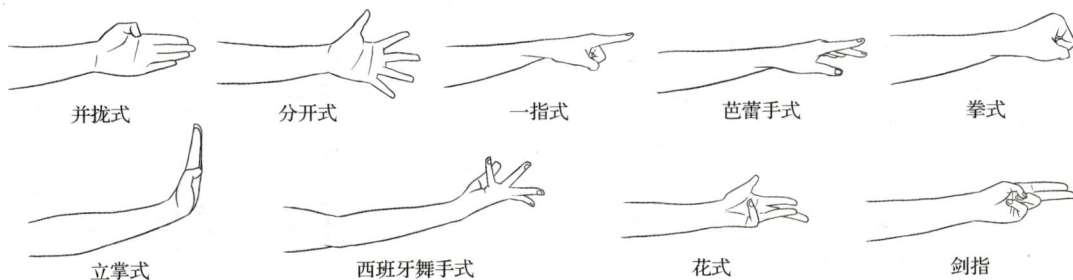

并拢式　　分开式　　一指式　　芭蕾手式　　拳式

立掌式　　西班牙舞手式　　花式　　剑指

图 8-1　健美操常见手型

（1）并拢式。

动作要领：五指伸直并拢，大拇指微屈，指关节贴于食指旁。

（2）分开式。

动作要领：五指用力伸直，充分张开，手腕保持一定的紧张程度。

（3）一指式。

动作要领：握拳，食指（或大拇指）伸直。

（4）芭蕾手式。

动作要领：五指微屈，后 3 指并拢、稍内收，大拇指内扣。

（5）拳式。

动作要领：握拳，大拇指在外，指关节弯曲，紧贴于食指和中指。

（6）立掌式。

动作要领：五指伸直并拢，大拇指微屈，手掌用力上翘。

（7）西班牙舞手式。

动作要领：五指用力，小指、无名指、中指自掌指关节处依次内屈，大拇指稍内扣。

（8）花式。

动作要领：在分开式的基础上小指伸直向掌心回弯到最大限度，无名指会随小指回弯。

（9）剑指。

动作要领：大拇指与无名指、小指相叠，中指、食指并拢伸直。

2. 手臂动作

健美操手臂的基本动作包括举（摆／提／拉）、屈、绕（绕环）等，如表8-1所示。

表8-1　健美操手臂的基本动作

动作分类	动作界定	动作变化
举（摆／提／拉）	以肩为轴，臂伸直向某方向抬起并停止在某一部位，活动范围不超过180°	单或双臂的前、后、侧举。其中，双臂既可以做相同的动作，又可以做不同的动作；既可同时进行，又可依次进行，还可交叉进行
屈	肘关节产生一定的弯曲角度	包括胸前平屈、肩侧屈、肩上侧屈、肩下侧屈、肩上前屈、腰间屈、头后屈。既可以一臂做动作，又可以两臂同时做相同动作，还可以两臂依次做相同动作
绕（绕环）	以肩关节为轴，手臂做大于180°、小于360°的圆周运动为绕；做360°以上的圆周运动为绕环	单或双臂的前、后、内、外绕（绕环），小绕、中绕、大绕。两臂动作既可以同时进行，又可以依次进行

3. 躯干动作

健美操运动的躯干动作主要包括头颈部、肩部、胸部、腰部和髋部的动作，如图8-2所示。组合躯干动作就能够形成躯干的波浪动作，该动作可依靠身体各部位向前、后、左、右依次完成，动作要协调、连贯。例如，前波浪是从下而上，后波浪是从上而下。

头颈　　　肩　　　胸　　　腰　　　髋

图8-2　健美操躯干动作

4. 交替步法

健美操中下肢交替步法的运动强度较低，两脚始终依次交替落地。

（1）踏步。

动作要领：两腿原地依次抬起、依次落地，两臂自然前后摆动。落地时，由脚尖过渡到脚跟，踝、膝、髋关节依次有弹性地缓冲，如图8-3所示。

（2）走步。

动作要领：迈步向前走时，脚跟先落地，过渡到全脚掌；向后走时则相反，基本技术动作与踏步相同，如图8-4所示。

（3）"一"字步。

动作要领：一只脚向前一步，另一只脚随之并拢，然后依次还原。前后均要有并脚过程；每一拍动作膝关节始终有弹性地缓冲，如图8-5所示。

（4）"V"字步。

动作要领：一只脚向侧前方迈一步，另一只脚随之向另一侧前方迈一步，成两脚开立，屈膝，然后依次退回原位。两脚间距离略比肩宽，重心落于两腿之间，如图8-6所示。

图8-3　踏步　　　　图8-4　走步　　　　图8-5　"一"字步　　　图8-6　"V"字步

（5）漫步。

动作要领：一只脚向前迈出，屈膝，重心随之前移，另一只脚稍抬起，然后原地落下；或向后撤一步，重心后移，另一只脚稍抬起，然后原地落下。动作富有弹性，身体重心随动作前后移动，如图8-7所示。

（6）后踢腿跑步。

动作要领：两腿依次腾空、依次屈膝落地缓冲，未落地腿的小腿后摆，两臂前后自然摆动，如图8-8所示。

图8-7　漫步　　图8-8　后踢腿跑步

5. 迈步步法

健美操中下肢迈步步法的基础动作是一条腿先迈出一步，重心移至该腿，另一条腿用脚跟或脚尖点地后向另一个方向迈步。

（1）并步。

动作要领：一只脚迈出，另一只脚随之并拢屈膝点地；再向反方向迈步。两膝保持弹动，重心随之移动，动作幅度和力度可随风格而定，如图8-9所示。

（2）侧交叉步。

动作要领：第一只脚向相反侧迈一步，第二只脚在其后交叉，第二只脚再向刚才相同方向侧迈一步，第一只脚收回与第二只脚并拢，屈膝点地。第一步脚跟先落地，屈膝缓冲，身体重心随脚步快速移动，如图8-10所示。

图8-9　并步　　图8-10　侧交叉步

（3）并步跳。

动作要领：以右脚起步为例，右脚迈出，随之蹬地跳起，左脚并右脚，并腿落地。身体重心随身体迅速移动，落地时注意缓冲。

（4）侧交叉步跳。

动作要领：第一只脚向相反方向侧迈一步，第二只脚在其后交叉，随之第一只脚再向相同方向侧迈一步，第二只脚并拢，同时两脚轻轻跳起，落地屈膝缓冲。第一步脚跟先着地，身体重心快速随着脚步移动而移动，保持膝、踝关节的弹动。

（5）迈步点地。

动作要领：一只脚向前方侧迈一步，经两膝弯曲，随之身体重心移至一侧腿，另一腿伸直，脚尖或脚跟点地。重心移动明显，两膝有弹性地屈伸，躯干不要扭转，如图8-11所示。

（6）小马跳。

动作要领：左腿蹬地跳起，同时右腿侧迈步落地，随之左腿并右脚点地，随后反方向做一次，动作相同，但方向相反。两脚轻快蹬跳、落地，身体重心随之平稳移动，注意膝、踝关节的弹动，如图8-12所示。

（7）迈步吸腿。

动作要领：一只脚迈出一步，另一条腿屈膝抬起，然后向反方向迈步。支撑腿保持屈膝弹动，大腿上抬超过水平，小腿自然下垂绷脚尖，上体保持正直，如图8-13所示。

（8）迈步吸腿跳。

动作要领：右脚向前迈出一步，之后身体重心跟进，同时左腿抬起，抬起90°时，两脚起跳。跳起时，上体保持正直，收腹立腰。

（9）迈步后屈腿。

动作要领：一只脚迈出一步，另一条腿后屈，然后向相反方向迈步。支撑腿屈膝半蹲，保持有弹性地屈伸，后屈腿的脚后跟向着臀部，如图8-14所示。

图8-11　迈步点地　　　　图8-12　小马跳　　　　图8-13　迈步吸腿　　　　图8-14　迈步后屈腿

（10）迈步后屈腿跳。

动作要领：一条腿侧迈一步，另一条腿向后屈膝，同时两脚起跳，缓冲落地。两腿跳起时，屈膝脚尖绷直，落地时，两腿膝关节微屈，不宜伸直。

6. 点地步法

健美操中下肢点地步法的基础动作是一条腿屈膝站立，另一条腿伸出，用脚尖或脚跟点地后还原到并腿位置。

（1）脚尖点地。

动作要领：一条腿稍屈膝站立，另一条腿伸出（向前、向后、向一侧），脚尖点地，然后还原到并腿姿势。支撑腿稍屈膝，并随动作有弹性地屈伸，如图8-15所示。

（2）脚跟点地。

动作要领：一条腿稍屈膝站立，另一条腿伸出，脚跟点地，然后还原到并腿姿势。只可做向前和向侧的脚跟点地，如图8-16所示。

图8-15　脚尖点地　　　　图8-16　脚跟点地

7. 抬腿步法

健美操中下肢抬腿步法的基础动作是一条腿站立，另一条腿抬起。

（1）吸腿。

动作要领：一条腿屈膝抬起，落地还原。上体保持正直，大腿用力上提超过水平，小腿自然下垂。

（2）摆腿。

动作要领：一条腿站立，另一条腿做摆动。摆腿时，上体顺势前倾、后倾或侧倾。

（3）踢腿。

动作要领：一条腿站立，另一条腿抬起，然后还原。踢腿时，加速用力且有控制，躯干保持正直。

（4）弹踢腿。

动作要领：一条腿站立（或蹬跳），另一条腿先向后屈，再向前下方弹踢后还原。腿弹出时要有控制，两膝盖紧靠，弹踢腿的脚尖要绷直，躯干保持正直。

（5）吸腿跳。

动作要领：一条腿屈膝抬起，落下还原；另一只脚离开地面，向上跳起。支撑腿保持屈膝弹动，大腿上抬至水平，上体保持正直，注意身体的稳定性，如图8-17所示。

图8-17 吸腿跳

（6）摆腿跳。

动作要领：一条腿自然摆动，另一条腿向上跳起，落地时两腿屈膝缓冲。保持上体正直；支撑腿屈膝缓冲，摆动腿抬起时幅度不要过大，且要有控制，如图8-18所示。

（7）踢腿跳。

动作要领：一只脚蹬地跳起，另一条腿抬起向前或向侧，然后还原。抬起腿不需要很高，但要有控制，保持上体正直，如图8-19所示。

（8）弹踢腿跳。

动作要领：两脚起跳，单脚落地，另一条腿小腿后屈，然后小腿前踢伸直。腿弹出时要有控制，无须太高，上体保持正直，如图8-20所示。

（9）后屈腿跳。

动作要领：一条腿站立蹬跳，另一条腿向后屈膝折叠，放下腿还原。后屈腿脚跟靠近臀部，支撑腿有弹性地缓冲落地，如图8-21所示，还原后两膝并拢。

图8-18 摆腿跳　　　图8-19 踢腿跳　　　图8-20 弹踢腿跳　　　图8-21 后屈腿跳

8. 双腿步法

健美操中下肢双腿步法的基础动作是双腿站立或跳跃，身体重心在两腿之间。

（1）并腿跳。

动作要领：两腿并拢跳起，落地缓冲且有控制。

（2）分腿跳。

动作要领：分腿分立，屈膝半蹲（大、小腿夹角不小于90°），向上跳起，分腿落地屈膝缓冲，如图8-22所示。

（3）开合跳。

动作要领：由并腿跳起，分腿落地，再由分腿跳起，并腿落地。分腿屈膝蹲时，两脚自然外开，膝关节沿脚尖方向弯曲。落地时，屈膝缓冲，脚跟着地，如图8-23所示。

图8-22 分腿跳

（4）半蹲。

动作要领：半蹲分为并腿半蹲和分腿半蹲，两腿有控制地同时屈和伸。分腿半蹲时，两腿左右分开稍大于肩，脚尖稍外展，膝关节角度不小于90°，与脚尖方向一致，躯干保持直立。

（5）弓步。

动作要领：两脚前后分开，平行站立，一条腿屈膝，脚尖与膝垂直，另一条腿伸直，重心落于两脚之间，如图8-24所示。也可两膝皆屈，后腿的大腿垂直于地面。

（6）弓步跳。

动作要领：并腿向上跳起，前后成分腿姿势落地，接着再向上跳起，并腿落地。落地时，膝关节有弹性地缓冲，分腿落地时双脚尖朝前方，并且基本在一条线上。

（7）踝弹动。

动作要领：两腿伸直或屈膝，踝关节有弹性地屈伸。脚尖或脚跟抬起时，保持身体的稳定性和踝关节的弹性，如图8-25所示。

（8）膝弹动。

动作要领：两腿并拢，膝关节有弹性地屈伸。膝关节由弯曲到还原，还原时膝关节应处于微屈状态，如图8-26所示。

图8-23 开合跳　　　　图8-24 弓步　　　　图8-25 踝弹动　　　　图8-26 膝弹动

（9）移重心。

动作要领：以两脚开立为初始动作，两腿屈膝下蹲之后，身体向右侧移动重心，右脚全脚掌着地，左脚脚尖点地。身体重心的移动要保持平稳。

四、健美操的创编

健美操运动需要展示出形体美和姿态美，从而带给观众艺术享受，所以，在设计和编排健美操的时候，需要注意技术动作的全面性、针对性、合理性和艺术性。

1. 全面性

创编健美操技术动作的全面性主要体现在覆盖身体各部位和变化多样性两个方面。

（1）覆盖身体各部位。健美操的技术动作需要尽可能地充分调动整个身体参与，使身体各部位的肌肉、关节和韧带都得到全面锻炼，并注意保持人体左右两侧动作的对称性。

（2）变化多样性。创编健美操需要考虑技术动作的所有方向，包括上下、左右、前后、斜向等，这样才能通过改变运动位置、方向、节奏、路线来影响身体的不同肌肉群，通过复合性动作来培养人体的协调性，并提高关节的灵活性和韧带的柔韧度。

2. 针对性

创编健美操通常需要根据运动员的性别、年龄等不同，以及场地的不同和健美操运动的目的不同而有所差别。

（1）运动员差异。创编健美操需要以运动员的年龄、性别、运动水平和文化层次等作为考量的因素。例如，儿童健美操的创编以欢快、活泼且体现儿童特点的动作为主；青年健美操的创编则会以展示活力、青春和积极向上的精神风貌等动作为主。

（2）场地差异。创编健美操也要考虑场地、器材等实际条件。例如，运动场地在室外且地面条件不够好时，技术动作就不能以地面为主。

（3）目的差异。健美操可以运用在表演或比赛中，也可以作为纯粹的健身锻炼，所以，在创编技术动作时，可以根据不同的目的选择不同的动作。大学生练习健美操通常以锻炼身体和表演为主要目的，所以可以选择比较规范的动作和优美的姿态及造型；创编表演健美操时则可以选择一些表演性强，能增加气氛，且体现人体柔韧、协调、节奏感等的动作。

3. 合理性

健身是健美操的基本目标，因此，创编健美操需要保证技术动作的选择、顺序和负荷在人体能够承受的合理范围内。

（1）选择合理。不同的动作会对身体造成不同程度的影响，为了达到健身的目的，创编的健美操动作应该是有益于人体健康的、安全可靠而不易造成损伤的。

（2）顺序合理。人体的生理规律要求运动的顺序应该由局部到整体，动作速度由慢到快，动作幅度由小到大，动作强度由弱到强，最后还需要整理、拉伸、放松。

（3）负荷合理。人体的生理规律要求运动负荷应该是心率变化由低向高逐渐呈波浪式上升，随之慢慢下降，逐渐恢复到安静状态。

4. 艺术性

健美操结合了体操、舞蹈和音乐等项目的特点，具有极大的艺术魅力，所以，创编健美操时需要通过技术动作展示出艺术特色。

（1）队形变化。在健美操运动中，设计队形变化不仅能增加观赏性，也能让动作衔接更加流畅。过渡流畅自然、转化巧妙的队形变化会带给观众丰富多彩、目不暇接的观赏效果。图8-27所示为健美操运动中2人、3人和6人的基本队形。

图8-27　健美操的基本队形

（2）音乐设计。音乐是健美操的灵魂，能直接影响健美操的风格、结构、速度和节奏，甚至决定健美操的具体动作和队形。因此，在选配音乐时应注意音乐要与健美操的风格相统一。

（3）动作设计。健美操的动作设计讲究对称、具备美感和艺术性。近年来，健美操的动作设计更倾向于表现一定的主题，在一定程度上赋予了健美操更加丰富的艺术内涵。

第二节　瑜伽

瑜伽是一种古老的体育运动方式，主要包括伸展、专注呼吸、改进姿态及冥想，并通过练习将这些内容结合起来。由于瑜伽具有健美塑形的功效，因此其受到广大女性的喜爱和参与。现在很多大学将瑜伽列入体育教学范畴，目的在于帮助大学生塑造形体和姿态。

一、瑜伽概述

瑜伽的诞生可以追溯到公元前的古印度时期，早期的瑜伽体式来源于修行者的无意发现。修行者认为很多动物患病时能够不经过治疗而自然痊愈，这得益于动物各种不同的姿态，于是修行者开始模仿动物的日常姿态，将这些姿态运用于人体创立出一套有益身心的锻炼系统。大约在公元前300年出现的《瑜伽经》标志着印度瑜伽的真正成形。由于瑜伽对心理减压和生理保健等方面作用明显，因此现代人把瑜伽当作健身的手段，瑜伽也从印度传至欧美、亚太、非洲等地区。瑜伽也被很多人认为是人类最适宜、最有效的修身锻炼方法。联合国还将每年的6月21日设置为"国际瑜伽日"，提倡和鼓励全世界更多的人参与瑜伽练习。

瑜伽在古代就被传入我国，但一直到1985年，中央电视台播放了慧兰瑜伽系列教学片，很多人才开始认识瑜伽。此后，一些出版机构开始翻译出版瑜伽著作，大量瑜伽爱好者亲赴印度等地学习瑜伽，瑜伽场馆大量出现在各个城市，一些高校也开设了瑜伽课程。进入21世纪后，随着我国居民可支配收入不断提高，以及健康保健意识的增强，瑜伽的普及度不断提升，我国瑜伽练习的人数规模也一直保持稳定增长。

大多数体育运动具有竞技性和对抗性的特点，运动员需要战胜对手。而瑜伽却恰恰相反，运动的对象是练习者本人，要求练习者在宁静的心境下，抛弃一切杂念，放松大脑，将注意力集中到姿态动作在其体内所产生的感觉上，主要表现为以下几个特点。

（1）与呼吸相关。瑜伽的所有姿势和动作都要与呼吸配合完成，易使运动者心平气和地进入放松状态。

（2）动作平缓。瑜伽的动作以柔和平缓为主，能够锻炼身体的平衡性和柔韧性。

（3）不易受限。瑜伽练习不易受到场地、器械和时间的限制，练习者随时随地都可以开始练习。

（4）相对安全。瑜伽动作缓慢轻柔，既不产生激烈对抗，也不会出现用力过度的情况，相对于篮球、足球等对抗性较强的体育运动，不容易造成身体损伤。

（5）适宜人群广泛。瑜伽能够全方位锻炼身体，并适合任何年龄阶段的人练习。

二、瑜伽准备与基础

作为东方古老的修身术之一，瑜伽的基本技术动作简单易学，不仅可以使人消除紧张、缓解压力，还可以让人的精神与身体进入纯净的境界。练习瑜伽之前，练习者需要做一些基本的准备工作，并学习瑜伽的冥想坐姿和呼吸方法。

1. 场地与器材

瑜伽对场地的要求不高，尽可能地选择一个安静、干净、舒适和通风的房间或在室外平直的地面即可。器材则主要包括瑜伽垫、瑜伽服和一些辅助工具。

（1）瑜伽垫。瑜伽垫是练习瑜伽时铺在地上的垫子，瑜伽垫通常比较柔软，会让练习过程更舒适。此外，瑜伽垫抓地力强，具有较好的回弹性、平整性、防滑性和人体皮肤亲和性，在室外使用瑜伽垫还能有效阻隔地面寒气。

（2）瑜伽服。瑜伽服是练习瑜伽时所穿的衣服。瑜伽的动作都比较柔软且幅度较大，所以，瑜伽服不能太紧身，通常是宽松舒适有弹性，能让人穿着舒服且觉得轻松自在的服装。

（3）辅助工具。辅助工具包括蒲团、檀香、健身球、音乐和枕头等。蒲团透气舒适，能帮助练习者增加瑜伽冥想的时间；檀香有安神的效果，能够提升练习者的专注度；健身球可以辅助一些瑜伽动作；音乐和枕头则可以帮助练习者放松和休息。

2. 冥想

瑜伽冥想的本质其实就是锻炼个人的注意力，就是简简单单地注意和关注，且不自行带入任何注意的内容，没有参与注意的对象。冥想的目的在于获得内心的和平与安宁，在冥想时，人的过度思虑会被镇静下来，而精神力量、集中意志被提高。瑜伽冥想的姿势都是打坐式的，常见的有以下几种。

（1）莲花坐。

动作要领：双腿向前伸直，弯曲左膝，左脚放右大腿上，右脚放左大腿上。两只手手掌向上，大拇指和食指指端轻贴一起，成智慧手印，并轻放在双膝上，腰部伸直；胸部自然挺起；下巴稍微抬起。深而慢地呼吸，双腿、双膝尽量贴地，如图8-28所示。

（2）半莲花坐。

动作要领：弯起右小腿并让右脚脚底板顶在左大腿内侧，弯起左小腿并把左脚脚底板顶在右大腿内侧，使头、脖子和身子保持在一条直线上，可以交换双腿位置。下颌收起，手臂伸直，肩膀放松，胸打开，臀部贴地，脊柱向上挺直，腰不要后仰。

（3）英雄坐。

动作要领：左腿弯曲放在右腿下，脚后跟触到臀部。调整右腿，放在左腿上，如图8-29所示。由于身体的大部分都接触到了地面，所以这个坐姿容易长久保持，且可以换腿练习。

（4）吉祥坐。

动作要领：弯起左小腿，把左脚脚底板顶住右大腿，弯起右小腿，把右脚放在左大腿和左小腿肚之间。两脚的脚趾应该分别楔入另一腿的大腿和小腿肚之间。两手放在两大腿之间的空位处或放在两膝之上。

（5）至善坐。

动作要领：右腿向右弯曲，并把腿后跟贴在会阴部。左脚重叠放在右腿上，并把左脚尖塞进右腿的弯曲处。腰部伸直，挺起胸部，双手放在膝盖上，做智慧手印或意识手印。

（6）金刚坐。

动作要领：膝弯曲，臀部放在脚跟上，双脚大脚趾相碰。

（7）雷电坐。

动作要领：两膝跪地，两小腿胫骨和两脚脚背平放在地面，两膝并拢。两个大脚趾相互交叉，两脚跟向外指。将臀部放在两脚内侧，两个分离的脚跟之间，如图8-30所示。

（8）合趾坐。

动作要领：双膝弯曲，朝左右张开，脚底相贴。后脚跟尽可能靠近上半身，如图8-31所示。

图8-28 莲花坐 　　　　图8-29 英雄坐 　　　　图8-30 雷电坐 　　　　图8-31 合趾坐

（9）长坐。

动作要领：双脚向前伸出并拢，脚踝与脚尖自然伸直，不用力。脊柱正直，向上延伸，两臂自然下垂，手放于身体两侧。

3. 呼吸

瑜伽中的呼吸是动用整个肺吸入充足的"能量"供给身体，促进心脏血液循环并且通过血流将"能量"送至身体的各部位。

（1）具体瑜伽动作的呼吸。

动作要领：展开动作吸气，收缩、扭转动作呼气；困难动作呼吸较快，简单动作或平衡动作等呼吸较深沉；保持动作时放松，均匀呼吸。

（2）腹式呼吸。腹式呼吸是使用肺的底部进行呼吸，感觉只是腹部在鼓动，胸部相对不动。

动作要领：两手的大拇指和食指做出三角状，放在肚脐中心位置。把手放在腹部上，两鼻孔慢慢地吸气，放松腹部，感觉空气被吸向腹部，手能感觉到腹部越抬越高，实际上横膈膜下降，将空气压入腹部底层。吐气时，慢慢收缩腹部肌肉，横膈膜上升，将空气排出肺部。吐气的时间是吸气时间的两倍。

（3）胸式呼吸。胸式呼吸是使用肺的中上部分进行呼吸，感觉是胸部在张缩鼓动，腹部相对不动。

动作要领：呼吸时，将双手放在十二肋两侧，不要施加压力，保持骨盆中立位（髂前上棘和耻骨在一个平面上）。收缩腹部，吸气，在保证腹腔壁内收的前提下，感觉肋骨架下部升高并向两侧推出。腹腔壁持续内收。呼气，感觉肋骨架回落。在吸与呼的过程中始终收缩腹部，感觉肋骨架像一架手风琴那样向两侧扩张和收缩。

（4）完全呼吸。完全呼吸集合胸、腹式呼吸方式为一体，也称横隔膜呼吸。完全呼吸可以使肺的上、中、下3部分都参与呼吸，腹部、胸部乃至感觉全身都在起伏张缩。

动作要领：吸气时，先轻轻吸气到腰部的位置，感觉腹部区域充满气体时，继续吸气，尽量将胸部吸满，扩张至最大限度，感觉气体从腹部渐渐充满至胸部后，从胸部开始慢慢吐气，最后以收缩腹部肌肉的方式结束。呼气时，确保将体内的空气完全排出。

三、瑜伽姿势与应用

瑜伽的姿势是瑜伽技术中最基本的内容，主要包括坐姿、前屈、后仰、侧弯、扭转、平衡和倒立等瑜伽的基本体位。

1. 坐姿

瑜伽的坐姿主要用于冥想，此外，坐姿可以使髋关节、膝关节、踝关节都变得更加柔软和灵活。坐姿也可以加快上半身的血液循环，对腹部脏器和神经系统有益，坐姿中脊柱挺直可以强壮脊柱和背部肌肉。

（1）简易坐。

动作要领：先坐于垫子上，两脚向前伸直，将右脚弯曲收回放于左大腿跟侧，再将左侧小腿弯曲放于右大腿下方，手可以以智慧手印放于两膝之上，同时将头、颈和躯干保持在同一条直线上，脊柱向上伸展，保持肩膀和手臂放松、呼吸匀畅。

（2）狮子坐。

动作要领：跪坐，左右脚脚踝交叉，将脚跟抵在肛门下方。双手放在双膝上，挺直腰背。张大嘴，伸出舌头，双目凝视鼻尖，用嘴呼吸数秒后，闭嘴。

（3）散盘坐。

动作要领：坐在地上，双脚并拢伸直，身体保持挺直。弯曲左腿，将脚跟靠近会阴处，左脚掌靠近右大腿，脚背触地。弯曲右腿，右脚放于左脚前方，脚背触地，双脚在一个水平面上。

2. 前屈

瑜伽很多姿势都是针对脊柱练习的，因为脊柱是人体的"大梁"。前屈是指脊柱向前弯曲靠向腿部的瑜伽姿势。前屈可以伸展和强壮背部肌肉群，促进背部血液循环，增强脊柱的柔软性和灵活性；轻柔地挤压和按摩腹部器官，促进消化和排泄；拉伸腿部后侧肌肉和韧带；安定心神，使神经系统平静。

（1）婴儿式。

动作要领：以简易坐坐在瑜伽垫上，双脚大脚趾叠放在一起，双手轻轻放在大腿上，肩部打开，微微下压。呼气时，双手移至身体两侧，上身自尾椎开始，一节一节往前方放松落下，直至腹部贴近大腿，胸部落在膝盖上，额头贴近地面。

（2）下犬式。

动作要领：跪姿准备，双手双脚打开与肩同宽，双手在双肩的正下方，双膝在髋部的正下方，呼气，双脚脚后跟向下踩，臀部向后向上，将坐骨推到最高点，身体呈倒"V"形。脚后跟用力向下踩，膝盖伸直，大腿肌肉收紧，脚后跟、膝盖窝到臀部坐骨呈一条直线，双手用食指与中指指根及大鱼际用力推地，手臂、躯干到坐骨呈一条直线，手臂由腋窝处向外转动，放松双肩和脖子，头部和脊柱在一条直线上，如图8-32所示。

图8-32 下犬式

（3）龟式。

动作要领：长坐在瑜伽垫的中央，双脚打开适当的距离，微屈双膝，双手侧平举，身体向前，将右手从右膝下方穿出，将左手从左膝下方穿出，身体再次向前，靠近地面，双手臂从膝盖下方向两侧伸直的同时，双膝也随之伸直，下巴点地，眼睛看向前方。

（4）单腿背部伸展式。

动作要领：长坐，腰背挺直，双腿伸直并拢，双手放于臀部两侧，掌心贴地，指尖朝外。屈右膝，右脚脚掌贴在左大腿内侧，膝关节自然向外展开。吸气，双臂向上伸展过头顶。呼气，俯身，双手抓左脚脚掌，稍屈肘，拉动身体贴近左腿，如图8-33所示。

图8-33 单腿背部伸展式

（5）双腿背部伸展式。

动作要领：长坐，腰背挺直，双腿伸直并拢，双手放于臀部两侧，掌心贴地，指尖朝外。吸气，腰背挺直，双臂向上伸展，双手在头顶上方合十，双臂带动脊柱向上伸展，体会背部向上牵拉的感觉。吸气，双臂向上伸展过头顶。呼气，俯身，直到双手分别握住双脚脚尖。深呼吸，向下弯曲手肘带动上半身继续向腿部靠拢，双手抓住两脚掌。

（6）半英雄坐前屈。

动作要领：长坐，双腿伸直，屈右膝，向后移动右脚，将右脚放在右侧臀部的外侧，保持身体的平衡，左腿伸直，膝盖脚尖呈一条直线。吸气延展脊柱，呼气身体向前向下，双手抓住前脚掌，或者抓在脚后跟上，胸腔尽量靠近大腿，依次把头、鼻子、嘴唇、下巴放在左膝上。

（7）站立体前屈。

动作要领：手自然放在臀部。呼气，同时向前弯曲身体，注意弯曲要从髋部开始，而不是弯腰。在前屈过程中，脊柱得以伸展，打开下至耻骨上至颈椎的空间，如图8-34所示。

（8）半莲花站立前屈。

动作要领：左腿向右弯曲，将左脚脚踝放到右大腿上，脚背贴近大腿，左膝朝外打开。左手绕过身后，抓住左脚脚趾。深深吸气，呼气时身体有控制地缓慢向前屈，右手碰到前方的垫子后，停留保持住，右腿伸直，脊柱向前伸展。再次呼气时，身体进一步向前弯曲，低头，使胸口尽量向大腿靠近，如图8-35所示。

图8-34 站立体前屈　　图8-35 半莲花站立前屈

3. 后仰

后仰是指脊柱向后弯曲的瑜伽姿势，后仰最好和前屈配合练习，以充分伸展脊椎，使椎间盘复位，并让脊柱得到充分休息。后仰可以放松身体前面的肌肉和结缔组织，强壮后背的肌肉；增强肩关节的灵活性，扩展胸腔；放松胸部、肋间的肌肉和筋膜，特别是心包膜，给心脏更多的空间；加强脊柱，增加脊柱区域的血液供应，使中枢神经系统受益；伸展腹部区域。

后仰又分为牵引后仰和收缩后仰两种体位，牵引后仰是一种顺应重力的后弯，这类后仰通常从跪姿、站姿或仰卧体位开始，身体要完成后仰需要随着重力向地板下落，主要体位有骆驼式和轮式。收缩后仰是一种克服重力的后弯，这类后仰通常从俯势姿势开始，腹部对着地面，主要体位有眼镜蛇式和弓式。

（1）骆驼式。

动作要领：跪立，双脚打开与髋同宽，小腿、脚背贴地，脚尖指向正后方，双手扶髋，抬头挺胸，手肘内夹，身体后弯，双手依次放在双脚上，头在脊柱的延长线上，胸腔打开，髋部与膝盖在一条直线上垂直于地面。

（2）轮式。

动作要领：仰卧，弯曲双膝，尽量将双脚靠近臀部，双手向后放在两侧的地上，指尖指向双肩的方向。吸气，躯干抬起，使双腿、臀部、背部和头部成拱形，用双脚和双手掌的力量支撑身体，如图8-36所示。

（3）眼镜蛇式。

动作要领：选择俯卧姿势，下颌点地，双臂自然放于体侧，双手握空拳。曲手肘，双手掌心向下，指尖向前，放于胸的两侧，下巴抵在瑜伽垫上。吸气，慢慢抬高上身，尽量将上半身与地面保持垂直，伸直双臂，视线看向上方，尽量抬高下巴。

（4）弓式。

动作要领：俯卧，双腿伸直并拢平放于地面，颈部微抬使下巴触地，双手贴于体侧。弯曲双膝，双腿离地后伸展使得脚跟内收靠于臀部两侧，双手向后抓住脚踝处。收腹，双膝微向两侧打开，保持呼吸，双手抓住双腿向上抬起直至双手贴于耳边，胸部及腿部尽量抬离地面，颈部后仰，使躯干呈弓式姿势，如图8-37所示。

图8-36　轮式

图8-37　弓式

4. 侧弯

侧弯是指脊柱向左右弯曲的瑜伽姿势。侧弯可以增加脊柱的灵活性和弹性，减少侧腰部的脂肪，起到一定的减脂效果。

（1）门闩式。

动作要领：跪立，腰背挺直，右腿向右侧打开伸直，脚趾指向右侧，与大腿、膝盖呈一条直线；左大腿保持垂直于地面，右手轻放在右腿上。吸气，放松双肩，两臂由侧面平举。呼气，右臂扶住右腿向下滑动，身体向右侧弯曲，左臂随之上举，与地面垂直，眼睛注视左手指尖延伸的方向。再次呼气，身体进一步向右侧弯曲，左臂也随之向下压，贴向左耳，向右方延伸，如图8-38所示。

（2）三角伸展式。

动作要领：站立，跳步分开两腿，两脚间隔90～105cm。两臂侧平举，手臂与地面保持平行，手掌朝下。右脚向右转90°，左脚稍向右转，膝部绷直。呼气，身体躯干向右侧弯曲，右手掌背贴近右脚踝，指尖触地。向上伸展左臂，与右肩呈一条直线，伸展躯干，两眼注视左手大拇指，腿后部、臀部、后背成一条直线。提升右膝盖，正对脚趾，保持挺直，如图8-39所示。

图8-38　门闩式

图8-39　三角伸展式

（3）侧角伸展式。

动作要领：站立，两腿大大地打开。吸气，两臂侧平举，手掌朝下。右脚外转90°，右脚后跟与左脚弓在同一直线上，双腿充分伸直。缓慢呼气，屈右膝，使右膝位于右脚脚踝正上方，膝盖不要超过脚尖，右大腿与右小腿成90°。向右后侧伸展身体，右手放在紧挨右脚小脚趾的地面上，右膝盖顶住右腋窝。举起左臂，向上伸展，头部转动，眼睛看向左手指尖的方向。呼气，左肩向下放松，左臂向斜后方伸出，手臂贴近左耳，掌心朝下。

> 大部分的瑜伽姿势需要在维持一段时间后，缓慢恢复到原始状态。还有一些瑜伽姿势，特别是侧弯和扭转，需要更换不同的方向再次练习，目的是平衡身体的动作，保证体态的对称。
>
> 知识补充

5. 扭转

扭转是指脊柱水平向左右扭转的瑜伽姿势。扭转体位可以轻柔按摩内脏，缓解轻微的背痛，还能起到安抚和平静心情的作用。

（1）半鱼王式。

动作要领：长坐，坐在瑜伽垫上，屈右膝，将左脚从右膝下方穿过，放在臀部右侧，脚后跟靠近臀部，将左脚放在右大腿的外侧，脚掌踩实垫面，脊柱向上立直，双手侧平举，身体向右扭转，右手放于身体后侧，左手放置于右大腿外侧，如图8-40所示。

（2）弓步扭转式。

动作要领：右腿弯曲在前，髋部摆正，右手向上，来到头顶，左手向上延展，身体向前倾，弯曲左手，准备扭转，保持髋部摆正。左手肘抵住右膝盖外侧，双手合十。

（3）脊柱扭转式。

动作要领：站立，双手在体前合十，肘部抬高，双手小臂成平行于地面的一条直线。弯曲双腿膝盖，臀部向后坐，背部伸直朝前倾，至腹部贴近大腿。保持身体的平衡，身体右转，左手肘抵住右腿膝盖，身体向右上方转动，双肩保持平行，尽量与地面垂直，如图8-41所示。

图8-40　半鱼王式

图8-41　脊柱扭转式

6. 平衡

平衡是指利用部分肢体支撑身体并保持平衡的瑜伽姿势。平衡可以锻炼身体的平衡感和协调性，提升注意力，起到平心静气的作用。

（1）树式。

动作要领：站立，屈右膝，右膝向右侧打开，用右手将右脚掌放在左大腿内侧上端大腿根部，尽量靠近会阴处，脚尖指向正下方。双手经体侧向上举过头顶，放下双手并合十，双肩放松，眼睛平视前方，如图8-42所示。

（2）舞蹈式。

动作要领：双脚并拢站立，大脚趾相触。也可双脚稍分开，并使双脚平行。抬起左臂向前伸展，把左臂举到与肩膀同高的位置，掌心向下。把重心转移到左腿上，右膝向后上方抬，右手抓住右脚外侧，如图8-43所示。

图8-42　树式　　　　图8-43　舞蹈式

（3）鹰式。

动作要领：站立，腰背挺直，屈右膝，身体重心移向左腿，抬右腿向上，屈左膝，右腿绕过左膝，右小腿缠绕在左小腿肚子上，双手侧平举，左手臂在上，右手臂在下，相互缠绕，双手合十，抬手臂与胸部齐平，慢慢地屈膝向下，延展背部，臀部向后向下。

7. 倒立

倒立是指身体倒置的瑜伽姿势。倒立可以促进身体的血液循环，减轻心脏的负担；减轻双腿静脉血管的压力；增加大脑的血液循环和供氧量，增加大脑的活力，以及有效消除疲劳，缓解失眠和紧张情绪。

（1）犁式。

动作要领：仰卧，双腿伸直并拢，双手自然贴放身体两侧，掌心贴地，向上抬起双腿，双手按压地面，使背部抬离地面，然后双腿缓缓向头顶方向伸展，双脚触地，如图8-44所示。

（2）肩倒立。

动作要领：先完成犁式体位，弯曲双肘，上臂贴地，手掌按在肋骨处，以保持躯干稳固，肩膀仍放在地面上。利用手掌的压力抬起躯干，慢慢抬起右腿，向上伸展，膝盖绷直，脚趾朝上，与地面垂直；再以同样的方法抬起左腿；双腿并拢，绷紧大腿后部肌肉，垂直向上伸展。胸骨抵住下巴，形成稳固的下巴锁定的体位。头部、颈部、肩部以及上臂放于地面上，身体其他部位呈一条直线，与地面保持垂直，如图8-45所示。

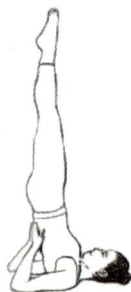

图8-44　犁式　　　　图8-45　肩倒立

8. 其他常见姿势

除以上姿势外，还有一些瑜伽姿势也在瑜伽练习中经常出现，包括以下几种。

（1）广角式。

动作要领：坐下，腰背挺直，双脚保持蹬直，慢慢打开，确定大腿背部紧贴于瑜伽垫上，脚跟向前，膝盖及脚趾指向上。提起双臂，两手掌平行向内，指向天花板。将上身慢慢向前伸展下来。腹部、胸部和下巴依次贴在瑜伽垫上。手掌张开放在前方的地上。

（2）战士3式。

动作要领：站立，手臂向上伸展，举过头顶，与地面垂直，躯干前倾，同时抬起左腿离地，右腿伸直。身体继续前倾，手臂向前伸展，与躯干、左腿呈一条直线。保持平衡的同时，右腿完全绷直，与地面保持垂直，左腿完全伸展，整个身体与地板平行，如图8-46所示。

（3）船式。

动作要领：坐直，背部微微向后，双脚靠拢，脚背绷直，双手置在身后两侧。提起小腿与地面平行，上半身再向后倾，与地面成45°，双手按地。双脚以45°蹬直，躯干与双脚形成"V"形。双手提起并向前伸直与地面平行，挺直腰背和胸膛，双脚并拢夹紧，如图8-47所示。

图8-46　战士3式　　　　　　　　　　　　　图8-47　船式

20世纪70年代，张蕙兰女士通过当时的中央电视台向全国播放瑜伽电视系列片，向全国的电视观众介绍瑜伽运动，她被认为是我国瑜伽运动的先行者。她的"瑜伽"系列片深受欢迎，持续不间断地播放了15年，是我国电视史上播出时间最长的系列片。这个节目的主要内容包括瑜伽姿势、生活方式、冥想，以及瑜伽对个人和社会问题的智慧见解和领悟等。该电视系列节目还在美国播放，推动了美国瑜伽热潮的形成。直到今天，这个节目在全世界五大洲几十个国家播放，成为全世界都认可的专业瑜伽电视节目。为表彰张蕙兰女士在全球传播瑜伽的卓越贡献，印度政府授予她著名的帕德玛奖。

第三节　游泳运动

游泳运动既是一项体育运动，也是人们日常生活中的休闲活动，极具健身价值，受到人们的热爱。大学生学习和进行游泳运动，不但能促进自身的生长发育、改善心血管系统机能、提高肺活量和免疫力，而且能促进个性心理品质的形成，锻炼个人的意志力。

一、游泳运动概述

游泳是一项古老的运动方式，早在远古时期，居住在江河湖海附近的人类为了在水中捕捉水鸟和鱼类，通过模仿鱼类、青蛙等动物在水中游动的姿势学会了游泳。现代游泳运动则起源于17世纪60年代的英国。1837年，在英国伦敦成立了第一个游泳组织。随后，英国人将游泳比赛带到了世界各地，游泳运动也风靡全球。1896年，游泳被列为第一届奥运会比赛项目。

我国有文字记载的游泳运动可以追溯到奴隶制时代，我国的劳动人民在生产劳动过程中不断地改进游泳技术，创造出许多游泳方法，例如，狗爬式、寒鸭浮水和扎猛子等。这些游泳方法具有悠久的历史，至今流传民间。游泳也一直是我国体育的重点项目，1953年，吴传玉在第四届世界青年与学生和平友谊联欢节国际友谊体育比赛中获得男子100m仰泳冠军，成为新中国成立以来首枚国际体育大赛金牌获得者；1992年，庄泳在第二十五届奥运会获得女子100m自由泳冠军，这也是我国运动员在奥运会中的第一枚游泳金牌。

二、游泳运动比赛的规则要点

游泳运动比赛的规则主要涉及场地和器材、基本规则、犯规行为及判罚等内容。

1. 场地和器材

国际标准游泳池长50m，宽至少25m，深大于等于1.8m，共设10道（2~9道为比赛用道）。每条泳道中心的池底有清晰的黑色直线标志，线宽20~30cm，线长46m，两端各离池边2m，以便比赛时运动员沿直线游进。池底5m、25m、45m处各画一条宽25cm的红色横线，以便运动员识别游程。出发台设在泳池两端每条泳道的中央，前缘高出水面50~75cm，台面为50cm²的正方形，覆盖防滑材料，出发台向前倾斜不超过10°。

游泳比赛的运动员所需的装备包括泳装、泳帽和泳镜。

（1）泳装。泳装的选择应注意两点：第一，氯纶丝的含量要达到国际统一标准（18%）；第二，泳装的弹性并非越大越好，而是回弹复原要好，即多次拉伸仍能恢复原样。

（2）泳帽。泳帽可以防止头发完全浸泡在含氯的水中，避免使发质受到伤害。目前，硅胶泳帽较为常用，其手感柔软，弹性较强。

（3）泳镜。游泳运动前要检查泳镜是否透明、有无划痕，垫圈（胶皮）是否密封，鼻梁处的宽度是否适宜，泳镜带的牢固性、弹性是否良好。

2. 基本规则

游泳比赛的基本规则介绍如下。

（1）比赛内容。

奥运会游泳比赛中，200m以下个人项目（含200m）进行预赛、半决赛和决赛；400m以上个人和接力项目进行预赛和决赛。接力比赛以队为单位，每队可在报名参加比赛的同组运动员中任选4人参加接力比赛。在预、决赛中参加者可任意调换，但接力名单报送后擅自颠倒棒次或更换运动员均判为犯规。运动员和接力队根据报名成绩分组进行预赛，根据预赛成绩排名进入半决赛或决赛。预赛成绩前16名进入半决赛，半决赛成绩前8名进入决赛。在设有8条泳道的游泳池内比赛时，同一组成绩最好的运动员或接力队，应安排在第4泳道。其他运动员或接力队按成绩的高低以5、3、6、2、7、1、8泳道的顺序进行安排。

（2）出发和到边。

在奥运会游泳运动比赛中，自由泳、蛙泳、蝶泳及个人混合泳的各项比赛必须从出发台起跳出发，仰泳项目在水中出发。当总裁判员发出长哨音信号后，运动员应站到出发台上（仰泳项目运动员下水，在总裁判员发出第二声长哨时迅速游回池端，在水中做好出发准备），当发令员发出"各就位"的口令后，运动员应至少有一只脚在出发台的前缘做好出发准备，手臂位置不限。当所有运动员都处于静止状态时，发令员发出"出发信号"（鸣枪、电笛、鸣哨或口令）。运动员在听到"出发信号"后才能做出发动作。在自由泳和仰泳比赛中，到达终点时运动员可以只用一只手触壁，在蛙泳和蝶泳比赛中，必须双手同时触壁。

（3）转身。

奥运会游泳运动比赛使用的是50m长的标准池，所有距离在50m以上的比赛都必须在途中折返。转身时，自由泳和仰泳允许运动员使用身体的任何部分触及池壁，因此，运动员可以在水下转身后，用脚去蹬池壁。需要注意的是，在个人混合泳当中，从仰泳转换到蛙泳时，运动员必须保持仰泳的姿势直到触及池壁。

（4）计时。

所有游泳运动运动员的比赛成绩和名次都是由自动计时装置决定的。运动员出发时，出发台上的压力板将记录数据。每条泳道两端都装有触板，运动员触壁时会被记录。由于触板和出发台是互连的，因此可以判断参加接力比赛的运动员是否在队友触壁以后才入水。接力比赛当中，如果任何一个运动员在队友触壁0.03s之前离开出发台，这个队将被自动取消比赛资格（运动员可以在队友触壁的时候做出发动作，但是脚必须接触出发台）。

（5）其他技术规定。

① 蛙泳。出发后的整个游程中，动作周期必须是以一次划水和一次蹬腿的顺序完成的。两臂或两腿的所有动作应同时并在同一水平面上进行，不得有交替动作。在每个完整动作周期内，运动员头的一部分必须露出水面。在蹬腿过程中，两脚必须做外翻动作。

② 自由泳。在整个游程中，运动员身体的某一部分必须露出水面。在出发和转身时，允许运动员身体完全没入水中，但在游程前15m（含15m），运动员头的一部分必须露出水面。

③ 仰泳。在"出发信号"发出前，运动员应在水中面对出发端，两手抓住出发握手器。除转身过程外，整个游程中应始终呈仰卧姿势，到达终点也必须以仰卧姿势触壁。

④ 蝶泳。从出发和每次转身后的第一次手臂动作开始，身体应保持俯卧，允许水下侧打腿。打腿动作应同时进行，不得交替，不允许采用蛙泳腿动作。任何时候都不允许呈仰卧姿势。

⑤ 混合泳。个人混合泳须按照蝶泳—仰泳—蛙泳—自由泳的顺序进行比赛；混合泳接力须按照仰泳—蛙泳—蝶泳—自由泳的顺序进行比赛。

3. 犯规行为及判罚

在游泳运动比赛的个人比赛中，犯规行为及判罚如下。

（1）运动员必须在泳池内游完全程，否则即判犯规。

（2）运动员必须在自己的泳道内游完全程，否则即判犯规。

（3）在所有项目的比赛中，运动员转身时必须使身体某一部分触及池壁，转身必须从池壁完成，不得在池底跨越或行走，否则即判犯规。

（4）在自由泳比赛或在混合泳项目中的自由泳一式比赛中，允许运动员在池底站立，但不得跨越或行走，否则即判犯规。

（5）游出本泳道阻碍或以其他方式干扰其他运动员者，判犯规。正在比赛的运动员还未游完全程前，未参加比赛的运动员如果下水，应取消其原定的下一次比赛资格。

（6）运动员游完自己的距离抵达终点后，应尽快离池，如妨碍其他比赛进行中的运动员，应判该运动员犯规。

在游泳运动比赛的接力比赛中，犯规行为及判罚如下。

（1）接力比赛以队为单位，每个接力队应有4名队员，每名接力队员在一次接力比赛中只能游其中的一棒。每队可在报名参加比赛的同组运动员中任选4人参加接力比赛，在预赛、决赛中参加者可任意调换。接力队必须按提交的名单和顺序参加比赛，否则将被取消比赛资格。

（2）接力比赛中，如前一名运动员尚未触及池壁，后一名运动员的脚已蹬离出发台，应判犯规。

（3）接力比赛中，在各队的所有运动员还未游完之前，除了应游该棒的运动员，其他接力队员如果进入水中，应判犯规。

三、蛙泳

蛙泳是一种比较古老的游泳姿势，也是第一个在游泳比赛中被采用的姿势，动作主要是模仿青蛙在水中游动。蛙泳的姿势与青蛙游水较为相似，运动员身体俯卧水中，两肩与水面平行，两臂在胸前对称直臂侧下屈向后划水、两腿对称屈伸向后蹬夹水。蛙泳、自由泳、仰泳和蝶泳的技术动作都是由躯干姿势、腿部动作、手臂动作和整体配合4个部分组成的。

1. 躯干姿势

动作要领：身体呈水平俯卧于水中，微抬头，稍挺胸，两臂向前两腿向后均伸直并拢，掌心向下，身体纵轴与前进方向成5°～10°。游进时，头部的动作幅度应适度，否则会导致肩部起伏过大而增加阻力，影响前进速度。

2. 腿部动作

腿部动作是蛙泳推动身体前进的主要方式，分为收腿、翻脚、蹬水和滑行4个连贯的阶段。

（1）收腿。

动作要领：运动员两腿稍微内旋，脚跟分开，大小腿充分折叠，膝关节随腿的下沉边收（向前）边分（向外）。两膝距离约与肩同宽，脚跟与臀部同宽，如图8-48所示。

（2）翻脚。

动作要领：运动员收腿结束时，两脚应继续向臀部靠拢，大腿内旋使两膝内扣的同时小腿向外翻，脚尖也随之向两侧外翻，脚掌内侧正对蹬水方向，如图8-49所示。

（3）蹬水。

动作要领：运动员髋部发力，带动膝、踝关节相继伸直。大腿内旋造成膝内压，带动小腿和脚向后弧形蹬夹，形成一个有力的鞭状打水动作。蹬水的动作要领为速度要快、距离要长、推水面要大，以及蹬水方向应尽量向后下方，如图8-50所示。

（4）滑行。

动作要领：运动员身体成水平姿势，借助惯性高速向前滑行，两腿并拢向后伸直，脚跟稍稍提向水面，为收腿做好准备，如图8-51所示。

图8-48 收腿　　　　图8-49 翻脚　　　　图8-50 蹬水　　　　图8-51 滑行

3. 手臂动作

蛙泳的手臂动作分为外划、收手、前伸和滑行4个连贯步骤，整体路线近似心形。

（1）外划。

动作要领：运动员肩部保持前伸，两臂内旋对称外划，掌心转向斜外下方。当双臂间距超过肩宽时，向外下方屈腕成150°~160°，肘关节伸直。此时，两臂与水平面及前进方向成15°~20°夹角。掌心从外后转向内后，双臂向斜下方急促拨水。两手划至肩下时，逐渐屈臂提肘，同时加速沿弧线继续划水，肩部向前伸展，肘高于手并前于肩，如图8-52所示。

（2）收手。

动作要领：高肘划水完成后，运动员双手倾斜相对向内上移动，同时上臂外旋，双肘逐渐向内下方靠，两前臂同时夹紧身体，如图8-53所示。

（3）前伸。

动作要领：收手到下颌前时，运动员迅速推肘伸臂，两手先向前上，再向前伸，掌心转向下，肩关节和身体尽量伸展、放松，两臂伸直靠拢，恢复为滑行姿势，如图8-54所示。

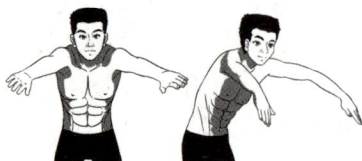  

图8-52 外划　　　　　图8-53 收手　　　　　图8-54 前伸

（4）滑行。

动作要领：伸臂结束后，身体呈流线型向前滑行，手指并拢，掌心向下，两手尽量接近水面，使身体在较高的位置上保持稳定。

4. 整体配合

蛙泳一般采用1：1：1的配合方式，即一次腿部蹬夹水、一次划臂、一次呼吸。

动作要领：两臂划水时，腿伸直；两臂前伸时，腿蹬水；收手的同时收腿。早吸气是在划水过程中抬头吸气，收手时低头闭气，伸臂滑行和抓水时呼气。晚吸气是划水几乎结束时才开始抬头，在身体达到最高点时吸气，收手结束时闭气低头，从两臂开始外划直至划水过程中慢慢呼气。

四、自由泳

自由泳需俯卧水中，两腿上下交替摆动打水，两臂轮流划水推动身体向前游进，是游泳运动中游进速度最快的一种姿势。

1. 躯干姿势

动作要领：身体伸直成流线型，与水平面保持3°～5°，颈部自然后屈与水平面成20°～30°，背部与臀部的肌肉适度紧张。游进时，躯干随划水和呼吸动作形成有节奏的转动，髋部活动范围不超出身体宽度（即在肩关节延长线内），身体纵轴与水平面成35°～45°。

2. 腿部动作

动作要领：运动员游进时，腿部做上下打水动作，以保持身体平衡，并产生一定的推进力以增强划臂效果。两腿并拢，脚稍内旋，脚尖自然伸直，踝关节放松，髋关节发力，大腿带动小腿，两腿快速有力地上下交替做鞭打动作。下打时用力，产生推动力，上打时适当放松。两脚尖最大距离为35～45cm，膝关节弯曲角度为140°～160°，如图8-55所示。

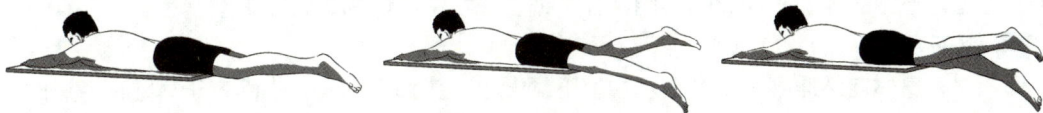

图8-55　自由泳腿部动作

3. 手臂动作

自由泳主要以手臂动作推进身体。自由泳手臂动作的一个周期分为入水、抱水、划水、出水和空中移臂5个阶段。另外，运动员还需要注意两臂配合。

（1）入水。

动作要领：运动员提肘，手指自然伸直并拢，掌心稍向外侧，手腕放松，向斜下方切插入水。大拇指和食指先触水，入水点在同侧肩关节的延长线上，动作应柔和，如图8-56所示。

（2）抱水。

动作要领：手臂入水后，手掌从斜外下方转向斜内后方，屈肘并保持高抬肘（肘关节高于手的位置）姿势。上臂和前臂与水平面约成30°和60°，手掌接近垂直对水，肘关节屈至150°左右，形成抱水姿势，如图8-57所示。

（3）划水。

动作要领：运动员应采用屈臂划水，臂越长，屈臂程度越大，反之屈臂程度越小。划水动作过程分为拉水和推水两个部分。开始划水时，沿身体中线以约120°的肘关节夹角向后划水，上臂内旋，前臂移动快于上臂。手臂划至肩的垂直面后，即进入推水部分。手臂加速向后推水至腿侧，掌心转向大腿，如图8-58所示。划水过程中，手掌微凹，手的轨迹呈"S"形。

图8-56　入水

图8-57　抱水

图8-58　划水

169

（4）出水。

动作要领：划水结束后，运动员顺应运动惯性，微屈肘，手臂在肩的带动下提出水面，肘部向外上方提拉，带动前臂和手出水面，掌心转向后上方，如图8-59所示。出水动作应无停顿、迅速、放松。

（5）空中移臂。

动作要领：运动员肘稍屈，位置高于肩和手。手离水面较近，入水前适当减速。臂部尽量放松，移臂速度较快，如图8-60所示。

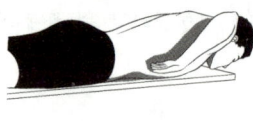

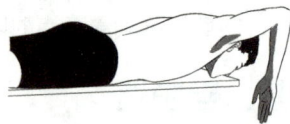

图8-59　出水　　　图8-60　空中移臂

（6）两臂配合。

自由泳需要两臂协调配合以实现匀速前进。两臂划水时的交叉位置有前交叉、中交叉和后交叉3种类型。使用前交叉易于掌握呼吸技术，并能够保持身体平衡、节省体力、减少疲劳，前交叉适于初学者；运动员多采用中交叉和后交叉，中交叉和后交叉具有更好的速度均匀性。

动作要领：前交叉指一臂入水时，另一臂处于划水的开始阶段。中交叉指一臂入水时，另一臂划至肩下与水面约成90°。后交叉指一臂入水时，另一臂已划至腹下方，与水面约成150°。

五、仰泳

仰泳是仰卧在水面的一种游泳方式，依靠两臂交替向后划水，两腿交替上下（向后）打水游进。仰泳的速度比自由泳慢，也稍逊于蝶泳，但要比蛙泳快，也是游泳比赛中唯一在水中开始的泳姿，也是最省力的泳姿。仰泳的实用性强，适宜在水中拖运物体，救护溺水者。

1. 躯干姿势

仰泳时，身体自然伸展，仰卧在水中，下颌微收，头和肩稍高，水面齐于耳际。游进时，头部应保持相对稳定，颈部肌肉自然放松。

2. 腿部动作

身体在水中的位置较低，小腿打水幅度和弯曲角度较大。仰泳的腿部动作分为下压和上踢两部分，如图8-61所示。产生的推进力主要取决于上踢动作的力量和速度。

图8-61　仰泳腿部动作

动作要领：下压主要使身体上升并保持平衡，膝关节应充分放松。大腿带小腿直腿下压，大腿停止继续下压后，小腿和脚在惯性的作用下继续下压，当膝关节成135°左右时，转入上踢过程。上踢时，脚尖内扣，脚背稍向内旋，以髋关节为轴，大腿带动小腿，屈膝向后上方踢动。上踢过程中，膝关节和脚不能露出水面，两腿的上下打腿幅度为30~40cm。

3. 手臂动作

仰泳的手臂动作包括入水、抓水、划水、出水和空中移臂5个连贯部分。同时，运动员需要注意两臂配合。

（1）入水。

动作要领：手臂伴随同侧身体的侧向转动自然伸直，掌心朝外下方，手稍内收，与小臂成150°~160°，小指首先入水。入水点一般在同侧肩关节延长线上，如图8-62所示。

图8-62　入水

（2）抓水。

动作要领：手臂入水后，肩部舒展外旋，屈肘勾腕，掌心对水。此时大臂与前进方向成40°，手掌离水面约为30cm，手腕屈成150°～160°。

（3）划水。

动作要领：划水是获得推进力的主要动作。运动员先使屈肘角度逐渐减小，当手臂划至肩部垂直平面时，手掌离水面约15cm，小臂和大臂呈90°～110°。然后整个手臂同时用力向下方做推压动作，并借助惯性使大臂带动小臂和手加速内旋推水，随后手掌划至臀部侧下方，距离水面45～50cm，以小臂带动手掌下压划水，划至大腿一侧手臂伸直时推水结束，如图8-63所示。整个过程手掌轨迹呈"S"形，速度由慢到快，划水后期有明显的加速动作。

图8-63 划水

（4）出水。

动作要领：划水结束，运动员手臂立即外旋，掌心向大腿侧，先压水后提肩，肩部露出水面后，带动大臂、小臂和手依次出水。

（5）空中移臂。

动作要领：手臂出水后，自然伸直，由后向前迅速向肩前移动，肩关节充分伸展。当手臂移至肩的正上方时，手臂外旋，掌心外翻，随后重复入水动作，如图8-64所示。

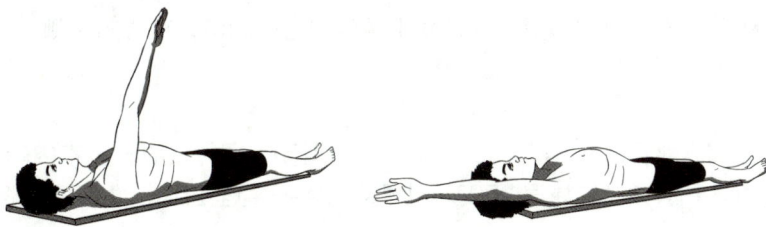

图8-64 空中移臂

（6）两臂配合。

动作要领：两臂动作始终是对角交替的。当一臂完成出水时，另一臂抓水，当一臂空中移臂时，另一臂则划水。

4. 整体配合

仰泳一般采用1∶2∶6的配合方式，即1次呼吸、2次划水（两臂各划一次）、6次打腿。

动作要领：一侧移臂入水时，另一臂划水结束。一臂空中移臂时吸气，然后短暂闭气，另一臂空中移臂时呼气，循环进行。

六、蝶泳

蝶泳是4种游泳比赛姿势中最后一个被国际游泳联合会认定的，蝶泳由蛙泳的技术动作演变而来，由于蝶泳的腿部动作酷似海豚，所以又称为"海豚泳"。蝶泳技术是所有游泳姿势中最复杂的，而且对运动员的身体素质要求很高。

1. 躯干姿势

动作要领：身体俯卧水中，整体动作从头、颈、躯干到脚沿身体纵轴做传动式、波浪形起伏。身体姿势力求相对稳定，起伏不宜太大，且应形成节奏。

2. 腿部动作

动作要领：运动员以腰部发力，带动大腿、小腿及脚进行上下鞭状打水动作。向下打水时，两腿并拢，脚掌稍加内旋，踝关节伸直，屈膝约110°，脚抬到最高点至水面，向后下方快速打水。同时，臀部升高，大腿和躯干约成160°，脚跟距水面约50cm。向上打水时，两腿伸直向上移动，臀部下降，髋关节逐渐展开，身体几乎成水平。随即，大腿下压，膝关节随之逐渐弯曲，脚再次上抬，准备向下打水，如图8-65所示。

图8-65　蝶泳腿部动作

3. 手臂动作

蝶泳的手臂动作是推动前进的主要动力。两臂同时对称进行，包括入水、抱水、划水、出水及空中移臂4个部分，如图8-66所示。

图8-66　蝶泳手臂动作

（1）入水。

动作要领：运动员入水以大拇指为先，两手距离约与肩同宽，掌心向两侧，手指向下。入水点在两肩的延长线上。

（2）抱水。

动作要领：手臂入水后，迅速向外、向后、向下滑动，屈臂抬肘，手掌内转，呈抱水姿势。前臂与水面约呈45°，肘关节约屈呈150°，上臂与水平面约呈20°，两手距离略比肩宽。

（3）划水。

动作要领：运动员屈臂向后，上臂内旋，前臂和手加速向内后拉水。划至腹部后，掌心转向后上方，继续推水至大腿旁。划水过程中两臂路线呈双"S"形。

（4）出水及空中移臂。

动作要领：划水结束后，手臂充分伸直，借助加速推水的惯性，提肘，迅速将两臂和手带出水面。手臂出水后，从身体两侧，沿低而平的弧线，经空中快速向前移动。

4. 整体配合

蝶泳一般采用1∶1∶2的配合方式，即1次呼吸、1次两臂划水、2次打腿。

动作要领：两臂入水时，双腿第1次向下打水，并用口鼻慢慢呼气；两臂划水时，双腿上抬并第2次向下打水，划水至胸腹下方时开始抬头，用力呼气；两臂出水并在空中移臂时，完成双腿上抬，并迅速吸气。

第四节　自行车运动

自行车运动是一项以自行车为工具，比赛骑行速度、技巧或强身健体的体育运动，也是一项需要运动员的眼、手、身、腿并用的全身性运动。大学生参与自行车运动不仅能够提升自己的心肺功能和消化功能，锻炼下肢肌力和增强耐力，还能培养勇往直前、持之以恒的优秀品质。

一、自行车运动概述

自行车运动起源于19世纪早期的欧洲，当时的自行车运动虽然装备比较简陋，但这种以车代步的简单交通工具颇受群众喜爱。到19世纪末，自行车的装备和技术经过长时间的改进，自行车装备了中轴、链条、飞轮。英国人邓禄普又将车胎改进为充气胎，提升了自行车的骑行速度及坚固性。由于自行车不受道路、能源等条件的限制，使用方便，又能锻炼身体，所以其在民间迅速普及。很多国家便将自行车列入了体育比赛项目，于是，自行车运动便逐渐在欧洲发展起来。1896年的第一届奥运会上，自行车就被列为主要比赛项目之一，此后，历届奥运会均有自行车项目的比赛。1900年，国际自行车联合会在法国巴黎成立。接着，欧洲许多国家纷纷成立自行车俱乐部，加强了国际间的竞赛交往，进一步普及了自行车运动。

自行车是在19世纪末从欧洲传入我国的，新中国成立后，自行车成为我国人民的主要交通工具之一。但是，我国参与自行车比赛的历史却比较短，直到1980年，我国才派出第一支女子自行车队参加了在法国举行的世界女子自行车锦标赛，这也是我国运动员第一次参加大型的自行车比赛。在2000年悉尼奥运会上，我国女子选手姜翠华在比赛中夺得铜牌，实现了我国自行车运动项目在奥运会上奖牌"零"的突破。在2016年里约热内卢奥运会场地自行车女子团体竞速赛上，我国组合宫金杰/钟天使拿下金牌，这是我国自行车运动项目奥运会历史上的第一枚金牌，也标志着我国的自行车运动进入一个新的历史阶段。

我国的自行车普及率极高，用自行车健身具有广泛的群众基础，可以说是融娱乐和健身为一体的高效率的健身方法。自行车运动具有全天候、全地点、全时间、全年龄段和全运动量的特点，也被人们称为"五全"的大众健身体育运动。

（1）全天候。自行车运动可以在任何气象条件下进行。

（2）全地点。自行车运动可以在场地、公路、野外等任何道路条件下进行。

（3）全时间。自行车运动受昼夜的影响较小，在一天24h中的任何时间都可进行。

（4）全年龄段。自行车运动适合从小孩到老人的几乎所有年龄段的人进行。

（5）全运动量。利用自行车可以进行大中小各种运动量的体育运动。

另外，自行车运动蓬勃发展，除了基本的比赛类型外，也涌现出一些新的类型。

（1）场地比赛。这种自行车比赛在赛车场进行，场地为椭圆盆形，跑道用硬木、水泥或沥青筑造，跑道周长分别为400m、250m和333.33m（国际标准场地）。跑道宽5~9m，弯道坡度为25°~45°。所用自行车应为死飞轮，不能安装变速装置和车闸。奥运会的自行车场地比赛项目有追逐赛、计时赛、计分赛和争先赛4种主要类型。

（2）公路比赛。公路比赛是在各种地形变化的公路上进行的自行车比赛，奥运会的自行车公路比赛有个人赛和团体赛两种主要类型。

（3）越野比赛。自行车越野比赛选择的是崎岖不平、有天然障碍的路面，必要时甚至会设置人工障碍。越野比赛的赛程通常为男子40~50km，女子30~40km，以到达终点的时间判定名次。自行车越野比赛的个人赛于1996年被列为奥运会比赛项目。

（4）山地车运动。山地车是专门为越野而设计的自行车，山地车运动包括越野比赛和爬山单车两种类型，通常所说的山地车运动主要是指爬山单车。爬山单车主要包括下坡赛和双人弯道两种比赛，下坡赛是运动员骑自行车滑下一条下坡的赛道，以最短时间完成者胜出的比赛；双人弯道是两名运动员分别骑自行车在两条并列的下坡道上同时滑降，以Z字形边行驶边飞跃土坡，最先到达者胜出的比赛。爬山单车已获国际奥委会正式批准，并已在1996年亚特兰大奥运会中首次登场作为比赛项目。

（5）小轮车（BMX）运动。小轮车运动是一项追求人车合一的自行车运动，小轮车的轮胎更小，车身更结实、更轻巧，抗震、耐摔，刹车性能更高，且车把可以360°旋转。小轮车运动包括平地花式、U池、街式、泥地跳跃和泥地竞速5个项目。小轮车运动在2008年的北京奥运会上成为正式的比赛项目。

（6）TRIALS（障碍赛）。TRIALS要求运动员在一段比赛中脚不沾地地骑过一个障碍物，运动员脚触地一次便被罚掉1分，罚分最少的运动员获得比赛的胜利。TRIALS的自行车分为车轮为26in（1in=2.54cm）的大攀爬车和车轮为20in的小车两种类型。

（7）室内自行车运动。室内自行车运动分为自行车球和花样自行车两种比赛，场地为12m×14m的矩形。自行车球类似足球比赛，是以把球射入球门为目的的团体对抗项目。花样自行车则是运动员在6min内完成一组规定动作和自选动作，并由裁判评分的比赛。

二、自行车运动比赛的规则要点

自行车运动的比赛除历届奥运会举行的项目外，还有一年一度的世界自行车锦标赛和洲际自行车锦标赛。下面就以奥运会自行车比赛为例，介绍其主要的比赛规则。

1. 比赛通则

奥运会自行车比赛分为公路赛、场地赛和越野赛3个大的项目。

（1）公路赛。公路赛设男子个人计时赛、个人赛、女子个人争先赛、个人计时赛4个项目。

（2）场地赛。场地赛设男子个人争先赛、1 000米个人计时赛、4 000米团体追逐赛、奥林匹克竞速赛、个人积分赛、麦迪逊赛、凯林赛、女子争先赛、3 000米个人追逐赛、个人积分赛、500米个人计时赛等18个项目。

（3）越野赛。越野赛设男子个人和女子个人两个项目。

在奥运会自行车比赛中，按其性质又分为个人比赛、团体比赛和个人团体赛3种，每种比赛的获胜规则如下。

（1）个人比赛。个人比赛以比赛运动员到达终点成绩优劣排列个人名次。

（2）团体比赛。团体比赛以比赛队为单位，每队4人，以各队第3名运动员到达终点的成绩优劣排定团体名次。

（3）个人团体赛（分段赛）。个人团体赛以队为单位，每队参加人数按规程规定，分别计算个人和团体的成绩和名次。

2. 公路比赛规则

公路自行车赛类似于马拉松跑步，个人比赛中，所有运动员都在起点同时开始；团体比赛中，各支车队按照前一年国际自行车联盟的排名先后在起点依次排队同时开始。

（1）场地和赛程。公路比赛可以使用同样的一块场地进行，但比赛赛程的长度不同。例如，公路比赛的赛程为18km，个人计时赛的赛程却只有14.8km。悉尼奥运会的比赛场地设在东部小镇的一些街道上，但是这些街道是保密的。男子公路自行车赛全程234km，完赛通常需要5h甚至更长时间；女子公路自行车赛全程126km，比赛一般持续约3h。

（2）自行车规格。公路自行车通常是由轻质的钢、铝、钛或碳纤维制造的，由向下弯曲的车把、薄但耐压的轮胎和狭窄的车坐垫组成。另外，公路自行车还安装了车闸和由8个齿轮组成的变速器。车的尺寸在长度上不得超过2m，在宽度上不得超过50cm，车身的质量应为8~10kg。

（3）个人计时赛。个人计时赛是让运动员依次出发，中间的时间间隔为90s，然后将每名运动员骑完全程的时间进行比较和排名，用时最少者胜出的比赛。

（4）其他规则。公路比赛的参赛运动员必须佩戴头盔。由于公路自行车赛持续时间过长，举办方通常会在赛段沿线的指定地点为运动员提供巧克力、三明治及香蕉等食物以及提神的饮料。而且，同国籍的运动员可以在比赛过程中与队友分享食物和饮料。当运动员之间很接近时，后面紧跟的运动员不得利用前面的运动员助力，必须从侧面闪开2m的空当。

在比赛过程中，参赛队员可以从紧随选手的可搭载报废车辆的工作车上得到一些技术或维修上的帮助（例如，自行车爆胎更换等），工作车要求距离运动员至少10m远；也可以在设置在赛段中间的维修站处对车辆进行维修。同一队的运动员之间可以互相提供工具进行维修，但沿着赛道推车将意味着被取消比赛资格，该运动员将被要求离开赛道。

3. 场地比赛规则

自行车场地比赛规则包括不同比赛项目的规则及自行车规格等内容。

（1）计时赛。计时赛是一种单圈竞赛，每一次只有一名运动员在场地中进行骑行，男子运动员骑行1 000m（4圈），女子运动员骑行500m（2圈），以最短时间完成比赛的人成为胜利者。参加计时赛的运动员通常被固定在启动区内，90s倒计时之后出发。

计时赛还有一种特殊形式的比赛，赛场为3圈，且只有最后200m才计时。在奥运会中，运动员进行3轮一对一的角逐，两名运动员相对骑行，最先冲过终点线的选手为胜利者。前两圈时，两队运动员都会充分利用整个跑道，以寻找最后冲刺的最佳位置。第一圈不能慢于步行速度，但其后运动员可进行任何尝试，包括在赛场上静立或是冲刺。领先者必须让出右边作为通道，除非有明显的领先优势才可阻止竞争者。

（2）争先赛。运动员在333.33m或小于333.33m周长的场地进行比赛，应骑行3圈；在大于333.33m周长的场地进行比赛，则骑行2圈。比赛时的出发位置为第一战由抽签决定里、外道或里、中、外道；第二战交换道次；第三战重新抽签决定。比赛开始时，里道运动员必须领骑一圈。骑行不得慢于一般走路的速度，不准停车。违者，第一次警告，第二次罚重新领骑一圈，第三次判失败。外道运动员如超越里道运动员不算犯规。

比赛开始后运动员在安全区骑行，最多骑行半圈。运动员骑行过第一个弯道后，裁判员即通知运动员在测量线以上骑行。违者，第一次警告，第二次判失败。起跑信号为黑白格发令旗由高向低挥动并鸣哨。比赛进入第二圈运动员可停车，如停车向后移动超过20cm，或在安全区停车，裁判员鸣一枪，判该运动员重新起跑领骑。运动员在停车时如有推别人的情况，裁判员鸣两枪，判犯规者重新起跑，领骑如再次违例，则判为失败。

比赛最后进入终点冲刺，如运动员进入安全区骑行，其成绩无效，判为失败或取消录取名次。1/8赛前和1/8赛的各赛次均为一战一胜；进入1/4决赛后则为三战两胜。比赛的每一个赛次，运动员参加两场比赛，负者被淘汰或名次列后。

在比赛中，运动员发生车胎爆裂等公认的机械事故或摔倒时，如一方已失去取胜的可能，比赛可就此决定胜负，否则须当场重新进行比赛。比赛中，当领先运动员进入最后200m冲刺时，其必须保持行进方向，不得曲线骑行。运动员由里道骑出快速骑行线，如影响对方骑行，则判失败。如里道运动员骑出快速骑行线，则后面运动员可以从左侧进入里道骑行。如后面运动员从右侧超越领先运动员，必须超越对手2m的距离（即后车轮必须超越对方的前轮）之后，方可改变方向切入里道骑行，违者判为失败。当领先运动员进入快速骑行线骑行时，如后面运动员从安全区超越对方或超越时影响对方，则判其失败。运动员在比赛中如有意使对方摔倒，则取消其比赛资格，而受害者即使没有到达终点也判为获胜。

两人比赛中如有一方弃权，另一方运动员必须按比赛规定出场，并经裁判员宣布后，即为获胜。比赛中，如一方运动员出现公认的机械事故或摔倒时，则发令员鸣两枪暂停比赛。在进入1/4赛中，失败的4名运动员须进行一场4人赛，以决定第5~8名。凡弃权的运动员，不得参加以后赛次的比赛或录取名次。

运动员出发时可由裁判员扶车，也可由本队教练员扶车。同单位两名运动员进行比赛时，其中一名衣袖必须佩戴标志。当每场比赛进入最后一圈时，司铃员须响预告铃声。在3人或4人一组的比赛中，运动员不论是否同队，凡有意阻挡其他运动员，而使第三者冲刺先到达终点，则判阻挡者失败；先到达终点的运动员与被阻挡的运动员重新比赛，决出胜负。

（3）个人追逐赛。个人追逐赛是指两名运动员在赛道的两个相对面出发，试图通过追上另一个人或创造最快完赛时间取得胜利。奥运会个人追逐赛的赛程为男子比赛4km，女子比赛3km。第一轮取得最佳时间的4名运动员进入半决赛。发出比赛信号后，运动员要在出发区停留50s。

（4）团体追逐赛。团体追逐赛是只有男子参加的4km比赛，基本规则与个人追逐赛相同。团体追逐赛的比赛时间按照运动员自行车前轮通过终点线时计算，比赛时间由第3名运动员的时间决定。当第3名运动员与另一队的第3名运动员持平时，认为这个队伍击败了另一队。追逐赛的运动员保持紧密的比赛线路，通过在陡峭的曲线赛道上交换领先位置和拉开距离以保持体力。

（5）积分赛。积分赛的目标是在规定赛程数（男子40km，女子25km）的比赛中积累最多的分数。通常在集体出发比赛一圈后，运动员可以开始选择位置获取积分。每10圈通过终点线的前4名运动员将获得积分，分别为5分、3分、2分和1分。最后一阶段冲刺将计双倍的分数。

（6）麦迪逊赛。麦迪逊赛是一项与积分赛类似的男子集体赛，赛程为60km。麦迪逊比赛采用集体出发的方式。两名运动员的团体通过在交替冲刺中的积分来争取胜利。团体通常由一名冲刺运动员和一名耐力强的运动员组成。麦迪逊要进行240圈，每20圈一次冲刺。在积分赛中，每次冲刺的第一名获得5分，第二名获得3分，第三名获得2分，第四名获得1分。

（7）凯林赛。凯林赛有8圈比赛，前5圈半运动员跟在摩托车后面骑行，摩托车车速由25km/h逐渐加速到45km/h，剩下2圈半时离开赛道。于是运动员向终点冲刺，最先冲过终点的运动员获胜。

（8）奥林匹克竞速赛。奥林匹克竞速赛由两支队伍各3名运动员组成，3圈的比赛固定速度。竞赛模式依据追逐赛，团体中的3名运动员每人都要领骑一圈。当第3名运动员到达终点时该团体完成比赛。

（9）自行车规格。场地比赛的自行车要有三角形框架，而且车轮同样大小（直径66cm或68cm），可由钢、铝或碳纤维制成，没有刹车装置。运动员为了减少迎面风的阻力或人为提高速度而使用保护性的挡风屏、整流片或其他附件是被禁止的。追逐赛和计时赛中运动员可以使用三式空气动力手柄，但在集体出发的比赛中，这种做法是被禁止的。

（10）其他规则。冲撞很少导致比赛中途停止，而且最后一圈铃响后发生的冲撞不会停止比赛。运动员必须毫无阻挡地让更快的运动员超过。如果运动员感觉因推挤或阻挡而处于不利位置，他们必须向组织者提交书面抗议。参加比赛的运动员总人数不能超过188名，其中包括后备队员和替换队员。场地比赛中的运动员资格来自于国家而不是单个运动员。一个国家取得资格有两种方法：一是这个国家的运动员在赛前一年的世界锦标赛中表现良好；二是这个国家的运动员在赛前一年的4个地区资格赛中的一个表现良好，包括亚洲、美洲、大洋洲和非洲（欧洲选手没有相应比赛）。

4. 山地自行车比赛规则

山地自行车赛要求运动员除了须具备相当出色的自行车驾驭技术，还必须配备一辆性能好且结实耐用的山地自行车。其比赛的规则包括赛程、犯规与判罚、赛道、自行车规格等。

（1）赛程。山地自行车比赛的赛程通常为男子40~50km（6~7圈），女子30~40km（5~6圈），每圈长6.9km。另外，山地自行车比赛组委会在比赛的前一天晚上，根据当时的天气情况决定比赛的总路程，如果在比赛当天出现异常的天气变化，组委会也会改变原先的决定。

（2）犯规与判罚。参加山地自行车比赛的运动员不能接受任何形式的援助，要自备修车工具，如自行车在比赛过程中损坏，运动员自己负责修理。一旦接受任何来自外界的帮助，运动员将会被立即取消比赛资格。运动员一旦被发现有推搡其他参赛运动员，或倚在他人身上，或拉其他运动员的运动衫等犯规行为，都将被驱逐出比赛。比赛的裁判对此依据运动员犯规的性质及犯规对比赛结果的影响对该名运动员进行判罚。运动员如果在比赛的最后冲刺阶段干扰其他运动员，那么该名犯规运动员将被取消比赛资格。为了比赛的安全，参赛运动员可以换护眼镜，可以在赛道特定地点接受食物及饮料，运动员如果在其他地方饮食将会被取消比赛资格。

（3）赛道。奥运会的山地自行车比赛赛道长约7km，主要由艰险地段组成。赛道沿线每隔1km都有一个路标，用以提示参赛运动员离赛完全程还有多远。

（4）自行车规格。山地自行车的结构比场地自行车结实，以适应比较恶劣的比赛环境。山地自行车配有叉形的前悬架，在车尾可能还有减震器。山地自行车采用直车把，配有强有力的刹车，并可以选择24种速度。山地自行车的另外一个特点是有又宽又厚而且很粗糙的车胎。比赛严禁使用挡风镜、导流罩和其他用来减小空气阻力或人为地提高车速或加速度的附加装置。

（5）比赛的其他规定。参加山地自行车比赛的运动员必须戴头盔，必须严格按照规定的比赛路线骑行。当有运动员超车时，其他运动员应该让道，不许故意阻挡。赛道上所有的路障都必须是原先计划好，且事先通知过参赛运动员的。如果有一名或几名运动员在开赛时处于不利状况，比赛可以重新开始。参赛运动员可以对其他运动员在比赛中使自己处于不利情况的行为向裁判提出抗议，但该参赛运动员必须在比赛结束后10min内向裁判提出书面抗议。赛道沿线必须有箭形标志或其他标志告诉运动员前进的方向、前方是否有危险及危险程度。

三、自行车骑行技术

自行车运动员的骑行技术是他们能否获得优秀成绩的决定因素，主要包括选择正确的骑行姿势、标准的踏蹬技术，以及一些具体环境下的骑行技术等。

1. 骑行姿势

正确的骑行姿势可以降低运动员的疲劳程度，能够帮助运动员更好地踏蹬和更轻松地操纵自行车。骑行姿势受到自行车尺寸、车座和车把的位置及运动员身材等因素的影响。

动作要领：标准的骑行姿势为上体前倾，腰部稍弯曲，头部不过分伸出，两臂弯曲，肘关节稍向两边分开；两腿的膝关节不应过于挺直，即使两脚蹬到最低点时，膝关节仍应保持稍稍弯曲。骑行姿势较低和车把不宽于两肩，可以减少空气的阻力；头部稍微倾斜，可以正常地进行呼吸；两臂肘关节稍微弯曲，可以作为上半身的良好支点，帮助腰部弯曲，并可使冲击力不传递到整个身体。骑行中，运动员上半身保持稳定，不应左右摇摆或做上下起落的多余动作，以免影响直线速度和消耗体力。

2. 踏蹬动作

踏蹬动作是自行车运动中的关键技术动作，具体分为自由踏蹬、脚尖朝下式踏蹬和脚跟朝下踏蹬3种，大部分运动员采用自由踏蹬技术。下面先介绍踏蹬动作用力周期，然后详细介绍3种踏蹬动作。

（1）踏蹬动作用力周期。踏蹬动作是周期性动作，是在自行车脚蹬的圆周范围内，以中轴为圆心，以曲柄为半径，重复进行的运动。骑行过程中，踏蹬一周可分解为上顶点、工作阶段、下低点和放松阶段4个阶段，如图8-67所示，其中A点为上顶点，C点为下低点，踏蹬动作从A点到C点的过程就是工作阶段，从C点到A点的过程则是放松阶段。

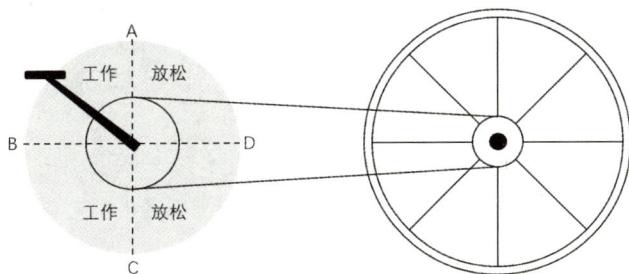

图8-67 踏蹬动作周期

做踏蹬动作时，运动员脚掌应平稳地踏在自行车的脚蹬上，脚蹬位置在脚掌中部和脚趾之间，脚掌的纵向与脚蹬轴保持垂直。运动员鞋的前端可伸出脚蹬5～7cm，鞋卡子应正好卡在脚蹬框上。鞋卡子要钉正、钉牢，皮条系紧。踏蹬动作由两只脚交替进行，各阶段的肌肉用力各不相同，当一只脚处于放松阶段时，另一只脚已处在工作阶段。运动员踏蹬到上顶点或下低点时，应尽量放松肌肉，并尽量缩短在这两个阶段的停留时间。工作阶段是踏蹬动作的关键，运动员在这个阶段内使用的踏蹬力是自行车前进的主要动力，踏蹬力量越大，自行车骑行的速度就越快。放松阶段则是一只脚踏蹬做功，而另一条腿主动向上抬起放松肌肉。骑行过程中有时需要采用"提拉式"踏蹬，即利用抬腿动作给脚蹬以拉力，以加大另一只脚工作阶段的踏蹬力量，以此来获得更高的骑行速度。

（2）自由踏蹬。自由踏蹬的用力方向与脚蹬旋转时所形成的圆周切线一致，脚在踏蹬一周的过程中，根据部位不同，踝关节角度也随着发生变化。自由踏蹬可以减少膝关节和大腿动作的幅度，提高踏蹬频率，自然地通过上顶点和下低点，大腿肌肉也能得到相对的放松。

动作要领：脚在上顶点A时，脚跟稍下垂8°～10°，踏蹬力量朝前下方，开始进入工作阶段；用力逐渐加大，到B点时，脚掌与地面成平行状态，踏蹬力量最大；再向下，用力逐渐减小，逐步进入下低点，肌肉开始放松，脚跟略向上抬起，到下低点C时，脚跟逐渐上提到15°～20°，开始进入放松阶段；当脚回转到D点时又与地面平行，往上行，脚跟又向上提起，重新到达上顶点A。

（3）脚尖朝下踏蹬。脚尖朝下踏蹬技术多用在短距离骑行比赛中，应用这种踏蹬技术时，运动员的踝关节活动范围较小，有利于提高踏蹬频率，且技术动作容易掌握。但在脚尖朝下踏蹬的整个动作周期中，运动员的腿部肌肉始终处于紧张状态，不利于自然通过上顶点和下低点。

动作要领：在整个踏蹬旋转过程中，运动员的脚尖始终向下。

（4）脚跟朝下踏蹬。脚跟朝下踏蹬技术通常被少数运动员应用在骑行过程中做过渡性调剂用力，在脚尖朝下踏蹬的过程中，运动员的肌肉在短时间内改变用力状态，得到短暂休息，可达到缓解肌肉疲劳的目的。

动作要领：脚尖稍向上，脚跟向下8°～15°。

3. 原地起跑

原地起跑是自行车短距离比赛中非常重要的技术之一，有时甚至能决定比赛的结果。

（1）扶车起跑。扶车起跑是指由裁判员扶住运动员车座后下方来维持自行车平衡的原地起跑方式，常用于场地自行车比赛中。

动作要领：运动员在起跑前应先拉紧脚蹬皮条，然后扶好车把，两个脚蹬保持与地面平行，或是踏蹬的第一脚的脚蹬稍高一些，当听到裁判员喊"预备"口令时，臀部及时、平稳地离开座位，准备起动。听到出发枪声后，踏蹬第一脚立即迅速而有力地下踏，另一只脚借助皮条和脚卡向上用力提脚蹬，脚尖稍向上抬起。在左脚踏蹬时，左手用力向怀里拉把，右手以同样力量向下按车把，两臂弯曲，上体前移，整个身体成弓形用力。循环至另一只脚踏蹬时，动作相同，方向相反。同时，头部稍稍抬起，注意车子平衡，直线加速前进。起跑到60～80m达到一定速度后，运动员可平稳地坐到车座上，利用已有的惯性，稍放松踏蹬几下，调整一下因起跑产生的肌肉紧张状态，然后立即转入正常踏蹬。

（2）不扶车起跑。不扶车起跑是指由运动员自己维持自行车平衡的原地起跑方式，常用于公路自行车比赛中，特别是运动员成组出发的比赛项目中。

动作要领：运动员在起跑前应两手扶车，骑在车架上方，一只脚踏上脚蹬，另一只脚踩在地上。当听到出发信号时，用力蹬地使车向前移动，并迅速坐在车座上，套上脚套，用站立式骑行方法加快速度。起动后的技术动作与扶车起跑相同。

4. 跟车

跟车是指运动员跟在其他运动员身后骑行，这个技术是自行车比赛中常用的基本技术之一。

运动员运用跟车技术时，可以借助于前边运动员冲破空气阻力所产生的涡流，推动自己的自行车前进，从而减少自身体力的消耗。

动作要领：跟车要先缩短与前车的距离，距离以不影响视线，容易观察前面路面为佳。公路比赛的跟车距离一般为15~30cm。运动员跟车应将头稍抬起，两眼正视前方，余光看到前车的后轮。正面来风，应由一人领骑，其他人跟在前车左侧方或右侧方；左侧来风，可跟在前车右侧后方；右侧来风，可跟在前车左侧后方。侧风较大则跟随前车的距离要近些；侧风较小则跟随前车的距离可稍远些。另外，运动员应在下坡时向旁边骑开些，在转弯时稍落后，以免发生事故。

5. 安全骑行

安全是体育运动的基础和前提，自行车比赛中有一些基于安全的骑行技术。

（1）调整坐垫高低。调整坐垫高低时，以脚跟将脚蹬往下踩，能使下肢的各关节肌肉圆滑收缩运动，同时以脚稍微伸直为原则。

（2）调整坐垫前后。调整坐垫前后时，将脚蹬位置踩至斜45°处，然后调整坐垫前后，以能配合脚的蹬力最大出力位置为原则，此时，膝盖中心的垂直线刚好通过脚蹬的中心。

（3）调整把手。上翘型把手比坐垫高出3~5cm，平型把手与坐垫等高，下弯型把手其上部与坐垫等高。调整后，须注意将把手方向再锁紧。

（4）坐垫坐法。运动员应将体重分散于把手和脚蹬上，不可将全部体重置于坐垫上。

（5）变速技术。运动员应变速的时机为上坡、下坡、路面凹凸不平、逆风及疲劳的时候。

（6）紧急刹车。紧急刹车的原则是先刹后刹车器，紧急情况时，运动员可以将臀部往后推，同时先刹后刹车器。如果刹车距离足够，运动员可以用"断断续续"的刹车方式，逐渐降低速度。

四、自行车越野的骑行技术

自行车越野的骑行技术是指基本的骑行技术外的一些越野专用骑行技术，包括上坡、下坡、转弯、通过障碍等。

1. 上坡

上坡骑行技术通常会根据坡道斜度和长短来决定。

（1）短斜坡。上短斜坡时，运动员应用最大的速度快速上坡，如果上坡在下坡后进行，上坡还应保持下坡的速度。

（2）长斜坡。上长斜坡时，运动员开始时不要快骑，要把上整个坡的力量平均分配，最好两只脚同时用力。当上坡的骑行速度开始减低时，运动员就要起身离开坐垫，将上半身的重量移到正在踏脚蹬的两脚上进行骑行。用这种方法骑到坡顶处时，运动员还要再骑30~40m，等到车速增加到最大时再坐下。

动作要领：运动员的臀部应离开坐垫，上半身前倾，两只脚用力踏脚蹬，两只手向后拉把手。体重向左右脚上轮流转移的时候，自行车向与体重转移方向相反的一侧稍微倾斜。

2. 下坡

运动员在直线下坡时需要勇敢、集中精神和判断准确。先要选择正确的下坡方向，尽量避免骑行方向上有坑、悬崖、车辙和其他障碍物。如果坡度比较平缓，应该以最大骑行速度下坡。

3. 转弯

转弯时，运动员一定要集中注意力，弯度越小，转弯的速度就越快；弯度越大、越急，动作的速度也就要越慢。

动作要领：弯度很大，自行车要向弯的里侧倾斜，而且自行车要比运动员上半身倾斜角度更大。运动员外侧的胳膊肘部要比在直路上骑行时更弯曲，里侧的胳膊肘部要伸开，用力按住车把。这时，里侧的一条腿把脚蹬带到上顶点，膝盖向里侧倾斜。运动员要牢固地坐在自行车上，要牢固地握住车把。

　另外一种转弯技术是用力把自行车向转弯的方向扭，里侧的一只脚离开脚蹬，擦着地面滑过去。在转弯的时候，脚踏住地面，自行车就会很快地完成转弯。

4. 骑行通过障碍

自行车越野比赛中常会遇到沙地、沼泽、乡间烂泥路、沟渠、横车辙和河滩等障碍物，运动员通常可以直接骑车通过，但需要在通过时应用不同的骑行技术。

（1）沙地。在越野比赛中遇到沙地障碍时，运动员应该两只脚尽可能更用力、更快地踏蹬，用最快的速度骑行，利用惯性快速通过沙地，并且一定要紧紧地握住车把，让自行车以直线方式前进。一旦速度降低，自行车就可能陷进沙里，无法骑行前进。

（2）沼泽。遇到沼泽障碍时，运动员应该选择草长得比较茂密的地方通过，骑行过程中需要使劲地踏脚蹬，增加自行车的通过速度，并保证自行车的平衡。

（3）乡间烂泥路。通过乡间烂泥路时，运动员需要降低自行车的骑行速度，以慢和稳为标准，并尽量让自行车骑行路线为直线，不必绕行一些小水坑。

（4）沟渠。过较宽的沟渠时，运动员应该斜着以25°～30°的方向骑行通过；过宽度不超过70～80cm且两边平坦的沟渠时，最佳方法是快速从沟渠上方悬空骑过。

过沟渠的动作要领：运动员以最快的速度接近沟渠，在自行车前轮与沟渠边缘接触的瞬间，将两个脚蹬保持在同一水平，运动员向上纵跳，接着向上猛提自行车，利用惯性连人带车一起冲过沟渠。自行车越过沟渠后，着地时两个脚蹬还必须保持水平，运动员两腿半屈。需要注意的是，悬空骑过沟渠的过程中，车把要握牢，车轮要对着骑行方向。

（5）横车辙。自行车越野骑行过程中运动员经常会遇到横车辙，例如凸出地面的火车铁轨和电车轨道，以及其他类似的障碍物，运动员通常可以直接骑行通过。

过横车辙动作要领：运动员需要将身体的重心移到自行车的后轮处，向后压自行车的坐垫。当前轮通过横车辙后，运动员的身体重心则移动到前轮处。

（6）河滩。遇到宽度不超过8m、深度不超过30cm的河滩时，运动员可以直接骑行通过；如果河滩宽度较大且河水较深，运动员就需要举着自行车涉水步行通过。

5. 步行通过障碍

运动员在自行车越野比赛中遇到一些障碍地带时，推车跑和抗车跑也是常用的技术。

（1）推车跑。在自行车越野过程中，有时运动员需要下车推自行车前进，这样能够保证运动员最大的机动性和前进速度。

动作要领：运动员用一只手握住车把的中间与自行车并排跑；如果是在比较平坦的道路上推车跑，运动员还可以用一只手推着自行车的坐垫跑。

　在2016年里约热内卢奥运会场地自行车女子团体竞速赛中，宫金杰和钟天使获得了冠军，为我国自行车队实现了奥运金牌"零"的突破。赛后，宫金杰和钟天使紧紧拥抱在一起，两人身披国旗骑车绕场一周！在我国，自行车作为交通工具非常普及，我国在很长一段时间里被称为"自行车王国"，但是却从未凭借自行车运动的比赛成绩得到世界认可，而随着这枚奥运自行车金牌的获得，"自行车王国"奥运会无冠的历史被改写。早在1896年的雅典奥运会中就有自行车项目，在过去的100多年里，男子项目的冠军一直被欧洲国家所垄断，女子项目中也从未出现过欧洲选手之外的选手。因此，这枚奥运自行车金牌是一枚非常重要的金牌，是第一枚亚洲人拿到的自行车项目的金牌，也是我国几代自行车人坚持不懈、努力骑行的结果。

（2）抗车跑。抗车跑是运动员通过一些艰险而又费力的地带时常用的技术。

动作要领：运动员使整个自行车后轮在上方，前轮在下面，手臂微屈，从自行车坐垫下的三角形框架中穿过，将自行车放在对应的肩上，手掌抓住三角形框架中大梁和下梁靠近的地方。另一个方法是运动员用前臂把自行车提起来，手从横梁上跨过抓在靠近坐垫的地方，提起来的时候让自行车横梁的前端斜下垂。这时手臂的肘部要抵住自行车的后斜梁。

第五节　棋类运动

我国的棋类运动包括中国象棋、围棋和五子棋等，棋类运动简单易学、情趣高雅、静中有动，不仅能锻炼大学生的思维能力、陶冶情操，而且对促进大学生的身心健康有积极作用。

一、中国象棋

中国象棋在我国统称为象棋，是一项起源于我国的健智性棋类运动项目，最早出现在春秋战国时期，唐宋时期称为"象戏"，在北宋后期才被规定成现代的样式。1956年后，象棋被列为我国的国家体育运动项目，全国性的象棋比赛也开始出现，各种群众性象棋活动的普及和比赛的开展，使我国普通群众的象棋水平得到迅速提高。近年来，亚洲各国之间的象棋交往逐渐增多，各个国家或城市间多次举行象棋比赛，促进了象棋在世界范围内的推广。中国象棋这项中华民族智慧的结晶，已吸引了越来越多的爱好者，并已逐步成为全世界人民共同的精神财富。

1. 棋盘和棋子

中国象棋主要由棋盘和棋子组成，棋子在棋盘上行走，棋盘则是双方棋子斗争的战场，如图8-68所示。

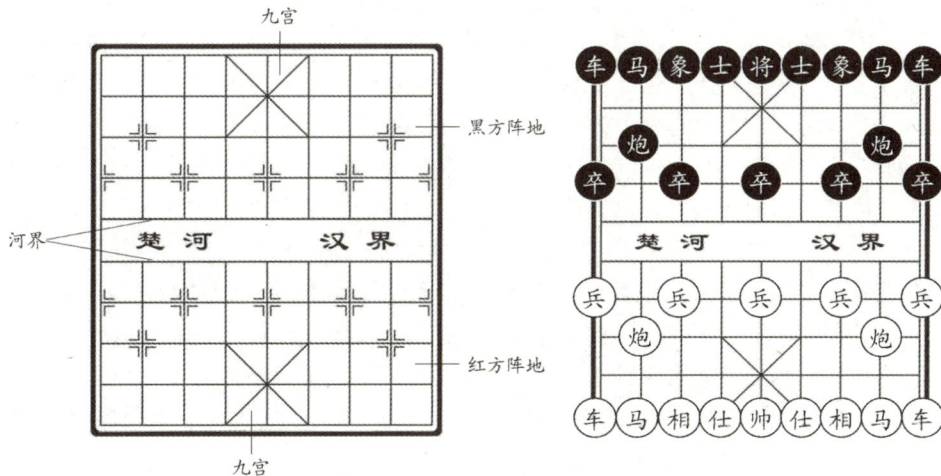

图8-68　中国象棋的棋盘和棋子

（1）棋盘。棋盘上较长的平行排列的边称为直线，共有9条，其中7条被河界隔断。棋盘上较短的平行排列的边称为横线，横线共有10条。直线与横线相交的地方称为交叉点，整个棋盘共有90个交叉点，棋子就摆放和活动在这些交叉点上。棋盘中间有1条空白横道，是棋盘的河，其两边称为"河界"，它把棋盘分为上下两部分，完全对称，分属黑方阵地与红方阵地。棋盘两端各画有斜交叉线的地方称为九宫，将（帅）只能在各自九宫的9个交叉点上活动。

（2）棋子。象棋的棋子共有32个，分为红、黑两种颜色，每种颜色16个棋子，分为7个兵种，以图8-68所示的位置摆放，这是最初的原始摆法，象征两军对立状态，每方主帅居中，左右棋子对称排列。其中，红方为帅1个、仕2个、相2个、马2个、车2个、炮2个、兵5个；黑方为将1个、士2个、象2个、马2个、车2个、炮2个、卒5个。红帅与黑将、红仕与黑士、红相与黑象、红兵与黑卒两两对应，虽名称不同，但功能效用完全相同。

2. 基本规则要点

中国象棋的基本规则主要包括以下几个要点。

（1）摸子走子。通常棋手的手接触到某个棋子，就应该用该棋子行棋，如果所接触的棋子超过一个，应该用最先触摸到的棋子行棋。

（2）落子无悔。行棋落子后，不许更改棋子的位置。若棋子在棋盘上滑行，则接触的第一个交叉点就是行棋的落子点，并记违例一次。

（3）胜棋对局。当一方的帅（将）被对手"将死"；或者帅（将）被"困毙"；或者行棋违犯禁例，应当变着（下一步的行棋）而不变；或者一方自己宣布认输，另一方棋手获得棋局的胜利。

（4）和棋对局。当双方棋子处于理论上公认的双方均无法取胜的局势；或者一方行棋之后提议作和，对手表示同意；或者双方行棋出现循环反复已达3次，符合"棋例"中"不变作和"的有关规定，又均不愿变着时，则双方和棋。

3. 基本技术

中国象棋的基本技术主要是指棋子在棋盘上行走的方法，包括以下一些。

（1）行棋顺序。由红方先行，以后双方轮流各行棋一步，直到分出胜负或和棋为止。

（2）基本步骤。行棋一方将棋子从棋盘一个交叉点移动到另一个空着的交叉点上，或将对手某一交叉点上的棋子吃掉（吃子）后，占领该交叉点，都算行棋一步或一着，双方各走一步棋为一个回合。

（3）各兵种棋子走法。将（帅）只能在九宫内活动，一步只能走一格。士（仕）只许沿着九宫内斜线活动，每步只能走一格。象（相）不能越过河界，每一步棋可以沿着对角线斜走两格（俗称相走"田"字），若"田"字中间有其他棋子时，则不能跳过（俗称"塞象眼"）。车可以沿着所有直线或横线随意行走，但不能越过其他棋子跳着走。马只能沿着"日"字形的对角线走（俗称马走"日"字），但在马行棋的方向上，与马紧邻的交叉点有其他棋子时，马就不能跳过去（俗称"蹩马腿"）。炮在不吃子时的走法与车完全相同。卒（兵）在没过河界时，每步棋只能沿直线向前走一格，过了河界则可以左右走一格，且在任何时候都不能后退。

（4）吃子。吃子是指当棋子可以走到的位置上有对方棋子存在时，运用棋子走法将其吃掉，并占领那个位置。中国象棋中只有炮吃子的方式与走法不同，炮吃子必须沿着所在直线或横线隔一个棋子（双方的都可以）跳吃（俗称"隔山打炮"）。另外，将和帅不能在同一直线上直接面对，主动将帅（将）与对方的将（帅）面对意味着自己的帅（将）被吃子。

（5）将军。象棋对局中，一方的棋子攻击对方的帅（将），并在下一着要将对方的帅（将）吃子，称为"将军"，或简称"将"。

（6）应将。被"将军"的一方所采取的反击、躲避或防卫的行棋步骤就是应将。

（7）将死。若被"将军"而无法"应将"，则表示自己被对手将死，对手胜棋。

（8）困毙。帅（将）虽没被对手"将军"，却被禁在一个位置上无路可走，同时自己的其他棋子也都不能走动，就算被"困毙"，对手胜棋。

二、围棋

围棋起源于我国，古代称为"弈""弈棋"等，至今已有4 000多年的历史，有"尧造围棋，丹朱善之"之说。围棋在春秋战国时期就在民间广泛流行，现代的十九道棋盘则始于东汉时期。古代围棋盛行于唐代，又以清朝为鼎盛时期。在东汉前后，围棋传入印度和朝鲜等邻国，隋唐时传入日本。19世纪80年代，围棋传入欧美各国，到20世纪80年代已遍及世界。中国围棋协会于1962年在北京成立，随着我国人民生活水平的提高，群众性围棋活动得到了广泛开展，涌现出一大批优秀的棋手，我国棋手在国际各类围棋比赛中取得了优异的成绩。国际围棋联盟于1982年在日本东京成立。目前，围棋运动在亚洲广泛流行，欧美各国也有很大发展。

1. 棋盘和棋子

围棋的棋盘略呈长方形，棋盘上画有横竖19条平行直线，横线的等间距为2.25~2.35cm，纵线的等间距为2.4~2.5cm，盘面外侧留有2cm，横竖的19条平行直线构成361个交叉点。棋盘上有9个黑点，称为星位，中间的星位又称"天元"。以星位为参照，将棋盘划分为9个部分，各部分分别称为右上角、右边、右下角、上边、下边、左上角、左边、左下角及中腹，如图8-69所示。棋盘上的4条边线称一线（一路线），向中腹方向推进一线称二线（二路线），一直到十线（十路线）。四线以下的是边，五线以上的为中腹。

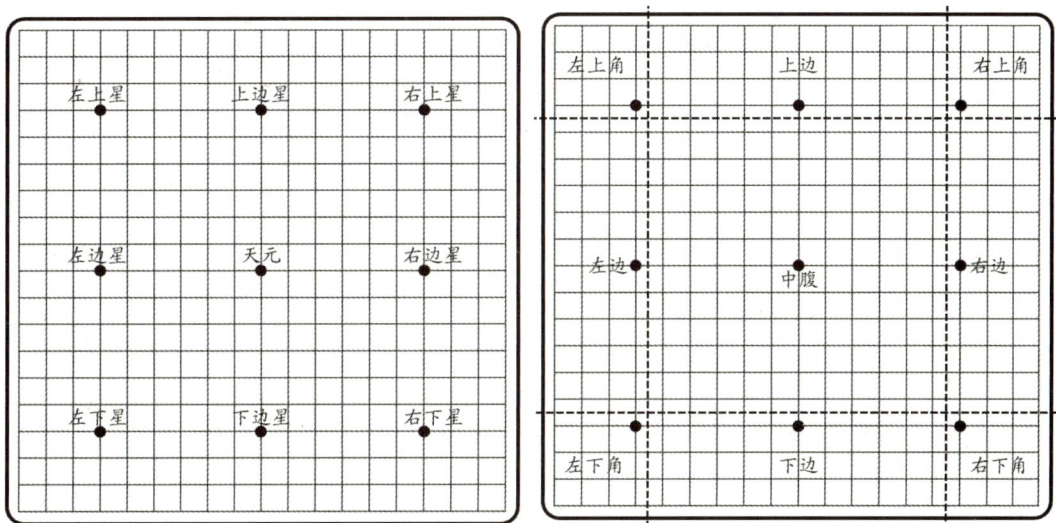

图8-69　围棋棋盘

围棋的棋子为扁圆形，直径为2.2~2.3cm，厚度不超过1cm，材质为玻璃或塑料等。围棋的棋子分黑白两色，黑子为181枚，白子为180枚，总数量恰好与棋盘上的点数相同。

> **知识补充**　在正式围棋比赛中需要使用计时器"棋钟"对双方棋手的时间进行限制，棋钟由按键控制钟表的走动，一方的键按下去，另一方就开始计时。棋手只有将棋子放到棋盘上后，才可以按键，否则就是犯规行为。时间对棋手十分重要，时间耗尽甚至会被判负。

2. 基本规则要点

围棋的基本规则比较简单，包含以下几点。

（1）双方各执一色棋子，黑先白后，交替行棋，每次下一子，直到终局。

（2）棋子必须下在棋盘的交叉点上。

（3）棋子落定棋盘后，不得向其他点移动。

（4）没有气的棋子必须从棋盘上拿掉。

（5）不能在棋手下子后该子立即呈无气状态，同时棋手又不能在提起对方棋子的地方下子。

（6）提劫不能马上进行，必须另下一子，棋手等对手回应下子后，才能回提。

（7）采用数子法计算胜负。终局时，先将双方无气的死子全部清出盘外，然后对一方的活棋（包括活棋围住的点）以子为单位进行计数，多者为胜。

3. 围棋的基础知识

（1）气。"气"是棋子在棋盘上生存的最基本条件，棋子在棋盘上的上、下、左、右以直线紧连的交叉点都是棋子的"气"，"气"都被对方棋子占据则"无气"，无气的棋子必须从棋盘上拿掉。围棋一线的4个交叉点的棋子有2气，一线与其他线交叉点的棋子有3气，除一线外其他线的交叉点的棋子有4气。

（2）提子。把无气的棋子从棋盘上拿掉叫提子，俗称吃子。当棋子被包围呈只有一口气的状态时，称为叫吃，如若被叫吃的棋手不应对叫吃，下一步他被叫吃的棋子将被提掉。通常一方下一子后，对手的棋子呈无气状态，则可以提子，即便己方的棋子也呈无气状态。

（3）劫。对局双方互相可以提取对方一子的状况称为劫或劫争，如图8-70所示，白色方在A点下子时，提子B点的黑子；此时，黑方不能立即回提A点的白子，必须寻找劫材，即在别处下子，待白方应后，再在B点下子，提劫A点的白子。

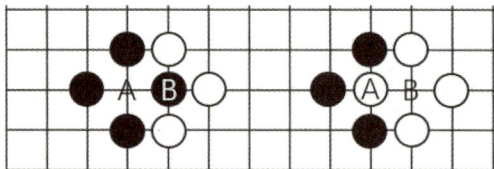

图8-70　劫

（4）基本术语。围棋的规则比较简单，但术语却庞杂繁复，下面介绍一些常用的术语。

① 位置术语。下子在A点被称为星，下子在B点被称为三三，下子在C点被称为小目，下子在D点被称为目外，下子在E点被称为高目，如图8-71所示。其中，三三和小目是常见的行棋方式，比较注重实地。目外和高目则侧重于外势，应用较少。

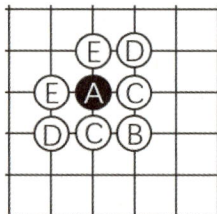

图8-71　位置术语示例

② 尖和长。在自己原有棋子的斜上或斜下一点行棋被称为尖，或小尖。长则是指紧靠着自己在棋盘上的已有棋子的气，继续向前延伸的行棋，长一般用于与对方接触交战时，将己方的棋子连在一起。

③ 跳和大跳。在自己棋盘上的原有棋子隔一条线行棋被称为跳。在自己棋盘上的原有棋子隔两条线行棋则被称为大跳。

④ 飞和大飞。在原有棋子的呈"日"字形的对角交叉点行棋被称为飞，或者小飞。在原有棋子的呈"目"字形的对角交叉点行棋则被称为大飞。

⑤ 压和扳。下在对方棋子的上面的棋子被称为压。当棋盘上双方棋子并排紧挨在一起时，在对方的棋子的头上下子，叫作扳，如图8-72所示，黑1为压，白2为扳。

⑥ 托、靠和碰。托是指在边角上于对方棋子的下边下子。靠是指紧挨着对方的棋子下子，同时又与己方的某些棋子相关联。碰是在棋盘上紧挨着对方棋子的地方单独下一子，以试探

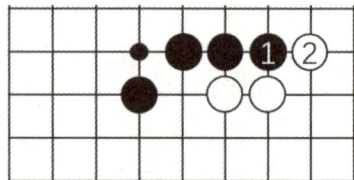

图8-72　压和扳

对方怎样应付，有时与靠通用，区别是碰是单独一子深入。

⑦ 断、接和挖。断是指通过下子直接断开对方棋与棋之间的连络，使对方的棋子分散开来。接则是指将可能被对方分开、切断的棋子连成不可分割的整体，如图8-73所示，黑棋下A点为断，白棋下A点为接。挖又称挖断，是指在对手跳的棋子中间下子。

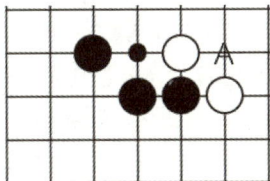

图8-73　断和接

⑧ 虎和刺。虎是指3颗棋子构成"品"字形状。刺则是行棋下子后，直接针对对手的断点或相当薄弱的环节，促使对方行棋应接。

⑨ 拆。拆是指以棋盘已有己方棋子为参照，在三线或四线上向左或向右间隔若干线下子。

三、五子棋

五子棋是一种比较古老的棋类运动，很早就在我国的民间流行，并在南北朝时期传入朝鲜，后又传至日本。20世纪初期，五子棋从日本传入欧洲并迅速流行。今天，在经历不断改革和规范之后，五子棋逐渐发展成为一种全世界范围内流行的国际棋类比赛项目。

1. 棋盘和棋子

五子棋的棋具与围棋相同，汉魏时为十七线棋盘，南北朝则流行十九线棋盘。在1931年正式出现十五线的五子棋专用棋盘。棋盘由横纵各15条等距离、垂直交叉的平行线构成，在棋盘上，横纵线交叉形成了225个交叉点，为行棋时的下子点。邻近两个交叉点的距离要略大于棋子的直径，纵线距离约为2.5cm，横线距离约为2.4cm。在棋盘上有5个特殊的交叉点，用直径约为0.5cm、与棋盘横纵线颜色相同的实心小圆点标示出来，被称为星。中间的星也称天元，表示棋盘的正中心。其他4个星，也叫小星，如图8-74所示。

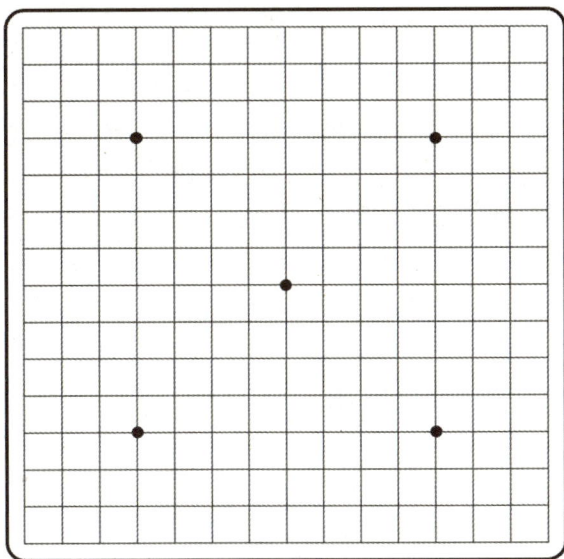

图8-74　五子棋棋盘

五子棋的棋子分黑白两色，形状为扁圆形，有一面凸起或两面凸起。棋子厚度一般不超过

0.8cm，直径为2.0~2.3cm。棋子共有225枚，黑子113枚，白子112枚。

2. 基本规则要点

五子棋的规则比较简单，除了基本的行棋顺序、取胜方式、禁手等规则，在职业五子棋比赛中还有指定打法、三手可交换和五手两打等规则。

（1）行棋顺序。黑先白后，从天元开始相互顺序下子（比赛中通常白棋第一手，即盘面第二手棋应在天元为界白色方一侧下子，主要表示尊重对手，之后双方可任意下子）。

（2）取胜方式。最先在棋盘横向、竖向、斜向形成连续的同色5个棋子的一方为胜。双方分不出胜负则定为平局。黑棋下子为禁手时，白棋获胜。五连与禁手同时形成，先形成五连的棋手为胜。

（3）禁手。由于五子棋黑棋先行的优势巨大，所以设置禁手以使比赛公平，禁手只针对黑棋，如果白棋能促使黑棋形成禁手，同样能获得比赛胜利。

（4）指定打法。在五子棋比赛中，双方按照约定好的开局进行对弈，由白棋先行。

（5）三手可交换。当黑棋下第二手棋后，白棋方如感觉黑棋方棋形不利于己方，可提出交换，即执白棋一方变为执黑棋一方（指定打法时不进行三手可交换）。

（6）五手两打。黑棋在下第五手棋时，必须下两步棋，然后让白棋方在这两步棋中任选一步，然后再由白棋方继续行棋。

3. 基本技术

五子棋的基本技术主要指棋子的各种棋形。

（1）三连。三连是指3个棋子相连的棋形。当三子连珠且两端都是空棋位时，称为活三；当三子不完全相连，其间有1个空棋位时，称为嵌活三。

（2）三三禁手。三三禁手是指黑棋行棋下子后同时形成两个活三，且该棋子为两个活三共同的构成子，如图8-75所示，图中黑A就是三三禁手。

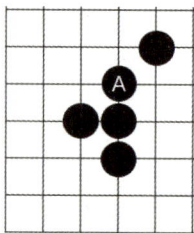

图8-75　三三禁手

（3）四连。四连是指4个棋子相连的棋形。当四子连珠且两端都是空棋位时，称为活四；当四子连珠但只有一端是空棋位，另一端已被对方棋子截断时，称为冲四；当四子不完全相连，其间有1个空棋位时，称为嵌四。活四无法防守，冲四与嵌四则可以被防守。

（4）四四禁手。四四禁手是指黑棋行棋下子后同时形成两个或两个以上的冲四或活四，如图8-76所示，图中黑A就是四四禁手。

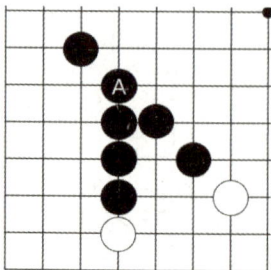

图8-76　四四禁手

（5）五连。五连又称五子连珠，指一方的5个棋子在同一条纵线、横线或斜线上彼此相连（斜线指与棋盘的两条对角线平行的直线），五连即宣告胜利。

（6）长连。长连是指在棋盘上同一条纵线、横线或斜线上形成的5个以上同色棋子不间隔的相连。

（7）长连禁手。长连禁手是指黑棋行棋下子后形成一个或一个以上的长连，如图8-77所示。

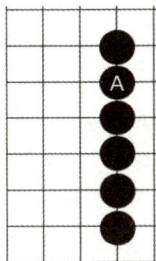

图8-77　长连禁手

古力是目前为止我国获得围棋世界冠军最多的选手，他师承棋坛名宿聂卫平，16岁就在我国的围棋甲级联赛赛场上成名并夺得冠军。但在国际赛场上古力却并不如意，经常在前两轮就被淘汰，那段时间可以说是他压力最大的时候。转机出现在2006年，在LG杯世界围棋棋王战比赛中，古力一路过关斩将，在半决赛中战胜了当时不可一世的韩国棋手李世石，最终第一次获得了世界冠军。这也是古力自己认为印象最深刻的一个世界冠军，他说："那一冠之后，我最大的感觉便是心结解开了。"如今，古力已拿到了8个世界冠军，但对他而言，这仍不是终点，他还在为我国的围棋事业贡献自己的力量。

第六节　体能训练

良好的体能是大学生进行体育运动的基础，在大学体育中，体能训练也是运动竞技、体育教学和运动训练的基础，能够全面发展大学生的运动素质，培养大学生顽强拼搏的意志品质，为大学生的体育运动技能、专项运动技术水平和比赛成绩的提升奠定良好的基础。

一、体能训练概述

体能训练是运用科学的、特定的方法与手段来提高人体各器官和系统的机能水平，使之适应体育运动需要而进行的专门性身体训练。体能训练是体育运动的技术训练和战术训练的基础，并对运动员掌握专项技战术、承担大负荷的训练、适应激烈的比赛、促进运动员身体健康、防止伤病及延长运动寿命等方面都具有极为重要的意义。

1. 体能训练的起源与发展

体能训练起源于第二次世界大战期间美国海军制定的《海军航空兵体能训练计划》。20世纪中后期，体能训练风靡世界，特别是在欧洲和美国，体能训练已成为专业竞技运动训练和大众健身的重要内容。20世纪90年代，体能训练研究领域的扩展和一系列科技的出现，为体能训练提供了理论和技术的支持。体能训练也成为一个职业，几乎所有体育项目的专业运动队中都有专职的体能教练员。我国的体能训练开始于20世纪90年代中期，同时，我国也开始对体能训练进行专门的研究，体能这个概念也日益被技能主导类对抗运动项目的教练员、运动员所接受和使用。

2008年，上海市体能协会正式成立，2009年，当时的辽宁盼盼篮球队首次聘用体能教练。体能训练的方式也在随着科学技术的进步不断地更新，体能训练器材的研发如火如荼，体能训练也逐渐被广大人民群众接受。

2. 体能训练的内容

从体能的构成角度来看，体能训练主要包括身体形态、身体机能、运动素质、健康4个主要因素。其中，身体形态是指人体的内外部形态特征，包括反映人体生长发育状况的身高、体重、四肢长度比例与围度等外部形态特征，以及心脏的大小、肌肉的横截面等内部形态特征。身体机能是指机体各器官和系统的机能状态，是身体活动能力的基础。运动素质是机体在运动时所表现出来的力量、耐力、速度和柔韧度等各种基本运动能力，是体能的主要外在表现。健康是指人在身体、心理及社会适应方面的良好状态，健康的身体是参加体能训练的必要条件。由于身体形态、身体机能和健康这3个因素都是运动素质的外在表现，所以体育运动训练中多以发展各种运动素质作为体能训练的基本内容，体能训练包括一般体能训练和专项体能训练。

（1）一般体能训练。一般体能训练是指采用多种非专项的体能训练手段，以掌握非专项的运动技术、技能和知识为目的，为专项成绩提高打好基础的训练。

（2）专项体能训练。专项体能训练是指采用直接提高专项素质的练习以及与专项有紧密联系的专门性体能练习，最大限度地发展运动员对专项成绩有直接关系的专项运动素质，以保证运动员掌握专项技战术并在比赛中顺利有效地运用，从而创造优异成绩的训练。

3. 体能训练的作用

大学生在体育运动中进行体能训练有以下积极作用。

（1）促进身体健康。大学生进行体能训练能够有效地提高和改善心血管系统、呼吸系统、运动器官和中枢神经系统的机能，同时还能克服人体生物惰性，促进新陈代谢。而这些都能有效地提高人体对外界环境的适应能力和对疾病的抵抗能力，从而有效地促进大学生的身体健康。

（2）充分发展运动素质。体能训练能够最大限度地发展和提高人体力量、耐力、速度和柔韧等专项运动素质，为大学生在体育比赛或课程中创造优异的专项成绩打下坚实基础。

（3）保证有机体适应大负荷训练的需要。大学生在参与体育比赛或进行体育运动时，可能需要进行大负荷的运动训练，而大负荷训练要求大学生必须具有强健的体魄和良好的身体机能。这就需要大学生通过体能训练打下坚实的基础，在大负荷运动中承担机体的一切要求。

（4）有利于掌握运动的技战术。技术动作和运动战术是运动素质的综合表现，大学生只有充分发展各项运动素质才能掌握复杂和先进的技战术，而体能训练是实现这一目的的基本保证。

二、力量素质训练

力量素质是人体身体某部分肌肉在工作时可以克服阻力的能力。人在进行运动时，机体完成各种动作所需的肌肉收缩对抗阻力的能力就是力量素质。力量素质主要是通过肌肉的工作形式表现出来的。同时，力量素质水平对耐力和速度等素质的发展也有着重要的影响。

1. 力量素质的分类

按照力量和体重关系可以将力量素质分为绝对力量和相对力量两种类型，绝对力量是指在不考虑体重时运动员所能发出的最大力量；相对力量是指运动员相对于自身体重能够发出的最大力量。跳远、跳高等移动身体体重的运动项目就需要运动员具备足够的相对力量。

按照力量的表现可以将力量素质分为快速力量、最大力量和耐力力量3种类型，快速力量是指人体神经肌肉系统通过肌肉快速收缩来克服阻力的能力，快速力量以速度和加速度的形式表现出来，弹跳力、爆发力和起动力都属于快速力量的范畴；最大力量是指肌肉通过最大随意收缩抵抗无法克服的阻力的过程中所表现出的最高力值；耐力力量是指有机体耐受疲劳的能力，划船、游泳和中长跑等运动项目对耐力力量的要求较高。

2. 力量素质训练的基本要求

力量素质既是人体运动的基本素质，也是衡量运动训练水平的重要指标之一，对人参加体育运动有很大的影响。进行力量素质训练有以下几点要求。

（1）平衡发展全身各肌肉群。任何运动的技术动作都是各肌肉群协同配合的结果，所以，体能训练既要重视四肢、腰部、臀部等大肌肉群和主要肌肉的训练，也不能忽视对小肌肉群和远端肌肉群的力量练习。

（2）合理安排练习顺序。大学生进行力量训练时，应该根据各种负荷的力量练习对机体的影响作用不同来合理安排不同重量负荷练习的顺序。正常顺序应该是首先进行小负荷、次数多的耐力力量练习使肌肉结构发生改变，再通过大负荷、数量少的力量练习提高肌肉的内协调机能。

（3）掌握好练习频度。研究表明，人通过循序渐进的力量训练所获得的力量比突击训练所获得的力量在停止训练后保持的时间要更长些。大学生进行力量训练的频度应该为每周最多3次，每次35~60min，每次练习重复3~5组；如果在一个重量下能够连续超过10次重复就要考虑增加重量。

（4）做好安全保护。大学生进行力量训练最好结伴练习，练习重量由轻到重且动作由慢到快，尽量避免练习身体突然振动和扭转的动作。两组练习之间要安排5min左右的休息时间。

（5）一定要放松肌肉。力量素质训练后大学生一定要采用自我按摩或相互按摩，以及沐浴等恢复手段来放松紧张的肌肉，因为这有利于氧气和营养物质的供给，防止肌肉僵化。

3. 力量素质训练的方法

大学生进行力量素质训练时通常需针对不同的力量素质类型采用不同的训练方法。

（1）快速力量。训练快速力量要兼顾力量和速度两个因素，并且要控制练习强度。具体方法如下。

① 采用本人最大负荷重量的30%~50%，训练次数和组数为（20~40）次×（3~5）组。

② 组间间歇少于5min。

③ 采用超等长练习，这是一种从肌肉拉长到肌肉收缩的训练方法，生理机制是当肌肉被拉得超过自身的正常长度时，肌肉出现牵张反射，即强大的克制性收缩，从而产生有效的爆发力。

④ 一旦快速力量训练的动作速度下降，就应停止训练。

（2）最大力量。训练最大力量可以通过重复法、强度法、电刺激法、极限强度法、退让练习法和静力性练习法等方法进行，最常用的是负重抗阻训练，其方法如下。

① 负荷强度通常是本人最大负荷重量的65%~95%，慎用或少用100%的极限负荷强度，也可采用逐次增加强度、减少重复次数的方法。

② 训练次数和组数为（3~10）次×（3~5）组。

③ 训练时间通常为2s完成一次动作，组间休息3~5min。

④ 训练强度大则重复次数较少，强度小则重复次数较多。

（3）耐力力量。耐力力量训练多采用克服自身体重或负重的方法，即让机体承受一定的负荷，进行多次重复抗阻训练，负荷强度较小时，练习持续时间、反复次数要长和多一些。

（4）相对力量。相对力量训练则需要在控制体重的前提下增加最大力量，其方法如下。

① 训练的负荷强度必须足够大，通常采用本人最大负荷重量的85%以上的强度。

② 练习次数和组数为（1~3）次×（3~5）组。

③ 组间休息3~5min。

④ 相对力量训练的负荷强度大，训练前要做好充分的准备活动和热身，预防受伤；训练后要进行有效的恢复和肌肉放松。

三、耐力素质训练

耐力素质是指人体在长时间运动中克服疲劳的能力，也是反映人体健康水平或体质强弱的一个重要标志，耐力素质可以与其他素质结合形成机体的力量耐力和速度耐力。体育运动带来的肌肉活动会产生机体的疲劳，阻碍大学生运动训练的进行，因此，大学生必须在运动训练中克服自身的疲劳，而克服疲劳的过程也恰好反映出大学生所具备的耐力素质的水平高低。

1. 耐力素质的分类

耐力素质可以按照以下一些不同的标准进行分类。

（1）运动的时间。根据体育运动的持续时间可将耐力素质分为短时间耐力（45s～2min）、中等时间耐力（2～8min）和长时间耐力（超过8min）3种类型。

（2）氧代谢方式。根据氧代谢的方式可将耐力素质分为有氧耐力（机体在氧气供应充分的情况下坚持长时间运动的能力，大多数的球类运动项目和田径运动中的中长跑、长距离竞走等长时间运动项目都需要较高的有氧耐力水平）、无氧耐力（机体在氧供应不足的情况下坚持长时间运动的能力）、有氧与无氧混合耐力（一种介于有氧耐力和无氧耐力之间的特殊耐力，进行拳击、摔跤、柔道、跆拳道等对抗性项目时，机体的有氧和无氧代谢同时参与供能）3种类型。

（3）肌肉工作方式。根据肌肉工作方式可将耐力素质分为静力性耐力（机体在长时间的静力性肌肉工作中克服疲劳的能力，在射击、射箭、举重等项目中体现）和动力性耐力（机体在长时间的动力性肌肉工作中克服疲劳的能力，在长跑、游泳等项目中体现）两种类型。

（4）身体活动部位。根据身体活动的部位可将耐力素质分为全身耐力（在运动训练中，机体克服疲劳的综合能力）和身体部位耐力（机体的某一身体部位在进行长时间运动时克服疲劳的能力）两种类型。

2. 耐力素质训练的基本要求

耐力素质训练有其特有的训练规律和成绩增长规则，所以，大学生进行耐力素质训练需要遵循以下几项基本要求。

（1）结合有氧耐力训练与无氧耐力训练。大学生在进行有氧耐力训练时穿插一些无氧耐力练习，能有效地提高有氧耐力素质；而进行有氧耐力练习则可以为无氧耐力素质的培养打下良好的基础。大学生在进行体能训练过程中，无氧耐力训练之前或同时应适当安排有氧耐力的练习。

（2）进行科学的呼吸。呼吸能帮助大学生在培养耐力素质时获取必需的氧气，科学的呼吸方式通过提高呼吸频率和加深呼吸深度来提升训练过程中的摄氧量。所以，大学生在体能训练中应着重培养深度呼吸和用鼻呼吸的能力，并注意呼吸节奏与动作节奏的一致性。

（3）提升训练的积极性。大学生以积极的态度参加体能训练，机体的各个系统就能保持良性状态，为机体承受较大的训练负荷创造非常好的条件。所以，教师要通过表扬和鼓励促使大学生以更大的热情主动参加训练，同时也要重视对其意志品质的培养。

（4）体现个体化特点。大学生的运动能力、身体机能状况等存在个体化差异，所以，对于耐力训练的方法、强度、持续时间、间歇时间等方面应根据自身的实际情况进行合理安排。

（5）恢复体力。体能训练后，大学生要积极补充能量物质，并重视放松练习，大学生可以进行温水浴及局部肌肉按摩，加速全身血液循环，帮助机体消除疲劳，促进体力恢复。

（6）加强医务监督。大负荷的耐力训练容易对机体功能造成伤害，所以，大学生在耐力训练中应加强医务监督，主要包括训练前对身体机能的评定，以及训练时对训练负荷的承受能力进行实施监控，一旦发现异常情况就应该减量或中止训练。

3. 耐力素质训练的方法

耐力素质训练的方法通常是针对氧代谢的方式采用的不同训练方法。

（1）有氧耐力连续训练法。

① 训练强度。此训练法的训练强度相对要小，一般低于最大强度的70%（用心率指标控制练习强度）。例如，一般训练水平的大学生控制在140~160次/min，训练有素的大学生控制在160~170次/min。

② 训练时间。大学生至少要维持在30min以上，受过训练的运动员可长达1.5~2h。

（2）有氧耐力间歇训练法。

① 训练强度。此训练法的训练强度比连续训练法大，总的要求是心率不超过180次/min，不低于140次/min。负荷量由距离和时间决定，例如，距离为80~120m，时间为30~60s，持续时间为30s以上。

② 间歇时间。当大学生心率恢复到120次/min时，进行下一组练习。但间歇中要使用积极性的休息方法，使血液尽快回流心脏，带走并排除肌肉中堆积的酸性物质。

（3）糖酵解供能无氧耐力训练法。

① 训练强度。此训练法的训练强度一般为最大强度的80%~90%，心率为180~190次/min，训练负荷的时间为35s~2min，练习距离一般为250~600m。

② 间歇时间。一般练习时间和间歇时间的安排比例大致为1∶2。

③ 练习数量。练习次数和组数都不能过多，一般次数为3~4次，组数为2~4组。

（4）磷酸原供能无氧耐力训练法。

① 训练强度。此训练法的训练强度一般为最大强度的90%~95%，心率可达180次/min以上。

② 练习时间。练习时间通常为5~15s，重复次数为4~6次，组数以不降低训练强度为原则。

③ 间歇时间。间歇时间一种为30~60m的短段落、短间歇，组间间隔时间不大于1min；另一种为100~150m的长段落、长间歇，组间间隔时间大于2min。如果组间间歇更长，为5~7min，则间歇方式要采用积极性休息。

四、速度素质训练

速度是运动员的基本素质之一，在体能训练中占有重要地位。速度素质是指机体或机体的某部位在最短时间内完成动作的能力。人体快速运动能力是力量、柔韧、协调和灵敏等素质协调作用的结果。速度素质训练是大学生参与田径中的短跑、短距离游泳和自行车比赛等比拼快速运动能力的体育项目的前提和必备条件。

1. 速度素质的分类

速度素质是人体进行快速运动的能力，具体表现为对各种刺激快速反应的反应速度、动作快速完成的动作速度和快速通过某一距离的位移速度3种速度类型。

（1）反应速度。反应速度是指人体对各种信号刺激（例如，声音信号、光信号、触觉信号等）的快速反应能力。这种能力在体育运动中又被称为反应时，反应时短则反应速度快，例如，短跑运动员能在发令枪响后快速反应并迅速起跑，这就是反应速度快的表现。反应速度受遗传的因素影响较大，另外还会受到刺激信号的强度和注意力的集中程度与指向的影响。

（2）动作速度。动作速度是指人体或人体的一部分完成单个动作或成套动作的快慢以及单位时间内重复动作次数多少的能力。动作速度又分为单个动作速度、成套动作速度及动作速率3种。动作速度除了取决于信号在各环节中的神经传递速度，还与神经系统对人体运动器官的指挥能力关系密切。此外，动作速度的快慢还与人体各器官系统的准备状态、力量与速度耐力水平及动作熟练程度有关。

（3）位移速度。位移速度是指在周期性运动中，单位时间内人体快速位移的能力。通常用通过一定距离的时间或单位时间内所通过的距离来表示。通常神经兴奋与抑制过程灵活性越高，人体的位移速度就越快。位移速度也受到遗传因素影响。在技术动作中，位移速度可分为平均速度、加速度和最高速度。就位移速度而言，反应速度是其前提条件，动作速度是其基础。

2. 速度素质训练的基本要求

速度素质是体能素质的重要组成部分，在有些情况下甚至是决定运动成绩高低和比赛胜负的关键。大学生进行素质训练的基本要求主要包括以下几项。

（1）提升全面的速度素质。不同的速度应交替出现在速度素质训练中并相互转换，形成一个完整的速度转换系统。所以，大学生速度素质训练需要提高各种速度的转换协调能力。

（2）保持必要的兴奋状态。速度素质训练需要大学生的神经系统具有较高的兴奋程度，大学生需要在精神饱满、体力充沛和运动欲望较强的情况下进行练习。虽然速度素质训练以无氧运动为主，但是，有氧练习与无氧练习的交替配合也是速度素质训练应当考虑的因素。

（3）科学安排训练顺序。速度素质训练应先进行速度专门性练习，提高反应能力、动作频率和协调能力，然后进行重复跑和加强无氧代谢能力的加速跑练习。

（4）注意控制训练强度。科学设置训练的间歇时间和休息方式，除采用最大强度和接近最大强度的训练外，还应交替采用85%~90%的强度进行练习，并且要变换训练方法与手段。

（5）克服"速度障碍"。"速度障碍"是指在体能训练过程中，有些大学生速度素质发展到一定程度时出现的停滞或难以提高的状况。克服"速度障碍"需要大学生一方面加强全面身体素质训练；另一方面变换训练方法与手段，其中最有效的方法是减小速度训练的外部阻力。例如，采用下坡跑、顺风跑和牵引跑等，打破已有的动力定型，促进速度素质的提高。

3. 速度素质训练的方法

速度素质训练通常针对3种不同的速度素质的类型采用不同的训练方法。

（1）反应速度素质训练法。反应速度的训练包括听觉（突然发出的鸣枪、鸣哨、击掌和口令等信号）、视觉（变化、移动的手势、旗语、物体和专用设备等信号）和综合（先后或同时接收视觉、听觉、触觉等各种信号刺激）反应3个方面。

① 重复练习法。对突然发出的信号，快速地做出应答反应，以提高反应速度素质。还可以根据瞬间信号，变换动作或改变运动方向，并对对方的各种动作做出预定的反应动作等。

② 变换练习法。根据动作的强度和具体时间变化的信号刺激，明显地改变速度素质训练的形式和环境，以提高大学生对简单动作的反应速度。

③ 分解练习法。分解反应的动作，让整个训练的内容变成比较容易完成的分解动作或分解部分，通过提高分解动作的速度来提高反应的速度。

④ 运动感觉法。将反应速度素质训练分为3个部分，首先，让大学生听到信号后用最快的速度做出应答反应，提高大学生的应答反应能力；然后，让大学生自我判断反应时间，并与实际时间进行比较，以提高大学生对时间的感觉能力；最后，要求大学生按照最初规定的时间去完成某一反应的练习，以提高大学生对时间的判断能力。

⑤ 选择性训练。让大学生根据各种变化的信号做出相应的逆反的应答动作。例如，大学生收到向左转的口令，则向右转；收到蹲下的口令，则站立不动。

（2）动作速度素质训练法。动作速度训练强度大，练习持续时间不宜过长，一般不应超过20s，组数为3~5组。其具体方法如下。

① 外界助力练习。利用外界自然条件或人力因素的助力来培养动作速度素质，例如，在短跑中使用牵引跑、顺风跑和下坡跑等来提高跑速。

② 高难度练习。采用缩小练习场地的空间与缩短时间来进行动作速度素质训练，也可以采用在短距离内快速完成各种动作的方式进行训练。

③ 反复快速练习。反复快速练习主要锻炼肌肉的收缩速率，改善神经系统对肌肉的支配能力，保持高速运动的能力。例如，快速摆臂练习、快速高抬腿与原地跑等。

（3）位移速度素质训练法。位移速度训练要保证一定的时间，其中高强度练习时间一般控制在20s以内，次数与组数的确定则以个体高速度出现与保持的时间，以及机体克服疲劳和恢复的能力作为设定标准，间歇时间安排则以机体可以相对得到恢复作为标准。具体训练方法如下。

① 力量练习。大学生要提高位移速度素质必须增强肌肉收缩力量，应以极限或次极限负荷强度为主，练习组数与次数不宜过多，可用负重杠铃半蹲与全蹲、单足跳与双足跳等形式练习。

② 步频与步幅练习。步频与步幅是影响位移速度的两个主要因素，大学生可以通过提高步幅来培养位移速度素质，可用克服速度障碍的变速跑、冲刺跑、牵引跑和下坡跑等形式来进行练习。

③ 重复练习。重复练习指采用一定的速度、多次重复一定距离的位移速度素质练习方式。练习时注意力应高度集中，以最快的速度完成技术动作。训练强度一般控制在90%～95%，持续时间在20s左右，重复2～3组，并严格控制间歇时间。

五、柔韧素质训练

柔韧素质是指人体各关节的活动幅度，以及肌肉、肌腱和韧带等软组织的弹性与伸展能力。通常，竞技运动项目对运动员的柔韧素质有很高的要求。科学地进行柔韧素质训练，能够规范大学生完成各种体育运动的技术动作的力度与幅度，有效预防运动损伤，并且对提高大学生运动技术水平和创造优异成绩具有重要意义。

1. 柔韧素质的分类

柔韧素质可以按照以下不同的标准进行分类。

（1）柔韧素质与专项的关系。根据柔韧素质与专项的关系，可将柔韧素质分为一般柔韧素质（一般身体、技术、战术等训练所需要的柔韧素质）和专门柔韧素质（专项运动所需要的特殊柔韧素质）两种类型。

（2）完成柔韧素质训练的动作方式。根据完成柔韧素质训练的动作方式，可将柔韧素质分为主动柔韧素质（运动员依靠相应关节周围肌肉群的积极工作完成大幅度动作的能力）和被动柔韧素质（借助外界的力量使身体各关节的灵活性达到最大限度的一种能力，是发展主动柔韧素质的一种潜在能力）两种类型。

（3）柔韧素质的表现和身体状况的不同。根据柔韧素质的表现和身体状况的不同，可将柔韧素质分为动力性柔韧素质（依据动力性技术动作的需要，肌肉、肌腱、韧带等软组织拉伸至解剖学所允许的最大限度，随后再利用强有力的弹性回缩力完成技术动作的能力）和静力性柔韧素质（根据静力性技术动作的需要，肌肉、肌腱、韧带等软组织拉伸至动作所需的位置角度，并能够控制其停留一定时间所表现出来的能力）两种类型。静力性柔韧素质是动力性柔韧素质的基础。

> **知识补充**　柔韧素质和柔韧性两者是有区别的，柔韧素质要求柔中有刚，刚柔相济；柔软性只是柔与软的结合，柔中无刚。

2. 柔韧素质训练的基本要求

柔韧素质训练能够帮助运动员改进技术动作，提高运动水平，快速消除疲劳，预防运动损伤。大学生进行柔韧训练的基本要求主要包括以下几项。

（1）需要长久地不断训练。柔韧素质训练停止后，肌肉、肌腱和韧带已获得的伸展能力会迅速消退。所以，大学生需要坚持不懈地进行长期练习，这样才能使已获得的柔韧素质长久保持。

（2）尽量兼顾所涉及的相关部位。柔韧素质训练可以兼顾身体各个部位的协调发展，尤其是颈、肩、腰、髋、膝和踝等主要关节和肌肉群。所以，大学生进行有效的柔韧素质训练，就要加强主要关节和所涉及的各有关关节部位的训练，做到有主有从、主从结合。

（3）注意拉伸力度。大学生进行柔韧素质训练前必须做好热身活动，拉伸肌肉不宜用力过猛，如果在肌肉拉伸时产生紧绷感，或者产生较强的疼痛感时，应停止练习。

（4）保证高质量的放松练习。大学生进行柔韧素质训练时，应该在每个伸展动作练习完后，做相反方向的放松动作练习，这样才能保证伸展肌群的放松和恢复。

3. 柔韧素质训练的方法

柔韧素质训练的主要方法是拉伸法，分为动力性拉伸法和静力性拉伸法两种类型，其具体的表现形式又有主动和被动两种。

（1）主动或被动的动力性拉伸法。动力性拉伸法是指有节奏、速度较快、幅度逐渐加大的多次重复一个动作的拉伸方法。其中，主动的动力性拉伸法是靠自己的力量拉伸；被动的动力性拉伸方法是靠同伴的帮助或负重等外力拉伸。进行主动或被动的动力性拉伸训练时，用力不能过猛，幅度一定要由小到大，避免肌肉拉伤。通常每个练习重复做5~10次。

（2）主动或被动的静力拉伸法。静力拉伸法是指缓慢地将肌肉、肌腱、韧带等软组织拉长（拉伸到一定酸、胀、痛的感觉位置），然后保持静止不动，使这些软组织受到拉长的持续刺激的拉伸方法。这种方法可减少或消除动力性拉伸超过关节伸展能力的危险性，防止肌肉拉伤。一般要求在酸、胀、痛的位置停留10s左右，连续重复8~12次，完成2~3组。

大学生进行柔韧素质训练时，可根据不同身体部位的训练需求，选择相应方法。

（1）颈部柔韧素质训练。前拉头、后拉头、侧拉头、持哑铃颈拉伸、团身颈拉伸等。

（2）肩部和背部柔韧素质训练。单臂开门拉肩、向后拉肩、助力顶肩、背向压肩、握棍直臂绕肩、站立伸背、坐立拉背等。

（3）臂部和腕部柔韧素质训练。上臂颈后拉、背后拉毛巾、压腕、跪撑正压腕、跪撑反压腕、跪撑侧压腕等。

（4）腰部柔韧素质训练。俯卧转腰、仰卧团身、站立体侧屈、倒立屈髋等。

（5）腹部和胸部柔韧素质训练。俯卧背弓、跪立背弓、上体俯卧撑起、开门拉胸等。

（6）髋部和臀部柔韧素质训练。弓箭步压髋、身体扭转侧屈、仰卧髋臀拉伸、坐立反向转体、仰卧交叉腿屈髋等。

（7）大腿内侧柔韧素质训练。体侧屈压腿、直膝分腿坐压腿、顶墙坐拉引、扶墙侧提腿、跪撑侧分腿、青蛙伏地等。

（8）大腿前、后部柔韧素质训练。坐压腿、垫上仰卧拉引、站立拉伸、坐立后仰腿折叠、坐拉引、仰卧拉伸等。

（9）小腿柔韧素质训练。坐拉脚掌、扶墙拉伸、扶柱屈髋、靠墙滑动踝内翻、体前屈足背屈、仰卧足内翻等。

（10）脚部和踝部柔韧素质训练。脚趾上部拉伸、脚趾下部和小腿后部拉伸、上拉脚趾、下拉脚趾、跪撑后坐、踝关节向内拉伸等。

课后训练

1. 弹动练习

训练目标：掌握弹动这一健美操的基本技术动作。

技术要点：屈膝半蹲、脚跟不离开地面、配合健美操步法。

训练方式：可以单人练习，也可以多人练习。

训练内容：先进行踝关节的屈伸练习，充分掌握后，再进行膝、髋关节的弹动练习。双腿原地直立伸直，身体正直，屈膝半蹲，膝关节不超过脚尖位置，同时髋关节稍屈，髋关节运动时，身体应稍前倾，但臀部不要后撅。熟练后，再将两部分连接起来形成完整的弹动练习，两脚并拢，脚尖跟着音乐的节奏抬起落下，同时膝关节伸直弯曲，脚跟始终不离开地面，两臂屈肘于体侧自然摆动做踝关节屈伸的练习。

训练规则：从一般性踏步练习过渡到弹动性的踏步练习；从弹踢练习过渡到弹踢腿跳练习；吸腿跳练习可以先连续吸一条腿，练习一条腿的弹动性，之后再进行交换腿吸腿跳；开合跳练习先做两腿分开位置上的半蹲练习，再做两腿并拢位置上的弹动练习，最后再做一开一合的连续开合跳练习。

2. 瑜伽姿势复习

训练目标：回顾并掌握所有瑜伽姿势。

技术要点：动作质量高、熟练，注意力集中，呼吸配合正确，动作适度。

训练方式：集体训练。

训练内容：先活动关节（压腿、压肩、压胸），然后选择一种坐姿进行 10min 冥想，最后由老师在每种类型的姿势中选择一个姿势，全体同学一起练习，每个姿势做之前放松 15~20s，保持姿势 10~15s，休息 20s，重复 3 次。

训练规则：老师示范和指导，由学生练习。

3. 规定泳姿游泳接力赛

训练目标：掌握多种不同泳姿的游泳技术。

技术要点：收腿翻脚，入水、抱水、划水、出水及空中移臂，两腿上下交替摆动打水。

训练方式：3 人一组进行比赛。

训练内容：全班同学 3 人组合，依次分别采用规定泳姿（蛙泳、自由泳和蝶泳）进行游泳比赛，完成比赛后，用时最短的队伍获得胜利。

训练规则：基本规则与普通游泳接力赛相同，一人使用一种泳姿游完 50m，另一名同学使用另一种泳姿再游 50m。

4. 自行车慢骑赛

训练目标：掌握自行车骑行技术，锻炼身体协调性。

技术要点：双手控制车把，适当地刹车稳定车身。

训练方式：个人比赛。

训练内容：全班同学单人骑自行车在操场跑道内前进 10m，用时最长的获得胜利。

训练规则：本次比赛主要测试谁坚持的时间长，在比赛开始后选手的脚不能接触地面，脚落地、车子倒、骑出自己的赛道或骑出 10m 远都视为比赛结束。

5. 五子棋棋王赛

训练目标：掌握五子棋的基本技术。

技术要点：禁手、三连、四连。

训练方式：班级比赛。

训练内容：全班同学两两对局，胜者晋级下一轮，并通过抽签继续两两对局，直到决出最后的胜者，获得棋王称号。

训练规则：基本规则同五子棋，但不采用三手可交换和五手两打规则。每一轮比赛中如果晋级同学人数出现单数，则抽签轮空的同学直接进入下一轮。

6. 持哑铃走迎面接力赛

训练目标：锻炼上肢力量，提升力量素质。

技术要点：上半身挺直，三角肌和斜方肌用力。

训练方式：集体训练。

训练内容：训练需准备哑铃两副，并在场地上画相距10m的平行线。将参与者分成人数相等的两队，每队再分成甲、乙两组，分别成纵队面对面站在两条平行线后。比赛开始后，各队甲组排头队员两臂侧平举双手持哑铃向前走，走到对面将哑铃交给乙组排头队员，站到队尾；同时乙组排头队员手持哑铃，向对面走，再将哑铃交给甲组的第二人，依次交接哑铃行进，直至最后一人完成，先完成的队获胜。

训练规则：手持哑铃走时必须保持两臂侧平举，不允许跑；不得抢走，否则视为犯规。